FAMÍLIA **VIAGEM** GASTRONOMIA MÚSICA CRIATIVIDADE
& OUTRAS LOUCURAS

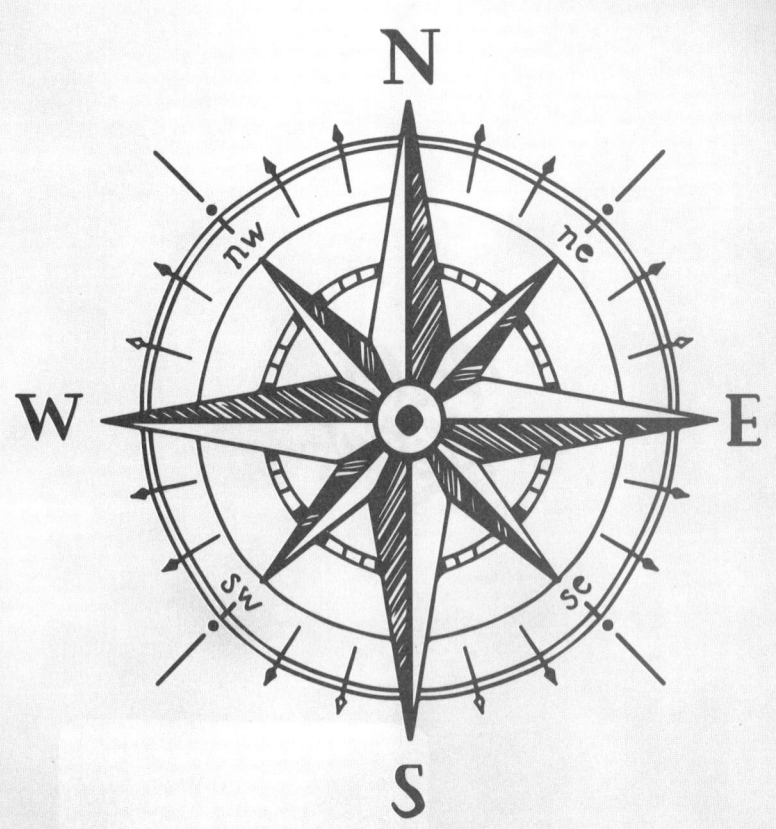

SCOTT MCNEELY

O LIVRO para quem NÃO TEM MEDO de AVENTURA

VIAGENS E EXPERIÊNCIAS AO REDOR DO MUNDO QUE PODEM TRANSFORMAR SUA VIDA

Traduzido por
Aline Naomi Sassaki

Belas Letras

© 2019 by Scott McNeely

Nenhuma parte desta publicação pode ser reproduzida, armazenada ou transmitida para fins comerciais sem a permissão do editor. Você não precisa pedir nenhuma autorização, no entanto, para compartilhar pequenos trechos ou reproduções das páginas nas suas redes sociais, para divulgar a capa, nem para contar para seus amigos como este livro é incrível (e como somos modestos).

Publicado originalmente em inglês pela Chronicle Books LLC
São Francisco, Califórnia.

Este livro é o resultado de um trabalho feito com muito amor, diversão e gente finíce pelas seguintes pessoas:
Gustavo Guertler (edição), Fernanda Fedrizzi (coordenação editorial), Germano Weirich (revisão), Celso Orlandin Jr. (capa e projeto gráfico), Arthur Mount (ilustrações) e Aline Naomi Sassaki (tradução)
Obrigado, amigos.

2019
Todos os direitos desta edição reservados à
Editora Belas Letras Ltda.
Rua Coronel Camisão, 167
CEP 95020-420 – Caxias do Sul – RS
www.belasletras.com.br

Dados Internacionais de Catalogação na Fonte (CIP)
Biblioteca Pública Municipal Dr. Demetrio Niederauer
Caxias do Sul, RS

M169i   McNeely, Scott
        O livro pra quem não tem medo de aventura / Scott McNeely; tradutora: Aline Naomi Sassaki. - Caxias do Sul, RS: Belas Letras, 2019.
        304 p. : 15x21cm.

        ISBN: 978-85-8174-506-0

        1. Viagens. 2. Aventuras. 3. Criatividade. I. Sassaki, Aline Naomi. II. Título.

19/94   CDU 910.4

Catalogação elaborada por Vanessa Pinent, CRB-10/1297

PARA AIMEE, EMMETT
E HOLLIS E AS MUITAS
AVENTURAS QUE VIRÃO.

SUMÁRIO

9	Introdução	63	Como construir um abrigo de neve
12	Vamos ser aventureiros	79	Como sobreviver a um ataque
12	Tudo bem ser perigoso.		de tubarão
	Apenas não seja estúpido.	90	Como lidar com a doença da altitude
13	Como deslanchar sua vida		
	de aventuras	103	**Parte 2**
20	Aventuras com crianças		
21	Como usar este livro		

AVENTURAS PARA VICIADOS EM ADRENALINA

25 **Parte 1**

AVENTURAS DE UMA VIDA

		105	Surfe em um vulcão ㉕
		109	Cace um tornado ㉖
		112	Caia na Terra ㉗
27	Observe gorilas-das-montanhas ①	115	Salte bem do alto do céu
29	Nade com baleias-jubarte ②	117	Faça treinos como wing walker ㉘
31	Acampe com ursos-cinzentos ③	119	Participe do Mongol Rally ㉙
35	Safári no gelo ④	124	Corra na Caballo Blanco ㉚
38	Pratique heli-esqui nos Bugaboos ⑤	126	Improvise num point
40	Percorra o afluente Middle	129	Surfe em Mavericks ㉛
	Fork do rio Salmon ⑥	131	Dê a volta no Mont Blanc ㉜
44	Passeie com hipopótamos ⑦	133	Voe num avião de caça ㉝
46	Siga a migração dos gnus ⑧	135	Sobreviva ao Saara ㉞
49	Conheça um bando de suricatos ⑨	139	Ande na montanha-russa
51	Perca-se em uma avalanche		mais íngreme do mundo ㉟
	de morcegos ⑩	140	Experimente o Rodeo Clowning ㊱
54	Pernoite com os	143	Corra com os touros ㊲
	pinguins-imperadores ⑪	145	Conquiste o Tough Mudder
57	Ande a cavalo na Islândia ⑫	147	Ande de bicicleta na Estrada
60	Ande de trenó com os inuítes ⑬		da Morte ㊳
65	Ande em um camelo com beduínos ⑭	150	Bungee definitivo ㊴
67	Viaje pela antiga Rota da Seda ⑮	152	Mergulhe em um penhasco
71	Viaje no Expresso do Oriente ⑯	154	Ande de caiaque nas cataratas
73	Explore as ilhas Galápagos ⑰		de Vitória ㊵
76	Mergulhe com grandes		
	tubarões-brancos ⑱		**Habilidade em aventuras**
81	Faça uma caminhada pela trilha inca ⑲	107	Como tratar cortes e lacerações
84	Conquiste o mundo perdido ⑳	111	Como sobreviver a um tornado em
87	Chegue ao topo da Stok Kangri ㉑		um carro
92	Encontre a felicidade nos Himalaias ㉒	122	Como subornar um policial ou
95	Dirija até o fim do mundo ㉓		guarda de fronteira
98	Passe dez dias no espaço ㉔	137	Como sobreviver em um deserto
		156	Como sobreviver a uma queda
	Habilidade em aventuras		em cachoeira
34	Como sobreviver a um ataque de urso		
42	Como escapar de uma correnteza		

159	**Parte 3**	232	Refaça a trilha hippie ⑥⑤
		234	Faça um Haje ⑥⑥
	AVENTURAS PARA	236	Aprenda a caminhar sobre o fogo
	EXCÊNTRICOS	238	Exercite o espírito ⑥⑦
		241	Faça a peregrinação de Shikoku ⑥⑧
161	Voe de parapente com predadores ㊶	245	Domine a arte do silêncio ⑥⑨
163	Faça uma caminhada emocionante ㊷	247	Experimente o puro vazio
165	Desafie a gravidade da Terra ㊸	249	Conecte-se com o Tempo do Sonho ⑦⓪
167	Visite a Área 51 ㊹	252	Reverencie o nascer do sol ⑦①
169	Arrase com uma guitarra imaginária ㊺	254	Diminua o ritmo
171	Planeje um feriado radioativo ㊻	256	Adore o Templo da Selva ⑦②
176	Pratique zorbing ㊼	260	Vá para longe deste insensato mundo ⑦③
177	Aprenda boxe-xadrez ㊽	262	Fique chapado com um xamã
179	Férias em uma micronação ㊾	267	Faça o Caminho de Santiago ⑦④
181	Junte-se à Legião Estrangeira Francesa ㊿	270	Abrace a luz ⑦⑤
186	Descubra uma cidade perdida	272	Seja batizado na Índia ⑦⑥
188	Corra a Maratona Homem contra Cavalo ㊱	276	Kora no monte Kailash ⑦⑦
190	Esquie no deserto ㊲	279	Exponha seu verdadeiro eu ⑦⑧
192	Pratique snorkeling no pântano ㊳	281	Conviva com os navajos ⑦⑨
194	Assista a um Chukka de polo sobre elefante ㊴	284	Reserve seu funeral espacial
196	Torne-se um comedor competitivo ㊵		**Habilidade em aventuras**
198	Participe de uma Pedalada Pelada ㊶	243	Como lidar com uma picada de cobra venenosa
201	Escreva um romance em trinta dias	258	Como fazer uma fogueira em condições difíceis
203	Junte-se a um circo ㊷		
205	Tenha uma aventura urbana ㊸		
207	Trabalhe em um barco de pesca ㊹	265	Como sobreviver a uma overdose de drogas
212	Voluntarie-se como vigia de incêndios ㊺		
216	Simule seu próprio sequestro	274	Como sobreviver a uma debandada humana
220	Corra com um riquixá por toda a Índia ㊻		
222	Comece uma guerra de tomates ㊼		
		287	**Parte 5**
	Habilidade em aventuras		**GUIA DE**
174	Como sobreviver a uma explosão nuclear		**AVENTURAS PARA**
184	Como fugir de um campo de prisioneiros		**COMEÇAR JÁ**
210	Como sobreviver ao cair no mar	289	Visite um museu "cinco estrelas"
214	Como sobreviver a um incêndio florestal	289	Visite um museu excêntrico
		290	Vá nadar
218	Como fugir de uma tentativa de sequestro	290	Pule de ilha em ilha
		291	Faça mergulhos
		291	Aprenda um novo talento
225	**Parte 4**	292	Passeie por um mercado ou bazar
	AVENTURAS PARA	293	Receba uma massagem
	MENTE, CORPO	293	Aprenda a cozinhar
	E ESPÍRITO	294	Visite uma cervejaria artesanal
		294	Venere um estádio de esportes
		295	Jogue com estilo
227	Envie um bilhete para Deus ㊽	296	Jogue uma partida de golfe
229	Visite as linhas de Nazca ㊾	296	Exponha-se à arte pública

* As bolinhas e a numeração dentro delas ao lado de algumas aventuras é só para os aventureiros que têm o mapa. Ah, você não tem o mapa? Então escreve pra gente em mkt@belasletras.com.br que a gente dá um jeito de te enviar.

INTRODUÇÃO

Em comparação com qualquer outro momento da história da humanidade, estamos bem.

A maioria de nós vive uma vida longa e saudável. A comida é abundante. A tecnologia nos mantém conectados. Temos médicos para curar nossas doenças e cientistas para nos ensinar sobre o universo. Nem tudo é perfeito, mas, no grande arco da história humana, vivemos em uma era de ouro.

E é tudo um pouco chato, não é?

A vida moderna, apesar de todas as suas conveniências, nos isola da aventura. Fazemos compras on-line, vemos maratonas de séries e verificamos incansavelmente as redes sociais. Não nos preocupamos em usar todo o nosso tempo de férias. Nós temos preocupações. Pensamos demais. Fugimos do risco. Nos fechamos para o que ainda não conhecemos. Muitos de nós prezamos a previsibilidade e o familiar em vez da estrada esburacada e instável do desconhecido.

Espero que este livro mude isso. Claro, não espero que você tente todas as aventuras descritas aqui, mas experimente pelo menos uma. Saia da zona de conforto. Se você gosta de planejar, jogue fora o plano. Se você não gosta de planejar, organize-se. De qualquer forma, esteja aberto ao novo e ao diferente. Esteja aberto para ter uma *aventura* genuína.

Por quê? Porque é melhor que todos sejamos aventureiros. Viver uma vida gratificante significa correr riscos. Seja tentando algo desconhecido, fazendo algo familiar de forma diferente ou buscando uma nova experiência ou habilidade, não importa o quão desconfortável isso seja.

E não, não importa o que você faz ou aonde você vai. Tudo o que importa é acordar e não saber o que o dia pode trazer. Sua aventura começa quando você abraça essa sensação desconfortável – e estimulante – de possibilidade.

SCOTT MCNEELY

VAMOS SER AVENTUREIROS

Durante a maior parte da história da humanidade, a aventura não era algo que você tinha que procurar. A aventura encontrava *você*.

Nos velhos tempos, leões podem tê-lo perseguido nas planícies da África ou sua aldeia pode ter sido inesperadamente saqueada por bárbaros. Sua caravana pode ter sido roubada, seu castelo pode ter sido cercado ou sua cidade atingida por uma praga mortal.

Ou talvez você tenha sido um explorador. Embarcou em uma grande viagem de exploração em um navio viking ou em um barco de junco chinês ou em um *currach* (barco de pesca irlandês). Escolheu um caminho difícil e partiu com esperança – mas sem garantia – de um retorno seguro para casa.

Aventureiros podem deixar de lado as convenções de seu tempo em busca de conhecimento e autodescoberta. Buscam adrenalina para se sentirem vivos e peregrinam em busca do divino escondido bem à vista na Terra.

Vivenciar experiências incomuns e empolgantes e muitas vezes perigosas – essa é a definição de *aventura* no dicionário e ela é boa o suficiente, considerando definições. Apenas tenha em mente que as aventuras têm muitas formas e tamanhos. Há muitos caminhos que levam à aventura, e não há forma certa ou errada de se viver uma. Há apenas duas coisas de que você precisa: estar aberto a novas experiências e ter coragem para ir e fazer.

A parte mais difícil é tomar a decisão de ir. O resto é fácil.

TUDO BEM SER PERIGOSO. APENAS NÃO SEJA ESTÚPIDO.

Alguém disse uma vez: "Arriscar é viver".

Apesar de não ser uma mensagem ruim para um adesivo de carro, também não significa que as aventuras devam ser sempre uma ameaça à vida. Não é preciso correr riscos malucos. Ninguém quer uma desventura e nem morrer.

Dito isso, não há como contornar o fato de que muitas situações abordadas neste livro são perigosas. Algumas atividades – sim, estamos falando de você, BASE jumping! – são muito insanas. Suas chances de sofrer ferimentos graves ou morrer ao participar de muitas atividades deste livro são desconfortavelmente altas.

É óbvio que você está colocando sua saúde e sua vida em risco, e é sua responsabilidade ser responsável. Conheça seus limites. Não corra riscos desnecessários. E esteja ciente de que algo pode dar errado – o clima, sua saúde, seu equipamento –, e geralmente dá. Você deve estar preparado para lidar com condições que mudam. Sua vida pode literalmente depender disso.

Seguro médico? Cobertura de evacuação de emergência? Morte acidental ou desmembramento? Não revire os olhos. Se você ficar preso na escarpa de uma montanha e precisar de cuidados médicos urgentes, quem providenciará isso e como você pagará as despesas? É inteligente adquirir um seguro de saúde específico para viagens, aonde quer que você vá, para cobrir custos com problemas médicos inesperados. Muitos planos incluem cobertura de evacuação de emergência para garantir que você receba atendimento urgente em tempo hábil. Antes de viajar, também é importante consultar seu médico e tomar as vacinas recomendadas. Você tem apenas um corpo. Trate-o bem.

COMO DESLANCHAR SUA VIDA DE AVENTURAS

Como posso fazer isso? Eu nunca conseguiria pagar. Ainda estou no colégio. Acabei de terminar o colégio. Tenho um emprego. Estou saindo de um emprego. Tenho filhos. Tenho muitas contas para pagar. Estou ficando muito velho. Não sei para onde ir ou o que fazer...

Às vezes todos nós precisamos de ajuda e de um pouco de incentivo.

Felizmente, muitas organizações e agências existem com o único propósito de ajudar pessoas como você a viver aventuras inesquecíveis. Não importa se você está no ensino médio ou é aposentado, se você é solteiro ou casado e tem filhos – há uma aventura reservada para você lá fora.

Ano sabático

Nos Estados Unidos e em alguns países da Europa é comum os estudantes tirarem um ano sabático entre o ensino médio e a faculdade, embora as pessoas possam fazer isso em qualquer fase da vida. Esse período não precisa durar um ano inteiro, mas deve se estender por mais de uma semana ou duas. Essa é a diferença entre meras *férias* e uma verdadeira *experiência* de aprendizado – é para isso que servem os anos sabáticos.

Estudos mostram que, para alguns estudantes, um ano sabático os prepara melhor para absorver as lições acadêmicas e de vida oferecidas em uma grade curricular universitária. Esse período dá aos estudantes tempo para amadurecer, tornarem-se um pouco menos egocêntricos ("eu, eu, eu!") e um pouco mais conscientes sobre o mundo e as outras pessoas.

Por outro lado, anos sabáticos podem parecer uma perda de tempo e dinheiro. Nem todos os jovens conseguem lidar com o período não estruturado fora de casa – um possível sinal de que também não estão prontos para a vida universitária.

Uma boa alternativa talvez seja buscar um programa oficial para o ano sabático. Inúmeras agências educacionais e sem fins lucrativos têm excelentes programas de meio ano ou um ano. Alguns são de natureza vocacional (*au pair* no exterior, aprender ioga etc.), enquanto outros têm como base o trabalho voluntário, com foco em doação (passar um ano na África, trabalhar com famílias necessitadas etc).

Não importa o que digam, anos sabáticos podem mudar vidas. Passar um tempo no exterior no fim da adolescência e ter a chance de viver e aprender em uma cultura estrangeira são os principais ingredientes para nutrir mentes criativas e abertas. Essas características, por sua vez, vão abrir caminhos para uma vida cheia de aventuras.

ESTUDE NO EXTERIOR

Acredita-se que, nos primeiros anos de faculdade, o estudante pode obter benefícios pelo resto da vida ao concluir um ano de estudo em uma faculdade ou universidade estrangeira.

A vida acadêmica é importante, é claro. No entanto, o que move as pessoas a estudar no exterior é de natureza mais social e cultural: socializar com pessoas que cresceram em diferentes culturas, provavelmente falando uma língua diferente, e ser exposto a diferentes religiões, sistemas políticos e perspectivas sobre o mundo. Além disso, há o benefício adicional de morar em um país estrangeiro, com oportunidades de viagens e até trabalhos temporários.

Há programas de estudos de todos os tipos em centenas de países. Pode ser difícil escolher entre as muitas e vertiginosas opções.

Os programas geralmente duram um semestre ou um ano inteiro. A concorrência por estudantes estrangeiros é feroz, muitas vezes devido ao dinheiro e prestígio que universidades obtêm ao receber esses estudantes. Compre com cuidado, compare as diferentes ofertas e procure programas que atendam a uma experiência educacional bem equilibrada dentro e fora da sala de aula.

ENSINE NO EXTERIOR

Ser pago para ensinar e explorar uma nova cultura enquanto vive no exterior?! Para muitas pessoas, ensinar algo mundo afora é um sonho que se torna realidade.

Vários programas inserem estudantes universitários em trabalhos de ensino remunerados em todo o mundo, muitas vezes com forte ênfase no ensino de inglês em escolas públicas estrangeiras, escolas internacionais privadas, faculdades, universidades e escolas de ESL (Inglês como Segunda Língua).

Você fará a diferença na vida de outras pessoas, ganhará experiência de trabalho no mundo real e terá inúmeras oportunidades de viajar. A maioria dos professores ganha o suficiente para economizar algumas centenas por mês depois de pagar as despesas. As escolas preferem empregar cidadãos de nações em que o inglês é a língua nativa, mas nada impede que brasileiros com bom conhecimento de língua inglesa se candidatem às vagas de professores. Um curso de quatro anos (geralmente um diploma de bacharel) é necessário e também, muitas vezes, uma certificação credenciada TEFL (Ensino de Inglês como Língua Estrangeira) ou TESOL (Ensino de Inglês para Falantes de Outras Línguas). A certificação pode ser feita pessoalmente (em geral, com um mês de curso em meio período) ou on-line (geralmente, de três a seis meses).

Países como Vietnã, China, Tailândia, Malásia e Coreia do Sul têm muitas vagas bem pagas para professores de inglês estrangeiros. Também há vagas disponíveis no Leste Europeu, Américas Central e do Sul e em muitos países africanos.

Faça trabalho voluntário no exterior

Você pode oferecer seu tempo e energia de duas maneiras.

Primeiro, através de organizações de serviços locais e internacionais (Corpo da Paz, Cruz Vermelha, Habitat para a Humanidade, Médicos Sem Fronteiras). Essas redes determinam qual é o melhor programa para você, dependendo dos seus interesses e disponibilidade.

Os contratos de serviço variam de três meses (um programa de verão) a um ou dois anos. A maioria dos programas exige comprometimento em tempo integral, embora seja possível encontrar oportunidades de serviço de meio período. Voluntários geralmente recebem um subsídio para cobrir despesas básicas.

A segunda opção é um trabalho voluntário de férias. Esses programas de curto prazo, geralmente de uma a três semanas, concentram-se na assistência a programas estabelecidos em países em desenvolvimento. A ideia é encorajar pessoas que não podem se comprometer com serviços de longo prazo, mas que ainda querem fazer a diferença no mundo e estão dispostas a contribuir como podem.

Esses programas, com frequência, cobram taxas, o que significa que você paga para ser voluntário. Embora possa parecer injusto ou mesmo estranho pagar, o que acontece é que a maioria dos programas não pode acomodar facilmente um influxo de voluntários de curto prazo. Eles cobram uma taxa para cobrir os custos para encontrar e fornecer alojamento e projetos úteis para voluntários de férias. Você pode passar uma ou duas semanas apoiando famílias locais necessitadas, cuidando de crianças, de idosos ou dando aulas para jovens e geralmente ajudando a atender às necessidades da comunidade.

Trabalhe no exterior

A maioria dos programas de trabalho no exterior está no setor de hospitalidade e atendimento ao cliente. A ideia é você pagar por suas viagens, passando alguns meses trabalhando em áreas que prezam equipes que falam inglês.

Parques de diversões, resorts e cruzeiros geralmente oferecem contratos de três a seis meses e, muitas vezes, cuidam dos requisitos de visto e burocracias para você. Para trabalhos em restaurantes, bares, albergues da juventude, hotéis e fazendas orgânicas de pequena escala, os contratos são mais curtos.

A maioria dos países exige vistos especiais para quem quer trabalhar e ter renda. É possível se candidatar de forma independente para um visto de trabalho. Além disso, considere uma agência de trabalho confiável no exterior. Ela avalia cargos e empresas e pode ajudá-lo se as coisas não funcionarem conforme o esperado.

Pausa na carreira

Mais e mais empresas estão oferecendo programas sabáticos formais aos funcionários. É uma forma de manter funcionários qualificados e oferecer recompensas tangíveis pela dedicação à organização. Programas típicos estão disponíveis depois de sete a dez anos para funcionários com empregos de tempo integral. Os períodos sabáticos duram de três a seis meses – às vezes, até mais! Em geral, não há exigências em relação a como você desfruta o tempo no período sabático: viajar, sair com a família, aprender uma nova habilidade, começar uma banda, tornar-se pintor, não fazer nada, você escolhe o que fazer.

Os melhores programas sabáticos pagam 100% do seu salário enquanto você está fora. Todos os programas garantem o seu trabalho quando você retorna.

Outra opção é planejar uma pausa prolongada sempre que você sair de um emprego. Isso não é fácil. É preciso coragem, por exemplo, para deixar um emprego bem remunerado para fazer uma pausa de um ano (ou mais). Convênio médico, aluguel, hipoteca, financiamento do carro, financiamentos escolares – há um milhão de razões pelas quais as pausas na carreira são assustadoras. No entanto, os benefícios são reais: estudos mostram que as pessoas que fazem uma pausa na carreira têm uma vida mais longa e saudável, se divorciam menos e tendem a ter uma pontuação mais alta em pesquisas de qualidade de vida.

Se sua pausa inclui desenvolver uma habilidade que você já tem ou aprender uma nova, melhor ainda.

TROCA DE CASA E *HOUSE SITTING*

Tem uma casa ou apartamento? Então você pode economizar centenas, possivelmente milhares de reais quando viajar. A ideia é passar as férias na casa de outra pessoa enquanto ela (às vezes) fica na sua. É uma forma de economizar dinheiro e, a partir da perspectiva da aventura, pode significar uma experiência mais local e autêntica. Quando você fica em bairros não turísticos e vive como os moradores locais, está no caminho certo para ter uma experiência de viagem mais empolgante.

Dezenas de agências mediam interesses entre aqueles que desejam viver a experiência de trocar de casa e apartamento, analisando solicitações e fazendo recomendações de casas e de bairros com base em algoritmos e dados de mídias sociais personalizados. Os sites se especializam em uma das três áreas seguintes, então saiba qual delas faz mais sentido para você: uma troca de casa simultânea (você fica na casa de outra pessoa e ela fica na sua), uma troca não simultânea (você fica na segunda casa de alguém) ou troca de hospitalidade, quando você fica na casa de alguém enquanto a pessoa também está na casa (por exemplo, Airbnb, Couchsurfing e serviços semelhantes de aluguel entre partes interessadas).

House sitting, por outro lado, é uma opção para pessoas que estão preparadas para cuidar da casa de alguém (e, quase sempre, de seus animais de estimação) em troca de um lugar grátis para ficar. Claro que não é totalmente grátis. Cuidar da casa de alguém e de seus animais de estimação é uma grande responsabilidade e requer um comprometimento de tempo significativo. Ainda assim, é uma boa opção por algumas semanas, pois propicia, de forma barata, um lugar para você ficar enquanto explora uma nova cidade.

Viagem de volta ao mundo

Um tíquete RTW (*round the world*), de "volta ao mundo", é uma excelente forma de economizar nos custos de viagem e estender seu itinerário para conhecer o máximo possível do globo terrestre. Os tíquetes RTW permitem várias paradas em vários países e, em geral, contam com uma rede de alianças aéreas como a Oneworld (que inclui British Airways, Qantas e American Airlines), Star Alliance (que inclui United Airlines, Lufthansa e Air India) e SkyTeam (que inclui Delta Air Lines, Air France e Virgin Atlantic).

Cada aliança oferece várias opções de tíquetes RTW. A Oneworld, por exemplo, oferece uma tarifa simples com base no continente (Oneworld Explorer) ou uma tarifa mais versátil, com base em distância (Global Explorer). Esta última permite que você voe até 26.000 milhas com até dezesseis paradas no caminho. Os tíquetes RTW custam entre US$ 1.500[1] e US$ 10.000, dependendo da milhagem total, das rotas e do número total de paradas.

Em geral, você pode usar pontos de programas de fidelidade para comprar tíquetes RTW. Na verdade, viajantes mais experientes podem literalmente viajar pelo mundo de graça, usando apenas milhagens e pontos. É completamente legal. Só é preciso muito trabalho e planejamento adequado.

O truque é ganhar o maior número possível de pontos como passageiro aéreo e como hóspede de hotel, sem comprar nada além do que você normalmente compraria. Comece com um cartão de

---

1 N.T.: Os valores foram mantidos em dólares.

crédito de uma companhia aérea ou de um hotel: é possível que você ganhe cinquenta mil pontos simplesmente por se inscrever, dez mil pontos em sua primeira compra, além de um adicional de cem mil pontos, se você gastar, digamos, mais de US$ 2.500 nos primeiros seis meses. Bum! Uma oferta como essa é boa demais para você deixar passar. Então, vá em frente, pague antecipadamente o seguro do seu carro, compre todos os seus mantimentos no cartão e quem sabe até pague seu aluguel também! Você ganhará o bônus com facilidade.

AVENTURAS COM CRIANÇAS

A primeira regra ao viajar com crianças é: não pense muito. Nunca há hora certa para viajar com crianças. É sempre difícil. Alguém está sempre doente. Alguém está sempre irritado. Não importa. Viajar em família é simplesmente mais divertido e, depois de alguns dias, você ficará surpreso ao ver como isso é fácil e o quanto todos estão gostando da viagem.

Tenha em mente que os recém-nascidos também podem viajar. Você pode amamentar em Paris ou Bangcoc com a mesma facilidade que no sofá da sua casa. Você já não está dormindo muito com um recém-nascido mesmo, então, o que é um pouco de jet lag?

Lembre-se também de que é mais fácil de lidar com as crianças, em particular, em áreas externas do que internas. Troque sua casa ou apartamento por um acampamento sossegado ou uma trilha tranquila – caminhe pelas ruas de uma nova cidade, explore os parques e atrações com seu filho a tiracolo. Todo mundo vai amar, contanto que você não sobrecarregue a família com muitas atividades e não tente ver atrações demais.

Quando as crianças ficarem mais velhas, considere férias familiares envolvendo trabalho voluntário. Famílias de todas as idades e tamanhos podem vivenciar uma cultura diferente e trabalhar juntas para ajudar os outros de forma significativa. É divertido, aumenta a confiança das crianças e cria muitas memórias fortes compartilhadas.

Se a ideia de voluntariado atrair seu adolescente, considere um programa de voluntariado especificamente adaptado para estudantes do ensino médio. Esses programas geralmente acontecem em acampamentos voluntários com outros adolescentes durante as férias de inverno e verão.

COMO USAR ESTE LIVRO

Em primeiro lugar, uma advertência: muitas das atividades deste livro são genuinamente perigosas de se fazer. Sua saúde e sua vida podem estar em risco, portanto, aborde todas as aventuras deste livro com a devida cautela. Faça sua própria pesquisa antes de tentar qualquer coisa.

Sendo assim, toda aventura neste livro deve ser uma atividade que *você*, a pessoa que está segurando este livro agora, pode realizar. Sabemos que poucos de nós têm US$ 50 milhões para gastar em uma viagem de dez dias para a Estação Espacial Internacional ou querem arriscar a vida de muitas formas diferentes. No entanto, o mais incrível é que você *pode* fazer essas coisas, se tiver tanto o desejo quanto o dinheiro.

E, por falar em dinheiro, para ajudar em seu orçamento e planejamento, cada aventura inclui uma estimativa aproximada de custo, de acordo com a seguinte tabela:

$	Menos de US$ 500
$$	Entre US$ 500 e US$ 1.500
$$$	Entre US$ 1.500 e US$ 3.000
$$$$	Entre US$ 3.000 e US$ 5.000
$$$$$	Mais de US$ 5.000

Cada aventura também inclui uma classificação de "Nível de Dificuldade Física" com base na seguinte tabela:

BAIXO   Viável para pessoas com saúde satisfatória.

MÉDIO   Requer esforço físico moderado; você provavelmente vai suar e sentir algumas dores quando tudo acabar.

ALTO   Apenas para pessoas em forma que possam lidar com uma experiência intensa, que pode incluir condições severas e temperaturas extremas.

EXTREMO   Apenas para especialistas. Não tente isso em casa.

E então – para não desapontá-lo – existe a classificação "Probabilidade de Morrer". Ela serve para iluminar os riscos inerentes e subjacentes envolvidos quando você topa participar dessas aventuras. Segue a tabela:

BAIXA   Relaxe, você vai conseguir.

MÉDIA   As chances de morrer aqui não são zero. Preste atenção.

ALTA   Suas chances de ser gravemente ferido ou morrer são desconfortavelmente altas.

EXTREMA   Sem brincadeira; as pessoas em busca dessa atividade ficaram permanentemente desfiguradas, gravemente feridas ou foram mortas. É apenas para especialistas.

Por fim, há o "Nível de Orgulho", que classifica quão invejosos seus amigos ficarão. Pense nisso como um "orgulhômetro", ou no quanto você pode impressionar outros aventureiros participando de tal atividade. Os níveis são:

BAIXO   É uma coisa legal para fazer e você está em boa companhia. Muitos outros já fizeram isso.

MÉDIO   Outros fizeram isso, mas não muitos. Você terá uma ótima história para contar nas festas.

ALTO   Você é um verdadeiro aventureiro e, entre os poucos da elite, conseguiu realizar esse incrível feito. Você vai falar sobre isso nos próximos anos.

EXTREMO   Somente aventureiros VIP. As pessoas sabem seu nome, você é um aventureiro famoso desse naipe.

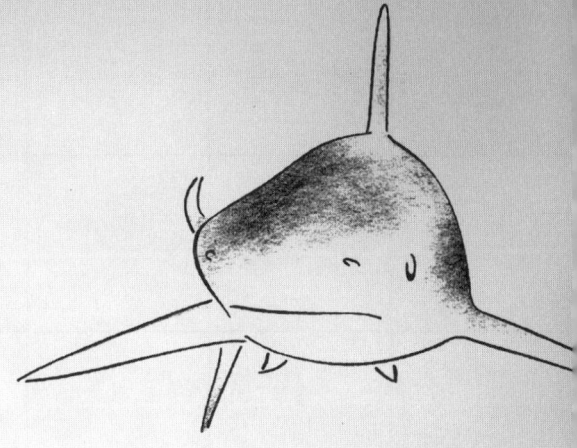

AVENTURAS DE UMA VIDA

Vinte e quatro experiências com potencial para mudar sua vida. Você só vive uma vez, então deixe as aventuras começarem.

OBSERVE GORILAS-DAS-MONTANHAS

O QUE Conhecer os últimos gorilas-das-montanhas selvagens do mundo
ONDE Parque Nacional dos Vulcões, Ruanda
NÍVEL DE ORGULHO Médio
PROBABILIDADE DE MORRER Baixa
MELHOR ÉPOCA PARA IR De junho a setembro ou fim de dezembro a fevereiro
NÍVEL DE DIFICULDADE FÍSICA Alto
CUSTO $$$$

Sobraram menos de novecentos gorilas-das-montanhas na Terra. Deixe a ficha cair.

    Os gorilas nos motivam a fazer perguntas profundas sobre a natureza da inteligência e da linguagem humanas. Olhar nos olhos de um gorila é tão hipnotizante quanto desconfortável: você está olhando nos olhos de aspecto humano de um parente distante. E, no entanto, restam menos de novecentas dessas majestosas criaturas da montanha. Os gorilas-das-montanhas ficaram famosos por causa da zoóloga Dian Fossey em seu livro de memórias, *Gorillas in the Mist* [Gorilas na névoa], e também são grandes estrelas em filmes como *King Kong*. Os gorilas-das-montanhas estão criticamente ameaçados – os últimos bolsões remanescentes (nenhum deles vive em zoológicos) estão nas remotas áreas fronteiriças entre Uganda, Ruanda e a República Democrática do Congo (RDC).

    Os três países oferecem caminhada em trilhas para ver os gorilas. É mais caro em Ruanda, mas, em troca de taxas mais altas, você tem acesso mais fácil (menos de três horas de Kigali em estradas decentes), melhor visibilidade (a vegetação em Uganda e na RDC é mais densa) e caminhadas que exigem menos fisicamente, considerando a população relativamente grande de gorilas-das-montanhas – mais de trezentos na última contagem – que vivem no Parque Nacional dos Vulcões de Ruanda.

Além disso, a própria Ruanda é um destino de viagem intrigante. Desde o trágico genocídio ocorrido no país em meados da década de 1990, Ruanda iniciou o processo de cura de seu povo e de suas terras. Ruanda é considerada segura para se visitar. E, com vários esforços de conservação em lugares como o deslumbrante lago Kivu, o país oferece muito mais que gorilas. Embora, é claro, os gorilas sejam o que traz os tão necessários dólares do turismo.

O BÁSICO

Fazer trilha para observar gorilas não é fácil e requer mais esforço físico do que o seu safári padrão. A altitude varia de um mínimo de cerca de 1.524 metros para uma máxima de cerca de 3.048 metros em passagens íngremes da montanha.

No Parque Nacional dos Vulcões de Ruanda, os visitantes podem encontrar um dos dez grupos com tamanhos que variam de uma dúzia a mais de quarenta gorilas. Eles se movem com frequência, ou seja, pode-se levar de uma a seis horas na trilha para chegar a um grupo de gorilas. Você será designado a um grupo de trilha com base no seu nível de condicionamento físico pessoal.

Praticantes de trekking em todo o parque observam com atenção cada grupo de gorilas. Seu guia saberá mais ou menos aonde ir. Depois de encontrar seu grupo de gorilas, você tem sessenta minutos para observar os animais. Em Ruanda, menos de oitenta licenças individuais de trekking são emitidas diariamente, e cada grupo de trekking é limitado a oito pessoas.

A exposição aos seres humanos é minimizada para proteger os animais. Isso também significa que as caminhadas são caras: só as licenças custam US$ 750 por pessoa, e os passeios de dois ou três dias incluindo acomodação a partir de US$ 1.250. É comum pré-agendar as trilhas, obter uma permissão e providenciar transporte de ida e volta para Kigali, a capital de Ruanda. O Parque Nacional dos Vulcões fica a duas horas e meia de carro em estradas asfaltadas do aeroporto internacional de Kigali.

Embora as trilhas para observar gorilas sejam oferecidas o ano inteiro, a melhor época para ir é durante uma das duas estações secas de Ruanda: de junho a setembro ou de dezembro a fevereiro.

SAIBA MAIS

✘ Crianças menores de quinze anos de idade não são permitidas em caminhadas para observar gorilas em Ruanda.

✘ Não faça a trilha para ver gorilas se estiver resfriado, com febre ou gripe. Gorilas e humanos estão intimamente relacionados – podemos trocar vírus –, mas não compartilhamos o mesmo sistema imunológico. Os gorilas correm risco de contrair uma doença humana.

✘ Contrate um carregador. Eles se reúnem perto da entrada do parque e, por uma taxa de US$ 10, carregam malas e ajudam quando necessário. Mesmo que você não precise de ajuda, contratar um carregador é benéfico para o esforço geral de conservação dos gorilas. Muitos portadores são ex-caçadores regenerados.

VERDADEIRO OU FALSO? Humanos e gorilas têm uma relação mais próxima do que cavalos e zebras.

Verdadeiro. Humanos e gorilas compartilham mais de 98,6% do DNA em nossos genes, um pouco mais que cavalos e zebras.

NADE COM BALEIAS-JUBARTE

O QUE Dar um mergulho com centenas de filhotes de baleias
ONDE Vava'u, Tonga
NÍVEL DE ORGULHO Médio
PROBABILIDADE DE MORRER Baixa
NÍVEL DE DIFICULDADE FÍSICA Baixo
MELHOR ÉPOCA PARA IR De julho a outubro
CUSTO $$-$$$

Gigantes gentis. É contraintuitivo pensar que uma das maiores criaturas da Terra é também uma das mais gentis e, no entanto, é verdade. A reputação "gentil" vem de seu comportamento. As jubartes não mordem (elas não têm dentes) e geralmente são animais filtradores mansos. Elas cantam músicas assombrosas a grandes distâncias e pulam acrobaticamente no ar, possivelmente apenas por diversão. As mães viajam milhares de quilômetros ao lado de seus filhotes, amamentando-os com leite, como qualquer boa mãe mamífera faria.

Tonga é um dos poucos lugares do mundo onde você pode nadar com baleias-jubarte de forma confiável. Todos os anos, centenas de grupos de jubarte migram das águas frias e ricas em proteínas da Antártida para as águas tropicais quentes e protegidas por recifes de Tonga para se acasalar e dar à luz.

O BÁSICO

O grupo de ilhas remotas de Vava'u fica aproximadamente 320 quilômetros ao norte de Tongatapu, a principal ilha de Tonga, onde se localiza seu aeroporto internacional e sua capital, Nuku'alofa. Por ser distante, o número de visitantes em Vava'u é mínimo. Você precisa estar motivado para visitar o local.

De julho a outubro, quando as jubartes chegam e dão à luz, algumas dezenas de empresas licenciadas fazem passeios e excursões em que se pode nadar com as baleias, tomando cuidado para não chegar muito perto. Pacotes de vários dias, incluindo traslados aéreos e acomodações, além do passeio para nadar com as baleias, custam US$ 1.000 ou mais.

As *liveaboards*, experiências de vários dias em uma embarcação, também são populares, combinando mergulhos com baleias e mergulhos nos recifes (mergulhar em Vava'u e em toda Tonga geralmente é excelente).

SAIBA MAIS

X Embora as baleias-jubarte não sejam as maiores criaturas da Terra (as baleias-azuis são as maiores), elas estão definitivamente entre as dez primeiras. As fêmeas das jubartes geralmente são maiores que os machos.

Em Tonga, você pode nadar com baleias-jubarte todos os dias, exceto nos domingos. É um dia de descanso obrigatório em Tonga. Não tem nenhuma atividade!

As jubartes voltam para Vava'u em um ciclo de aproximadamente onze meses, tempo de gestação de um filhote da espécie.

As jubartes maduras dão à luz a cada dois ou três anos e preferem fazer isso nas águas quentes e protegidas dos recifes, razão pela qual as jubartes voltam todos os anos para Vava'u.

Tonga é a única monarquia no Pacífico e a única nação do Pacífico que nunca perdeu seu governo indígena. Sua população total é de pouco mais de cem mil pessoas, espalhadas por quarenta e oito ilhas.

VERDADEIRO OU FALSO? As baleias-jubarte nunca dormem.

Verdadeiro em termos. Diferente dos humanos, as jubartes são respiradoras conscientes, o que significa que precisam se lembrar de respirar mesmo enquanto dormem. Assim, quando as jubartes adormecem, só desligam um lado do cérebro de cada vez. Em termos humanos, é mais como cochilar do que dormir.

ACAMPE COM URSOS-CINZENTOS

O QUE Observar os ursos-cinzentos de perto
ONDE Rio McNeil, Alasca
NÍVEL DE ORGULHO Alto
PROBABILIDADE DE MORRER Baixa
MELHOR ÉPOCA PARA IR De julho a agosto
NÍVEL DE DIFICULDADE FÍSICA Médio
CUSTO $$-$$$

O McNeil River State Game Sanctuary and Refuge [Santuário e Refúgio Estadual para Observação do Rio McNeil], no Alasca, é um dos poucos lugares na Terra onde é possível se sentar muito perto de ursos-cinzentos selvagens e vê-los caçar, cochilar, brigar e fazer tudo o que normalmente fazem.

O santuário protege cerca de 520 quilômetros quadrados de área selvagem intocada do Alasca. É lindo, com certeza, mas o que atrai as pessoas são os ursos selvagens. Centenas deles se reúnem todos os anos para abocanhar os salmões-keta de cor calicô em sua corrida de verão no riacho Mikfik e nas proximidades do rio McNeil.

Imensos ursos-pardos do Alasca – da mesma espécie dos ursos-cinzentos, mais escuros e maiores – apanham salmão após salmão, se empanturram e jogam fora carcaças atacadas, tudo a poucos metros de seres humanos armados com pouco mais que câmeras e GoPros. Os ursos são completamente alheios aos espectadores humanos. É o que torna única essa experiência de observação da vida selvagem.

Ursos-pardos geralmente são criaturas solitárias. No entanto, a cada ano, do início de julho até meados de agosto, dezenas de ursos se reúnem ao redor das margens das cataratas McNeil e suas piscinas, repletas de salmões nadando rio acima até os locais de desova. Poucos afortunados – não mais do que dez pessoas por dia – podem observá-los em silêncio.

O BÁSICO

O McNeil River State Game Sanctuary não é um resort. É uma área sem estradas e sem brindes de hotel. Aliás, não há restaurantes nem hotéis. Você dorme no chão, traz sua própria comida e prepara todas as suas refeições.

Todas as manhãs, durante quatro dias, você percorre pouco mais de dois quilômetros da área de acampamento até o rio. Você passa o dia todo (de seis a dez horas) observando os ursos e, no final da tarde, volta para o acampamento base. É uma rotina simples que maximiza a segurança e seu tempo com os ursos.

O rio McNeil é tão popular que as permissões são concedidas por sorteio. O Departamento de Pesca e Caça do Alasca limita o número de pessoas que podem visitar as cataratas do rio McNeil e as áreas adjacentes a um máximo de dez pessoas por dia entre 7 de junho e 25 de agosto. A área fica fechada em todas as outras épocas.

As solicitações de permissão devem ser feitas on-line até 1º de março; os ganhadores do sorteio são notificados em meados de março.

Se for sorteado, você paga US$ 350 por pessoa (máximo de quatro pessoas por inscrição) e escolhe um período de quatro dias para observar os ursos. Não há restrições de idade para visitar o santuário, mas pense duas vezes antes de levar crianças pequenas.

O acesso ao rio McNeil geralmente é feito por hidroaviões saindo de Homer, Kenai ou Anchorage. Espere pagar US$ 800 ou mais por um serviço aéreo de ida e volta para McNeil.

SAIBA MAIS

✗ Ursos-pardos são perigosos. Os ursos de McNeil não são domesticados nem amigáveis. Eles o ignoram simplesmente porque você não é uma ameaça.

✗ Já foram observados 144 ursos no rio McNeil durante o verão, com até 74 ursos observados ao mesmo tempo.

✗ Ninguém nunca foi ferido por um urso no rio McNeil. Para preservar esse registro de segurança perfeito, todos os visitantes em áreas de observação de ursos são acompanhados por guardas-florestais armados.

VERDADEIRO OU FALSO? É possível ganhar a confiança de um urso-pardo selvagem do Alasca.

Falso. Timothy Treadwell tentou. Ele viveu com ursos por treze verões no Parque Nacional Katmai, no Alasca. Infelizmente, em 2003, ele e sua namorada foram atacados com garras e dentes até a morte e devorados. O cineasta Werner Herzog usou muitas filmagens inéditas de Treadwell, além de gravações de áudio brutais do ataque do urso, no documentário O Homem Urso, de 2005.

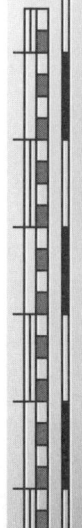

Habilidade em aventuras

COMO SOBREVIVER A UM ATAQUE DE URSO

BÁSICO

Evite fazer contato visual. Muitas vezes isso é percebido pelos ursos como uma ameaça e pode fazê-los atacar.

Não suba em uma árvore. Todos os ursos são excelentes escaladores.

Não corra. Você não pode fugir de um urso. É mais provável que ele conclua que você é uma presa e o perseguirá.

Leve spray de pimenta. As marcas específicas para ursos (não use variedades para humanos ou cães) borrifam uma nuvem concentrada de capsaicina pulverizante por oito segundos em distâncias de até seis metros. Isso deterá o urso, contanto que você tenha pontaria.

AVANÇADO

Fique parado. Os ursos geralmente avançam para ver o que você fará. Fique perfeitamente parado quando um urso estiver correndo atrás de você.

Com ursos-negros, faça barulho e revide. Os ursos-negros podem ser dissuadidos com respostas exageradas e altas. No caso improvável de um ataque, use punhos e pedras para atingir o urso, especialmente perto da cara. Os ursos-negros frequentemente desistem em vez de lutar.

Com ursos-cinzentos ou ursos-pardos, deite no chão em posição fetal, cubra a nuca e se finja de morto. Ursos-cinzentos podem parar de atacar quando sentirem que você não é uma ameaça.

Quando um urso que está atacando perder o interesse, continue se fingindo de morto. Não se levante nem se mova, mesmo se estiver ferido. Ursos-cinzentos, em particular, podem esperar a distância para ver se você se levanta.

Se um urso está perseguindo você, é o sinal de um ataque predatório iminente. O urso provavelmente está com fome. Lutar é sua única opção.

SAFÁRI NO GELO

O QUE Melhor forma de ver ursos-polares na natureza
ONDE Svalbard, Noruega
NÍVEL DE ORGULHO Médio
PROBABILIDADE DE MORRER Baixa
NÍVEL DE DIFICULDADE FÍSICA Médio
MELHOR ÉPOCA PARA IR De maio a setembro
CUSTO $$-$$$$

A maioria das pessoas nunca ouviu falar de Svalbard. É um arquipélago remoto, dentro do Círculo Ártico, mais perto do Polo Norte do que da Noruega continental.

Svalbard é o tipo de lugar escuro e proibido no inverno, sem sol por meses a fio, um terreno acidentado de geleiras, fiordes e tundra infinita. O verão traz o sol, que brilha 24 horas por dia, e alguns raros meses para procurar o predador mais feroz do Ártico, o urso-polar.

Svalbard não é um refúgio para a vida selvagem, mas sua localização remota e o mínimo de humanos (menos de 2.900 pessoas vivem lá) significam que existe pouca coisa para perturbar o modo de vida do urso-polar. A população local de ursos está prosperando. Mais de três mil ursos-polares vivem na região, um número saudável e que, na verdade, aumentou nas últimas duas décadas, diferente de outras partes do Ártico em rápido aquecimento.

Os safáris de ursos-polares normalmente envolvem alguns dias em um navio, que navega pela remota costa de Svalbard e faz incursões com botes ou caiaques em fiordes repletos de icebergs, em busca de sinais de ursos-polares, morsas, focas, raposas-do-ártico e renas.

Passeios para observação de ursos-polares são sempre emocionantes. Esses ursos pesam 450 quilos, podem correr a mais de 40 quilômetros por hora e têm quase 2,5 metros de altura. Além disso, podem prender a respiração embaixo d'água por três minutos enquanto caçam focas despreocupadas que descansam em blocos de gelo.

De fato, é mais provável que você veja um urso-polar caçando focas em blocos de gelo, às vezes a poucas centenas de metros do navio.

O BÁSICO

Os ursos-polares são animais selvagens e fortemente protegidos pela lei norueguesa. Os safáris em terra, em geral, não são permitidos. A melhor forma de encontrar ursos-polares na natureza selvagem é fazendo um cruzeiro de vários dias a partir de Spitsbergen, a única ilha permanentemente povoada em Svalbard.

As decisões mais importantes que você precisa tomar são a duração (viagem de um dia ou vários dias) e qual o tamanho do navio (grande ou pequeno). De Spitsbergen, cruzeiros de vários dias partem em embarcações menores (de doze a vinte passageiros) para o norte e o leste rumo a lugares remotos do arquipélago e virtualmente garantem que vários ursos-polares sejam observados. Espere pagar US$ 4.500 ou mais para um itinerário típico de sete dias.

Navios maiores tendem a fazer cruzeiros mais curtos. Eles custam menos, não mais que US$ 200 por pessoa, mas as possibilidades de avistar ursos-polares são imprevisíveis.

Faz frio em Svalbard, mesmo no verão. A temperatura média diurna é de -6,5°C, caindo para -18°C ou menos à noite. Nunca esqueça que você está no Ártico!

SAIBA MAIS

✘ Os ursos-polares são a maior espécie de urso da Terra. Sem ofensas, ursos-cinzentos, mas os ursos-polares são mais agressivos e provavelmente podem vencer você em uma luta. Apenas comentando.

✘ Por falar em lutas, o único predador natural do urso-polar, além dos humanos, é a orca. Batalhas épicas entre eles foram capturadas em vídeo.

✘ Os ursos-polares são excelentes nadadores e podem nadar por quilômetros de uma vez, se necessário.

✘ Quando você viaja pelo território dos ursos-polares de Svalbard, é *exigido* legalmente que você carregue meios de intimidação contra o urso-polar, geralmente uma pistola sinalizadora que faz um barulho alto.

✘ Os moradores locais são obrigados a carregar e saber como usar um rifle de alta potência sempre que deixarem os poucos povoados de Svalbard.

VERDADEIRO OU FALSO? É ilegal morrer em Svalbard.

Mais ou menos. É mais correto dizer que é ilegal ser enterrado em Svalbard. Isso porque há apenas um cemitério na ilha e ele parou de aceitar novos enterros anos atrás devido à falta de decomposição. O permafrost (solo constituído por terra, gelo e rochas permanentemente congelado) evita que os corpos se decomponham. Que nojo. O governo gentilmente exige que você morra em outro lugar.

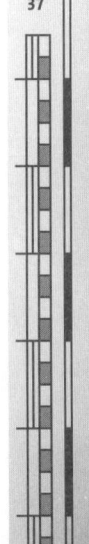

PRATIQUE HELI-ESQUI NOS BUGABOOS

O QUE Voar alto, descer cortando, repetir
ONDE Colúmbia Britânica, Canadá
NÍVEL DE ORGULHO Médio
PROBABILIDADE DE MORRER Baixa
MELHOR ÉPOCA PARA IR De dezembro a março
NÍVEL DE DIFICULDADE FÍSICA Médio
CUSTO $$$$-$$$$$

Eles vêm por uma razão: neve fresca e sem rastros.
E aqui a neve vem com um toque espetacular. Não há teleféricos para esqui. Não há niveladoras de neve. Nenhuma corda puxa para cima. Isso é esqui na neve de helicóptero!
Praticar heli-esqui pela primeira vez é inacreditavelmente legal. Ir cortando suavemente, descendo algumas centenas de metros de neve intocada. A intensa quietude do deserto. Os sentidos zumbindo devido ao voo rápido do helicóptero, voando alto em cânions e vales em busca do próximo turno. Se você nunca esquiou ou praticou snowboard usando helicópteros, é difícil compreender como essa experiência é incrível. Como dizem, é totalmente irado, mano.
As remotas montanhas Bugaboo, na região leste da Colúmbia Britânica, são conhecidas por seus impressionantes picos de granito e geleiras alpinas. Também foi nessas montanhas que o heli-esqui começou, em 1965, quando o primeiro alojamento de heli-esqui do mundo foi construído. Hoje, o Bugaboos Lodge, com quarenta e quatro quartos, ainda é o principal resort da região; se quiser praticar heli-esqui nas Bugaboos, você vai ficar aqui.
Felizmente, o alojamento remoto tem todos os requintes de um resort de esqui de luxo. Banheira de hidromassagem no terraço? Tem. Lareira rugindo, comida excelente e serviço de massagem no quarto? Também. Há até uma parede de escalada de quatro andares para os dias em que o tempo não estiver colaborando e o helicóptero estiver temporariamente aterrado.

O BÁSICO

O Bugaboos Lodge, cerca de 320 quilômetros a oeste de Calgary, é a base para o heli-esqui nas montanhas Bugaboo. O transporte de Calgary para Golden é feito de ônibus e, em seguida, de helicóptero de Golden para o alojamento.

O heli-esqui é recomendado para esquiadores fortes dos níveis intermediário e avançado. Os praticantes de snowboard precisam ser fortes (e bastante destemidos).

Embora o custo seja significativo, as viagens de heli-esqui com todas as despesas incluídas são comparáveis às estações de esqui de alto nível (menos suas encostas lotadas). Espere pagar cerca de US$ 1.000 por dia, incluindo alimentação, hospedagem e traslados.

SAIBA MAIS

✘ Hans Gmoser popularizou o heli-esqui. Gmoser mudou-se da Áustria para o Canadá na década de 1950 e abriu a primeira loja de roupas para esqui nas Montanhas Rochosas canadenses. Em 1965, um esquiador profissional pediu a Gmoser que o guiasse para as áreas remotas das Bugaboos. Gmoser sugeriu uma viagem de helicóptero, inspirada nos relatos dos primeiros passeios turísticos de helicóptero nos Alpes suíços. O resto é história de esqui.

✘ O heli-esqui tem uma limitação máxima quando há muita gente. Os helicópteros não podem acomodar mais de dez passageiros. Isso significa que um resort como o Bugaboos Lodge não atende mais que sete mil esquiadores por ano. Compare isso com 1,5 milhão de esquiadores que visitam um resort típico.

✘ Como você torna a experiência de heli-esqui inesquecível ainda *mais* inesquecível? Chegue com estilo nos vagões de trem com cúpula de vidro do Rocky Mountaineer. O famoso passeio de trem percorre as Montanhas Rochosas canadenses entre Vancouver e Kamloops, Lake Louise e Banff, onde você pode fazer o traslado para as proximidades de Calgary.

VERDADEIRO OU FALSO? O maior rodeio do mundo acontece em Calgary.

Verdadeiro. O Calgary Stampede é um rodeio de dez dias realizado anualmente em julho. O evento atrai mais de um milhão de pessoas e temporariamente dobra a população de Calgary, Irra!

PERCORRA O AFLUENTE MIDDLE FORK DO RIO SALMON

O QUE 168 quilômetros, trezentas corredeiras
ONDE Stanley, Idaho
NÍVEL DE ORGULHO Baixo
PROBABILIDADE DE MORRER Baixa
MELHOR ÉPOCA PARA IR De junho a agosto
NÍVEL DE DIFICULDADE FÍSICA Médio
CUSTO $$$

O afluente Middle Fork do rio Salmon é lendário. Este trecho de 168 quilômetros flui livremente através de florestas, cânions e costas íngremes no centro de Idaho. Ele também flui através da maior área selvagem nos Estados Unidos continentais, nos cerca de 1 milhão de hectares de Frank Church-River of No Return Wilderness.

Mais precisamente, são 168 quilômetros de águas brancas que correm rápidas de forma contínua. Você só vem ao Middle Fork do Salmon River se estiver pronto para ser surrado, borrifado e molhado por corredeiras furiosas. As águas do Middle Fork descem quase 915 metros em seu curso de 168 quilômetros, com mais de trezentas (!) corredeiras, cada uma delas avaliada pelo menos com a classe III+. Muitos são da classe IV. Apropriadamente chamada de Dagger Falls [Queda Adaga], ela é classe V. Este rio não é para covardes.

Apesar disso, não se assuste. Várias empresas de rafting orientam pessoas de todas as idades e níveis de experiência no Middle Fork. Seu registro de segurança é excelente. Os mais aventureiros enfrentam o rio em caiaques. De qualquer forma, quando você está no rio, é incrivelmente especial. Todas as noites, praticantes de rafting e canoístas saem, acampam em prados de montanhas, caminham até uma cachoeira, mergulham em uma fonte termal natural ou apenas relaxam perto de uma fogueira sob as estrelas. Nenhum caminho afeta a beleza do rio. Ele é selvagem e cênico no sentido mais verdadeiro.

O BÁSICO

A maioria das viagens pelo rio começa em Stanley e termina em Salmon River, Idaho. Suas maiores decisões são como enfrentar o rio – rafting com remo (todos remam), "oar rig" (o guia rema, todos se seguram), ou caiaque – e quantas noites você quer ficar no rio.

Não há resposta certa ou errada para a última questão. Depende de quantas corredeiras você planeja descer por dia e também do ritmo com que você quer fazer isso. Viagens de ponta a ponta, cobrindo todo a extensão do Middle Fork, duram cinco ou seis noites. Espere pagar US$ 1.800 ou mais por pessoa por traslados, alimentação, hospedagem e guia pelo rio (rafting ou caiaque).

O fluxo máximo do rio ocorre entre o final de maio e o final de junho, época para se aventurar ao máximo. Em julho e agosto, o clima é mais quente e o fluxo do rio é mais adequado para crianças.

SAIBA MAIS

✗ As áreas a mais de 160 quilômetros do rio Middle Fork, em Idaho, são consideradas "selvagens", o mais alto nível de proteção do governo norte-americano contra o desenvolvimento e invasão por estradas. Os rios selvagens representam vestígios das paisagens nativas e primitivas dos Estados Unidos.

✗ O rio Salmon era originalmente conhecido como rio de Lewis, em homenagem ao explorador Meriwether Lewis (famoso por Lewis e Clark). Na época, era muito difícil para os exploradores atravessarem este rio ou navegarem nele.

✖ Todos os anos, milhares de salmões realizam a corrida de quase 2.900 quilômetros do Pacífico até as áreas de desova ao longo do rio Salmon. É uma das corridas de desova mais longas do mundo.

VERDADEIRO OU FALSO? É ilegal perseguir peixes em Idaho.

Verdade. É contra a lei perseguir peixes rio acima ou rio abaixo em Idaho, não importa a forma.

Habilidade em aventuras
COMO ESCAPAR DE UMA CORRENTEZA

BÁSICO

Não seja arrogante. Comece com uma atitude "segurança em primeiro lugar".

Só porque você sabe nadar não significa que você não pode se afogar.

Use um colete salva-vidas, sempre, mesmo que você não queira. Prenda as tiras firmemente e nunca as solte.

Se você cair no rio, pegue a correnteza nas suas costas, cabeça apontando para cima, pés apontando para baixo em relação ao fluxo da água. Mantenha os dedos dos pés logo acima da superfície da água.

Cuidado com os obstáculos. Use suas pernas ou pés para empurrar pedras e troncos. A forma mais comum de afogamento em corredeiras é ficar preso em um obstáculo ou ser capturado por ele.

Não tente se levantar. É perigoso baixar os pés e não há chance de seu corpo resistir à força da água.

AVANÇADO

Fique atento a áreas mais calmas, especialmente ao redor das curvas do rio. Quando vir uma, vire de barriga para baixo e nade rio abaixo em um ângulo de quarenta e cinco graus. Não nade direto para a beira do rio.

Em corredeiras mais profundas, em vez de flutuar de costas, flutue rio abaixo de barriga para baixo. Matenha um ângulo que o deixe perto da costa e evite obstáculos.

Seja nadando de costas ou de barriga, mantenha-se na horizontal na superfície do rio. Isso reduz as chances de ser puxado por uma corrente ou correnteza.

Determine o tempo de sua respiração. Inspire quando estiver entre duas ondas e prenda a respiração ou expire enquanto estiver na crista da onda. Um grande gole de água é a última coisa de que você precisa.

Não entre em pânico se for puxado por um longo período de tempo. Acontece. Proteja sua cabeça e pescoço com as mãos, prenda a respiração e espere a corrente puxar você de volta à superfície.

PASSEIE COM HIPOPÓTAMOS

O QUE Eles são fofos, mas mortais
ONDE Parque Nacional Rainha Elizabeth, Uganda
NÍVEL DE ORGULHO Médio
PROBABILIDADE DE MORRER Baixa
MELHOR ÉPOCA PARA IR De janeiro a fevereiro e de junho a julho
NÍVEL DE DIFICULDADE FÍSICA Baixo
CUSTO $

É fácil entender por que o Parque Nacional Rainha Elizabeth é o destino com vida selvagem mais popular de Uganda. O imenso parque é famoso por seus diversos ecossistemas: de savanas com gramíneas a floresta selvagem, de lagos de crateras vulcânicas a pântanos extensos. Você também encontrará todos os suspeitos de praxe vagando pela paisagem: leões, elefantes, chitas e leopardos, além de dez espécies de primatas e mais de seiscentas espécies de pássaros.

O parque também é famoso pelos hipopótamos. O canal Kazinga, um curso de água natural que percorre 32 quilômetros entre o lago George e o lago Eduardo, abriga mais hipopótamos do que qualquer outro lugar na Terra. A água está repleta de hipopótamos (e de crocodilos famintos do Nilo!). Você verá centenas e centenas de hipopótamos em um passeio de barco pelo canal. É considerado um destaque de todas as visitas ao Parque Nacional Rainha Elizabeth.

Os hipopótamos são semiaquáticos e passam grande parte do tempo na água evitando o sol (eles não têm glândulas sudoríparas e contam com a água para se manter frescos). Depois de um dia de banho, os hipopótamos deixam a água ao anoitecer e passam a noite pastando. Eles caminham até oito quilômetros e mastigam mais de 68 quilos de grama todas as noites. É por isso que as margens em torno do canal Kazinga e dos lagos George e Eduardo estão despojadas de grama.

Um fato curioso é que os hipopótamos não nadam. Eles não conseguem. Em vez disso, saltam no fundo dos lagos e rios. Em terra, são surpreendentemente rápidos e podem ultrapassar os humanos em distâncias curtas. Aviso dado: nunca tente fugir de um hipopótamo.

O BÁSICO

O parque nacional organiza passeios de barco até quatro vezes por dia ao longo do canal Kazinga. Barcos de quarenta pessoas partem da península de Mweya. Todas as empresas de safári e hospedagem podem organizar passagens e transporte. O passeio de barco de três horas custa menos de US$ 40.

O parque fica aberto o ano todo. A observação da vida selvagem é melhor durante as duas estações secas de janeiro a fevereiro e de junho a julho.

SAIBA MAIS

- O imenso hipopótamo, derivado da palavra grega para "cavalo de rio", é o segundo maior animal terrestre do mundo (só perde para o elefante). Eles também estão entre os animais mais pesados, sendo que os machos adultos chegam a pesar 2,7 toneladas.

- Hipopótamos não são um tipo de cavalo. Eles estão mais relacionados a baleias e golfinhos.

- Por ser ilegal, a carne de hipopótamo é considerada uma iguaria e é vendida rapidamente quando aparece nos mercados locais. Isso gerou sérios problemas de conservação desses animais no país vizinho, Congo, onde ex-milicianos usam lança-foguetes e dinamite para derrubar hipopótamos. Um único animal pode chegar a US$ 3.000 no mercado local.

- Em 2005, um grande número de hipopótamos foi morto no canal Kazinga devido a um surto de antraz. Desde então, a população se recuperou.

VERDADEIRO OU FALSO? Hipopótamos matam mais humanos a cada ano do que qualquer outro animal na África.

Verdadeiro (se você excluir mosquitos). Os hipopótamos são altamente territoriais e correm atrás quando se sentem ameaçados. A maioria dos confrontos acontece à noite, quando o aldeão ou pescador acidentalmente tropeça no caminho de um hipopótamo.

SIGA A MIGRAÇÃO DOS GNUS

O QUE A maior movimentação de mamíferos no Planeta Terra
ONDE Arusha, Tanzânia
NÍVEL DE ORGULHO Médio
PROBABILIDADE DE MORRER Baixa
NÍVEL DE DIFICULDADE FÍSICA Média
MELHOR ÉPOCA PARA IR O ano inteiro
CUSTO $$-$$$$

Na Tanzânia e no Quênia, na África oriental, o campo é selvagem, intocado. Olhe em qualquer direção e você verá um trecho interminável de planícies, colinas e acácias.

Em meio a essas planícies, existem animais. Imensos gnus. As gazelas de Thomson. Zebras. Leões. Chitas. Leopardos. Hienas. Girafas. Hipopótamos. Chacais. Crocodilos.

É impossível passar algum tempo no leste da África durante a migração anual, quando mais de dois milhões de animais migram entre a Tanzânia e o Quênia, e não ser tocado pelo espetáculo da vida e da morte nas planícies. Predadores e presas atados ao interminável ciclo de sobrevivência.

Na verdade, não há uma migração única. O gnu simplesmente traça um círculo de 800 quilômetros entre o Parque Nacional do Serengeti, na Tanzânia, e a Reserva Nacional Maasai Mara, no Quênia, em uma busca incessante por comida e água. Os animais seguem as chuvas sazonais em savanas com gramíneas, por matas abertas e em rios infestados de crocodilos. Não há outro espetáculo como esse na Terra.

O BÁSICO

Se a migração anual tem um começo, é o nascimento em massa de gnus em janeiro e fevereiro ao redor do desfiladeiro de Olduvai e das encostas do norte da Cratera de Ngorongoro (um local imperdível). Quase quatrocentos mil bezerros de gnus "chegam" ou nascem no período de algumas semanas entre uma migração e outra.

O nascimento em massa é um banquete frenético para grandes carnívoros: leões, hienas e abutres estão por toda parte, mastigando os ossos e carcaças de filhotes de gnus. (Vendo pelo lado positivo, o nascimento quase sincrônico sobrecarrega o apetite dos predadores e significa que a maioria dos bezerros de gnu sobrevive.)

De março a maio, o rebanho segue para o noroeste, rumo ao Parque Nacional do Serengeti, durante uma curta estação chuvosa. De lá, geralmente em maio ou junho, o rebanho segue para o nordeste em direção à Reserva Nacional Maasai Mara, no Quênia. É um dos trechos mais perigosos da viagem, pois há muitos rios repletos de implacáveis crocodilos-do-nilo.

De julho a outubro, o rebanho se instala no Maasai Mara. Então começa a se deslocar para o sul em novembro e dezembro, seguindo as chuvas, no período que antecede o nascimento anual que marca o período seguinte no ciclo infinito de vida e morte da migração.

Arusha se autodeclara a "Capital da Aventura" da Tanzânia e uma boa base para organizar safáris ao longo das rotas do sul e do oeste da migração anual. Há safáris de todas as formas e variedades: pequenos grupos, particulares, acampamento rústico, dormir em cabanas básicas, dormir em hospedagens ecológicas de luxo etc. Você vai viajar por estradas esburacadas em veículos 4x4 desgastados, parando com frequência para tirar fotos.

Os novatos podem se sentir mais confortáveis ficando em alojamentos de safári, no entanto, acampamentos com barracas o aproximam da natureza. Onde quer que você decida ficar, seu safári deve seguir o rebanho. Não fique em um lugar só. Um guia-motorista profissional também é importante. Os custos variam de US$ 75 por dia para safáris básicos em grupo a US$ 800 ou mais.

SAIBA MAIS

𝕏 A cratera Ngorongoro e o Parque Nacional do Serengeti estão entre os primeiros Patrimônios Mundiais reconhecidos pelas Nações Unidas na África. Juntos, abrigam a maior população de leões do continente (mais de 3.500) e populações de chitas e leopardos saudáveis e que podem ser vistos com facilidade.

𝕏 Um gnu recém-nascido talvez seja o mamífero jovem mais coordenado do planeta. Os filhotes geralmente ficam de pé em dois ou três minutos após o nascimento e conseguem superar um leão em cinco minutos.

𝕏 É comum que um rebanho maciço de zebras siga à frente da grande massa de gnus. Zebras e gnus comem partes diferentes da mesma grama. As zebras consomem os talos; os gnus mastigam os tufos restantes.

𝕏 Além dos animais, o sul da Tanzânia é famoso pelos fósseis. Na década de 1950, os paleoantropólogos Mary e Louis Leakey fizeram algumas de suas descobertas mais importantes (os resquícios pré-humanos do *Australopithecus boisei* e *Homo habilis*) no desfiladeiro de Olduvai e mostraram que os humanos evoluíram na África.

Quem escreveu a maior parte da música para o musical *O Rei Leão*, de 1994?

Elton John. Bônus: O Rei Leão é o terceiro musical da Broadway que ficou em cartaz por mais tempo.

CONHEÇA UM BANDO DE SURICATOS

O QUE Os suricatos vivem em clãs, grupos e bandos – e são todos ridiculamente fofos
ONDE Parque Nacional de Makgadikgadi Pans, Botsuana
NÍVEL DE ORGULHO Médio
PROBABILIDADE DE MORRER Baixa
MELHOR ÉPOCA PARA IR De junho a julho
NÍVEL DE DIFICULDADE FÍSICA Baixo
CUSTO $$$-$$$$

Botsuana abriga paisagens lendárias como o deserto do Kalahari e o vasto delta do Okavango, o maior delta interno do mundo. Mais de 40% deste país do tamanho do Texas (quase 700.000 km²) é composto por parques nacionais e reservas de observação repletos de animais e pássaros e são relativamente intocados pela atividade humana. Se você está procurando uma experiência de safári repleta de vida selvagem, em que pode dirigir e não encontrar muitos outros seres humanos, Botsuana é seu novo destino favorito no sul da África.

Além de elefantes e hipopótamos e dos grandes animais de caça, Botsuana abriga a maior população de suricatos selvagens do continente. Seu habitat se estende pelo deserto do Kalahari até a árida Makgadikgadi Pan, em Botsuana, um dos maiores salares do mundo e, de longe, a melhor localização do país para ver suricatos na natureza.

Os suricatos são exímios escavadores e constróem túneis que podem se estender por dezenas de metros no subsolo. Os suricatos são bastante sociáveis – vivem em clãs ou pequenos grupos de até quarenta ou cinquenta indivíduos. Também são excelentes caçadores, com audição e visão insanamente sensíveis. Semelhante às alcateias de lobos, os suricatos caçam em grupo, ludibriando azarados escorpiões, besouros ou lagartos que cruzam seu caminho.

Quando a colônia está caçando, suricatos se revezam na guarda, observando o horizonte em busca de predadores e vocalizando e se comunicando de forma ininterrupta com os demais membros. Quando um predador como uma águia, uma cobra ou um chacal é avistado, o suricato que está de sentinela solta um tipo de latido característico e toda a colônia foge para o subsolo em segurança.

Ver os suricatos de perto é a experiência que você procura. Suricatos são criaturas carismáticas. Imagine o cãozinho mais brincalhão e o gatinho mais fofo que você já viu; agora misture os dois e – *voilà!* – você tem o suricato. Felizmente, suricatos não se assustam com seres humanos e são relativamente fáceis de ser observados e fotografados. As crianças adoram a experiência.

O BÁSICO

Os suricatos selvagens são tímidos e vigilantes e pode ser frustrante avistá-los. Sua melhor opção é um safári para observação de suricatos no Pan Makgadikgadi entre maio e julho. Esta é a alta temporada para ver suricatos na natureza.

As colônias de suricatos habituados com humanos são ativas durante todo o ano e você pode ter acesso a elas na área de Makgadikgadi Pan, saindo do Jack's Camp, Camp Kalahari, San Camp e Planet Baobab. Há o benefício adicional de testemunhar a segunda maior migração da África se você fizer a visita entre janeiro e março. Durante esta curta e intensa estação chuvosa, as planícies com gramíneas ao norte do Makgadikgadi Pan se enchem de zebras e gnus.

Safáris em Botsuana geralmente estão no lado caro; espere pagar entre US$ 700 e US$ 900 por pessoa, por dia, por safáris com tudo incluído a partir da capital de Botsuana, Gaborone.

SAIBA MAIS

✘ Botsuana é uma história de sucesso improvável. Era pobre e escassamente povoada quando alcançou a independência da Grã-Bretanha em 1966. A descoberta de depósitos de diamantes no ano seguinte poderia ter sido um desastre para o país. Em vez disso, o primeiro presidente de Botsuana, Sir Seretse Khama, instituiu a liderança civil sem corrupção e construiu um sistema de parques nacionais bem administrado. Botsuana é hoje um dos países mais estáveis e prósperos da África.

✗ O Kalahari Meerkat Project [Projeto Suricato Kalahari], um centro de pesquisa científica na África do Sul, país vizinho, tem feito com que suricatos se habituem com humanos de forma bem-sucedida. Esforços semelhantes estão em andamento em Botsuana.

✗ Os suricatos são imunes à maioria dos venenos de cobra. Os cientistas estão estudando como os suricatos fazem isso, na esperança de que seja possível produzir uma vacina humana contra o veneno de cobra para proteger as trinta mil pessoas que morrem por picada de cobra a cada ano na África Subsaariana.

VERDADEIRO OU FALSO? Suricatos dormem em dias chuvosos.

Verdadeiro. Assim como os humanos, suricatos não gostam de sair da cama quando está chovendo.

PERCA-SE EM UMA AVALANCHE DE MORCEGOS

O QUE Você sozinho nas copas das árvores com dez milhões de morcegos
ONDE Parque Nacional Kasanka, Zâmbia
NÍVEL DE ORGULHO Alto (poucas pessoas sabem disso)
PROBABILIDADE DE MORRER Baixa
MELHOR ÉPOCA PARA IR De meados de outubro a início de dezembro
NÍVEL DE DIFICULDADE FÍSICA Baixo
CUSTO $$$-$$$$

É um dos segredos mais bem guardados da vida selvagem. Todos os anos, no final de outubro, a maior migração de mamíferos do mundo acontece nos pântanos sempre verdes do Parque Nacional Kasanka, na Zâmbia, perto da fronteira com a República Democrática do Congo. Dura apenas algumas semanas. Mais de dez milhões de morcegos africanos se reúnem, vastas colunas rodopiantes que se estendem por centenas de metros em todas as direções. Todas as tardes, ao anoitecer, eles saem da floresta, onda após onda, em forma de densos enxames, para se alimentar de frutos e mangas nas florestas exuberantes da Zâmbia. Os milhões de morcegos chilreantes retornam do banquete nas primeiras horas da manhã, quando o sol nasce, à mesma floresta de mogno e *milkwood* [tipo de árvore comum em algumas regiões da África] de dois hectares. Eles se penduram de cabeça para baixo no denso dossel florestal, empurrando e cutucando por uma posição em cada galho e tronco.

A experiência acaba rápido. Uma vez que os morcegos se instalam para o dia, não há muito a fazer senão esperar o voo de volta de dez milhões de morcegos para as áreas de alimentação ao anoitecer.

Kasanka é o único parque nacional com gestão privada da Zâmbia e é também um dos seus menores parques. Não é o melhor destino de safári na Zâmbia, embora haja muitos elefantes e grandes animais para ocupar alguns dias agradáveis. A verdadeira atração é a avifauna – Kasanka é um dos principais destinos de observação de pássaros da África – e, é claro, de morcegos.

O BÁSICO

A temporada dura cerca de noventa dias, de outubro a dezembro, com pico de observação no final de outubro e início de novembro.

Você pode ver morcegos de qualquer lugar dentro do parque. Os melhores pontos de observação são os esconderijos nas copas das árvores, a 21 metros do chão, no dossel florestal e com os morcegos ao nível dos olhos.

Se você não for um observador de aves sério, faça como a maioria dos visitantes, que combina uma visita de dois dias a Kasanka durante a temporada de morcegos com algumas noites em um dos parques de safári mais conhecidos da Zâmbia, como Kafue e South Luangwa.

SAIBA MAIS

✗ Morcegos frugívoros africanos são conhecidos como "raposas voadoras". E com razão. Eles têm olhos laranja brilhantes, são do tamanho de pequenos filhotes de cachorro e têm asas de até 92 centímetros de envergadura. Se eles se alimentassem de algo diferente de frutos, digamos, o sangue dos humanos, eles seriam assustadores como o demônio.

✗ Durante a maior parte do ano, os morcegos vivem na vizinha República Democrática do Congo. Eles chegam à Zâmbia assim que as árvores dão frutas: mangas, jamelões, nêsperas selvagens e frutos de *milkwood*. Cada morcego consome até 2,3 quilos de frutos por noite. No final da migração, a maioria das árvores frutíferas num raio de 24 quilômetros está depenada.
Os morcegos desempenham um papel fundamental na saúde das florestas. Eles espalham sementes de muitas árvores através de suas fezes.

✗ Morcegos no Kasanka geralmente estão seguros contra predadores. Suas maiores preocupações são grandes aves de rapina, que os caçam ao anoitecer e ao amanhecer, e crocodilos. Os morcegos são tão pesados que galhos caídos muitas vezes se desprendem das árvores e caem no rio, proporcionando o lanche perfeito para um crocodilo faminto.

VERDADEIRO OU FALSO? Não há morcegos que se alimentam de sangue na África.

Verdadeiro. As únicas três espécies de morcegos vampiros são todas nativas da América Central e do Sul.

PERNOITE COM OS PINGUINS-IMPERADORES

O QUE Sim, você realmente pode acampar durante a noite na Antártida
ONDE Mar de Weddell, Antártida
NÍVEL DE ORGULHO Alto
PROBABILIDADE DE MORRER Média (helicópteros na Antártida – o que poderia dar errado?!)
MELHOR ÉPOCA PARA IR De novembro a janeiro
NÍVEL DE DIFICULDADE FÍSICA Médio
CUSTO $$$$-$$$$$

A remota península Antártida abriga as águas ricas em nutrientes do mar de Weddell. É um cenário incrivelmente bonito. O mar é cercado por quase 2.000 quilômetros de montanhas cobertas de geleiras, grandes plataformas de gelo e impressionantes penhascos glaciais. Um afloramento oceânico profundo de água rica em nutrientes alimenta o mar, oferecendo sustento para qualquer criatura que consiga lidar com o frio.

E faz frio. Um frio de doer os ossos. As temperaturas diurnas médias variam de -12°C a -4°C, baixando para -29°C quando o vento aumenta ou há uma tempestade.

A menos que você seja um cientista antártico, só há uma razão para suportar condições extremas: a chance de visitar uma colônia de pinguins-imperadores – e possivelmente acampar ao lado dela (se o tempo cooperar e você não hesitar quanto ao custo).

A cada inverno (que começa em março na Antártida), os pinguins-imperadores viajam mais de 80 quilômetros no gelo até a área de procriação. Os machos chegam primeiro, posicionando-se no gelo para atrair parceiras de acasalamento com exibições chamativas e chamadas para a corte.

A partir de maio ou junho, as fêmeas partem dos locais de reprodução para se alimentar no oceano, deixando os machos incubando os ovos. Nos meses seguintes, os machos precisam manter os ovos seguros e aquecidos e garantir sua própria sobrevivência em uma das condições mais frias e difíceis da Terra – e com estômagos vazios! Os machos não se alimentam por mais de dois meses enquanto aguardam a eclosão dos filhotes.

Para afastar o frio, os machos se amontoam em grupos, revezando-se para o interior do círculo, onde é mais quente. Os ovos são equilibrados em seus pés e mantidos aquecidos dentro de uma camada de pele com penas.

Por fim, as fêmeas retornam, regurgitando a comida para os filhotes comerem. Agora é a vez de as fêmeas cuidarem dos jovens pinguins. Os machos partem para o mar para uma refeição de krill e peixe obtida com muito suor.

O BÁSICO

Várias empresas fazem visitas à colônia de pinguins-imperadores na ilha Snow Hill, em frente ao mar de Weddell, no lado leste da península Antártica.

A ilha está mais perto da América do Sul do que qualquer outra parte da Antártida. Os cruzeiros de ida e volta partem de Ushuaia, na Argentina. O itinerário típico dos cruzeiros é de dez a quatorze dias e inclui voos de helicóptero do navio para a terra, aterrissando a uma curta caminhada da colônia de pinguins na ilha Snow Hill. É um processo lento: os navios transportam até cem passageiros e a maioria dos helicópteros acomoda seis pessoas por voo. No solo, você terá uma hora para visitar os pinguins antes de retornar ao navio de helicóptero. Espere pagar cerca de US$ 10.000 por pessoa, dependendo do nível de conforto que desejar.

Como alternativa, os passeios apenas por ar (sem barcos, sem enjoo!) partem de Punta Arenas, no Chile. Os voos acontecem durante a noite para a Geleira da União, na Antártida, e em seguida seguem para a colônia de pinguins-imperadores na baía de Gould, onde as pessoas ficam de duas a quatro noites em um acampamento no gelo. É um dos locais para acampamentos mais remotos do mundo e o único acampamento turístico da Antártida em gelo marinho.

As barracas são montadas a uma distância de 1,5 quilômetro ou mais da colônia, longe o suficiente para não perturbar, mas perto o suficiente para fazer várias visitas. Este é um acampamento de luxo e você pagará pelo privilégio de dormir na Antártida ao alcance da voz dos pinguins-imperadores: berrando de US$ 40.000 a US$ 50.000 por pessoa. Enriqueça sua experiência com um sobrevoo de 90º de latitude sul – o polo sul geográfico – por uma taxa extra de US$ 10.000. Não, não é barato.

Todas as viagens acontecem em uma janela relativamente curta: entre novembro e início de janeiro, antes da chegada dos invernos antárticos.

SAIBA MAIS

✕ Os pinguins-imperadores são as maiores das dezessete espécies conhecidas de pinguins. Eles têm mais ou menos 1,20 metro de altura e pesam até trinta quilos.

✕ Apenas um terço dos filhotes de pinguins-imperadores sobrevive ao primeiro ano. A maioria é devorada por aves marinhas ou morre de fome. Felizmente, a população total de pinguins-imperadores (seiscentos mil habitantes) é estável.

✕ Pinguins-imperadores são excelentes nadadores. Eles podem ficar submersos por vinte minutos e mergulhar a profundidades de aproximadamente 600 metros. Seus principais predadores aquáticos são focas-leopardo e orcas.

O que as estrelas de cinema Elijah Wood, Robin Williams, Hugh Jackman, Nicole Kidman e Hugo Weaving têm em comum?

Todos eles estrelaram como pinguins-imperadores na animação musical Happy Feet, de 2006. Se você prefere documentários sobre pinguins a musicais, confira A Marcha dos Pinguins (2005) ou Planeta Gelado, de David Attenborough (2011).

ANDE A CAVALO NA ISLÂNDIA

O QUE Geleiras e gêiseres a cavalo
ONDE Húsavík e Kálfhóll, Islândia
NÍVEL DE ORGULHO Médio
PROBABILIDADE DE MORRER Baixa
MELHOR ÉPOCA PARA IR De julho a agosto
NÍVEL DE DIFICULDADE FÍSICA Médio
CUSTO $$$-$$$$

Há muitas formas de explorar a Islândia. Uma das melhores – e menos conhecidas – é a cavalo.

A própria Islândia é surreal. Gêiseres ferventes lançam água para o céu. Cachoeiras estrondosas, geleiras glaciais, fontes termais borbulhantes, lagoas repletas de gelo, paisagens estéreis parecidas com a lua, combinadas com uma exuberante vegetação dourada. Às vezes a paisagem parece sobrenatural, como se, de alguma forma, você chegasse magicamente a uma lua distante circulando Júpiter ou Saturno. A Islândia parece diferente de tudo que existe na Terra.

As trilhas para se fazer a cavalo no norte da Islândia estão, com frequência, entre as melhores do mundo segundo a classificação de revistas de viagens. Entre Húsavík e o lago Mývatn, as trilhas misturam características vulcânicas e estranhas formações rochosas, passando pelo cânion Ásbyrgi e pelo Parque Nacional Vatnajökull e, mais adiante, por Dettifoss, a maior cachoeira da Europa. Você verá as rochas em Hljóðaklettar e o cone fotogênico coberto de geleiras do vulcão Snæfellsjökull.

No sul da Islândia, a trilha do Círculo Dourado abrange as três principais atrações nesta rota clássica: as fontes termais de Geysir, a poderosa cachoeira Gullfoss (marco mais visitado da Islândia) e o Parque Nacional Thingvellir, Patrimônio Mundial da UNESCO.

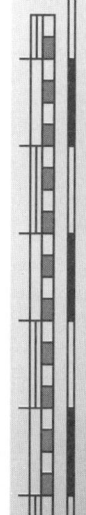

E você verá tudo a cavalo. Alguns caminhos exigem uma grande experiência com cavalgadas; outros estão abertos a famílias e cavaleiros de todos os níveis. Os dias são longos, com até cinco ou seis horas de cavalgada, então tudo o que você realmente precisa é de resistência. E apetite por cordeiro e peixe, alimentos de trilha básicos da Islândia.

Você também precisará se acostumar ao cavalo islandês. Único entre todos os cavalos, ele tem cinco andamentos naturais: a caminhada, o trote e o galope, familiares para a maioria dos cavaleiros, além do *tölt* e do movimento de voo. O tölt, um andamento suave de quatro batidas, com uma pata sempre tocando o solo, permite ao cavaleiro um passeio quase sem saltos. O ritmo de voo é um andamento rápido, de alta velocidade, usado para curtas distâncias e em corridas.

Cavalos islandeses têm esses andamentos naturalmente e você passará o primeiro dia de qualquer passeio se acostumando a isso.

O BÁSICO

As terras altas do norte da Islândia são melhores para cavaleiros experientes. As cavalgadas começam na Fazenda Bjarnastaðir, perto de Húsavík, e seguem para a área ao redor do lago Mývatn. Os itinerários costumam incluir cinco ou seis dias de cavalgada, com acomodação em cabanas rústicas nas montanhas, além de passagens aéreas de Reykjavík até Húsavík, no norte da Islândia. Espere pagar aproximadamente US$ 1.600 ou mais por pessoa.

Muitas das cavalgadas pelo sul, incluindo o passeio do Círculo Dourado, estão abertas a cavaleiros intermediários. É um traslado de ônibus fácil de Reykjavík até a fazenda de cavalos Kálfhóll, onde os cavaleiros se reúnem antes de ir para a cachoeira Gullfoss e as fontes termais de Geysir. Itinerários variam de dois a seis dias.

A principal temporada de cavalgada na Islândia é curta. Os primeiros passeios começam em junho e terminam no final de agosto ou início de setembro.

Duas noites de aurora boreal de Reykjavík (cavalgando de dia, admirando a aurora boreal à noite ao lado de uma fogueira) são oferecidas para cavaleiros intermediários em outubro e novembro, e novamente em março e abril.

SAIBA MAIS

- Não chamá-los de pôneis. Os cavalos da Islândia são pequenos, mas *não* são pôneis.

- Cavalos islandeses têm mais de quarenta combinações de cores diferentes, com mais de cem variações. O islandês pode não ter cinquenta palavras para neve, mas tem palavras específicas para pelo menos uma centena das cores e padrões de cavalo mais comuns: *bleikálóttur, litförótt, móvindóttur, svartur, rauðjarpur, dökkjarpur*... Só para você ter ideia.

- Os vikings foram os primeiros a levar cavalos para a Islândia no século IX. Nenhum cavalo foi introduzido desde então, dessa forma os cavalos da Islândia tiveram mais de mil anos para desenvolver seus andamentos e características únicas. Cavalos que saem da Islândia não podem retornar.

- Reiðskóli, ou escolas de equitação ao ar livre, dão aos novatos a chance de melhorar suas habilidades de equitação e dominar os cinco andamentos do cavalo islandês. Programas de cinco dias custam menos de US$ 200. As crianças adoram.

Qual desses não é um alimento tradicional da Islândia: hákarl, "tubarão de gelo fermentado", carne de cavalo crua, coração de papagaio-do-mar (servido quente), testículos de carneiro em conserva ou nadadeiras de foca?

Pergunta capciosa. Todos eles são alimentos tradicionais da Islândia. Bom apetite!

ANDE DE TRENÓ COM OS INUÍTES

O QUE Vem, cachorrinho!
ONDE Kulusuk, Groenlândia
NÍVEL DE ORGULHO Alto
(quem você conhece que já visitou a Groenlândia?!)
PROBABILIDADE DE MORRER Baixa
MELHOR ÉPOCA PARA IR De fevereiro a abril
NÍVEL DE DIFICULDADE FÍSICA Alto
CUSTO $$$$

Os inuítes, povos indígenas do Ártico, vivem e trabalham com cães há mais de quatro mil anos, provando que eles podem ser os melhores amigos do homem em todo o mundo. Os cães dão aos inuítes a habilidade para sobreviver ao ambiente polar hostil. Os cachorros puxam *qamutik*, "trenós de gelo nativos". Eles são parceiros de caça, usados para rastrear renas e focas no gelo marinho, e guardam campos de caça remotos contra a predação noturna de ursos-polares e lobos.

Não há lugar melhor do que a Groenlândia para experimentar essa conexão profunda, quase espiritual, entre humanos e cães. A maioria dos moradores da Groenlândia é inuíte e a cultura inuíte permanece forte na ilha. No inverno e na primavera é até possível viajar de trenó com caçadores inuítes tradicionais, explorando as paisagens selvagens e congeladas do leste da Groenlândia, conhecidas como Tunu em groenlandês.

O *dogsledding* (trenó puxado por cães) continua a ser uma parte essencial da vida na comunidade inuíte de Kulusuk. Os passeios podem ser tão simples quanto uma viagem de um dia ou uma jornada de vários dias em regiões selvagens do Ártico, com pernoite em cabanas no gelo marinho e caça ao longo do caminho para fornecer comida para a equipe de cães.

A paisagem não é desse mundo: fiordes congelados estreitados por icebergs, enormes geleiras, montanhas imponentes e exibições ocasionais da assombrosa aurora boreal. A área selvagem abrange mais de 2.400 quilômetros e abriga menos de quatro mil pessoas. Durante cinco ou seis dias, você visita algumas das comunidades mais distantes da região mais remota da Groenlândia, tudo de trenó puxado por cães.

Você pode apanhar uma foca se tiver muita sorte. A carne crua de foca é deliciosa.

O BÁSICO

Conduzir uma equipe de cães sozinho exige anos de experiência. No entanto, com apenas um pouco de treino, você pode frear, auxiliar na pilotagem e cuidar dos cães. Na maioria das vezes, você simplesmente senta e relaxa no trenó, ficando atento à vida selvagem. A maioria dos passeios em trenós puxados por cães é organizada para maximizar a observação da vida selvagem.

Embora a maioria das pessoas normais não considere uma visita ao Ártico no inverno, essa é a melhor época do ano para os passeios. De fevereiro a abril, a neve é densa e a camada de gelo é grossa, sendo possível percorrer toda a extensão da Groenlândia com trenós puxados por cães. No verão, esse passeio só é possível se a neve e o gelo do inverno anterior tiverem sido excepcionalmente bons.

A vila inuíte de Kulusuk, lar de 250 amáveis almas, é constituída por uma série de cabanas de madeira em uma baía congelada. Uma pequena pista de pouso controla voos de e para Reykjavik, na Islândia, e do principal aeroporto internacional da Groenlândia, em Kangerlussuaq. Contraintuitivamente, o voo de Reykjavik é muito mais curto.

Não existe um passeio independente de trenó puxado por cães no leste da Groenlândia. Você precisará agendar um passeio organizado. Esses passeios duram de quatro a dez dias e incluem trenós puxados por cães, alimentação, acomodações e voos de ida e volta para Kulusuk, saindo da Islândia ou da Suécia. Você pagará entre US$ 4.000 e US$ 8.000.

SAIBA MAIS

✗ O trenó puxado por cães é culturalmente importante para os inuítes. Também é mais seguro que a moto de neve, usada com cada vez mais frequência em viagens de caça de curta duração. Uma equipe de cães experientes pode encontrar uma trilha nas piores condições climáticas e permanecer nela.

✗ A maior corrida de trenós puxada por cães do mundo é a Femundløpet, na Noruega, realizada em fevereiro, na cidade de Røros. A famosa corrida de trenó com cães de Iditarod, no Alasca, é realizada todos os anos em março.

✗ A Groenlândia é um novo destino de esporte de aventura. Mesmo assim, o turismo na Groenlândia ainda está engatinhando. Em 2016, um ano recorde, pouco menos de 97 mil pessoas a visitaram.

✗ Uma das atrações mais recentes da Groenlândia é o majestoso Icefjord Ilulissat, declarado Patrimônio Mundial da UNESCO em 2004.

VERDADEIRO OU FALSO? O Serviço Postal norte-americano entrega regularmente a correspondência no Alasca por meio de trenós puxados por cães.

Falso. No entanto, isso foi verdade até 1963, quando o serviço regular de trenó foi finalizado.

Habilidade em aventuras
COMO CONSTRUIR UM ABRIGO DE NEVE

BÁSICO

Uma árvore alta é o abrigo de neve mais simples e conveniente. Use a cavidade natural na neve ao redor do tronco como base para um abrigo. Empilhe neve por todos os lados para se proteger do tempo. Corte os galhos baixos ao lado do seu abrigo para usar como cama. Se você acender uma fogueira, faça isso longe de seu abrigo para evitar o derretimento da neve em torno dele.

Procure por formações rochosas com entalhes ou aberturas naturais. Você só precisa de espaço coberto suficiente para caber seu corpo deitado. Forre o chão com galhos ou vegetação e empilhe neve com pelo menos noventa centímetros de altura para criar uma barreira contra o clima.

Construa uma trincheira de neve se não houver árvores ou cobertura natural. Cave uma trincheira perpendicular ao vento, com trinta centímetros de profundidade e um pouco mais longa e larga que seu corpo. Forre-a com ramos, vegetação ou uma lona. Use uma pá para bater na neve e formar blocos de 60x90 centímetros, formando um telhado tipo chalé acima da trincheira. Use outro bloco de gelo para fechar uma das extremidades da vala. Cubra o lado oposto à vontade com ramos ou um poncho. O calor do seu corpo aquecerá o interior da trincheira de seis a doze graus.

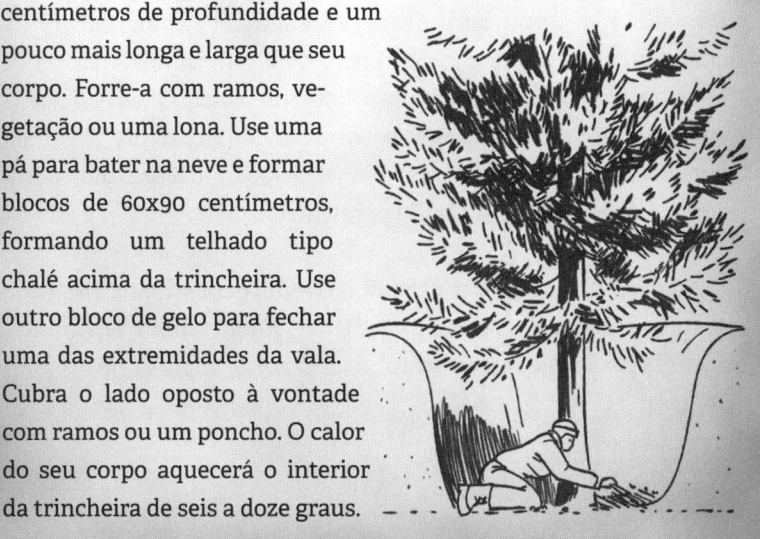

AVANÇADO

Construa uma caverna de neve. É possível quando a neve tiver pelo menos 1,8 metro de profundidade (caso contrário, o colapso é um risco). Cave em um amontoado de neve existente ou empilhe a neve, tornando-a um monte compacto o maior possível. Cave uma entrada vertical arqueada (do lado de uma encosta, se relevante), com cerca de 60 centímetros de largura, 90 centímetros de altura e 60 centímetros de profundidade. Em seguida, crie um formato "T" escavando uma seção retangular acima da entrada, com uma profundidade igual a 60 centímetros. Continue cavando a área de dormir horizontal por mais 90 ou 120 centímetros, certificando-se de que o teto esteja arredondado. Cave um buraco de pelo menos 15 centímetros de diâmetro no topo para permitir que o dióxido de carbono escape. Por fim, compacte a neve em gelo e bloqueie o espaço horizontal. Suba para dentro e para cima, para a área de dormir elevada, que retém o calor e permite que o ar frio flua para baixo e para fora.

Construa um iglu. Comece em uma encosta para poupar esforço. Delineie a parede externa na neve (não mais que 2,5 metros de diâmetro) e compacte a neve dentro do círculo. Use a neve dentro do perímetro da parede para moldar ou corte amontoados de neve em forma de tijolo, com cerca de 90 centímetros de comprimento, 30 centímetros de altura e 15 centímetros de espessura. Construa de dentro para fora, colocando uma fileira de blocos de neve de cada vez, e incline as camadas mais baixas para que as paredes se voltem para dentro. No fim, os blocos se juntarão no topo. Corte uma porta só depois de terminar a cúpula por dentro.

Não deixe sua porta ou trincheira de frente para o vento. Nas palavras imortais de Homer Simpson, "D'oh!". Então sempre posicione a entrada perpendicular ao vento.

ANDE EM UM CAMELO COM BEDUÍNOS

O QUE Lawrence da Arábia do século XXI
ONDE Wadi Rum, Jordânia
NÍVEL DE ORGULHO Médio
PROBABILIDADE DE MORRER Baixa
MELHOR ÉPOCA PARA IR De março a maio, de setembro a outubro
NÍVEL DE DIFICULDADE FÍSICA Moderado
CUSTO $$

Embora não seja um animal nobre – todos os camelos mordem e cospem, e alguns são completamente geniosos –, o camelo árabe de uma corcova (dromedário) está profundamente associado aos beduínos. Houve uma época em que tribos de beduínos nômades atravessaram os vastos desertos do Iraque, da Síria, da Palestina e da Jordânia nas costas de camelos.

Hoje em dia, os beduínos trocaram camelos por picapes (picapes não mordem). O camelo ainda é usado como animal de carga, e definitivamente por sua carne e seu leite. Camelos também são bons para os negócios: perto dos locais turísticos de Petra e Wadi Rum, na Jordânia, por exemplo, os beduínos mantêm pequenos grupos de camelos e levam os visitantes para passeios noturnos no meio do deserto, atravessando alguns dos terrenos mais bonitos do país.

Atravessar o deserto em um camelo, dormir sob as estrelas nos acampamentos beduínos, ouvir música tradicional em uma roda de fogueira... não é viver exatamente como Lawrence da Arábia, mas é uma experiência incrível e vale a pena cada mordida e cada grunhido que um camelo rabugento possa emitir em sua direção.

Wadi Rum, o maior *wadi* (vale de rio seco) da Jordânia é o melhor lugar para começar uma cavalgada de camelo. Wadi Rum por si só é uma das principais atrações da Jordânia, uma paisagem única de dunas de areia móveis cercada por *jebel* (montanhas) e uma rede de cânions com penhascos que se erguem dezenas de metros acima do chão do vale.

O BÁSICO

A maioria das pessoas visita Wadi Rum em um 4x4 barulhento e instável e não consegue experimentar o poderoso silêncio do deserto. Em um camelo, à medida que você se embrenhar mais no vazio, verá cada vez menos veículos até ter o magnífico deserto só para si. Cavalgadas com camelos saindo de Wadi Rum duram desde algumas horas (não valem a pena) até a noite toda. Há também cavalgadas de vários dias até Petra (sete dias) ou Ácaba (cinco dias).

Se estiver em dúvida, considere um passeio de dois ou três dias dentro dos limites de Wadi Rum. Certifique-se de que seu itinerário inclui as antigas inscrições nabateias em Jebel Khazali; a fonte de Lawrence, uma piscina de água doce incrustada em um desfiladeiro ao pé de Jebel Rum, famosa por causa de T. E. Lawrence; e as pontes de pedra ridiculamente fotogênicas de Um Fruth e Burdah.

Os passeios normalmente incluem todas as refeições e alojamento. Não é necessário nenhum equipamento especial ou treinamento. Os acampamentos beduínos em geral incluem uma dúzia de barracas onde dormem duas ou três pessoas, com muitos cobertores para aquecer (as noites de inverno são bem frias), e a generosa hospitalidade beduína. Espere pagar entre US$ 100 e US$ 200 por noite, por pessoa.

Passeios de camelo são oferecidos durante o ano inteiro, apesar de que, segundo a previsão do tempo, as melhores épocas para visitar Wadi Rum sejam a primavera (março a maio) e o outono (setembro a outubro).

SAIBA MAIS

✗ Além de sua beleza, Wadi Rum é famoso por ser o cenário central de *Os Sete Pilares da Sabedoria*, relato de T. E. Lawrence sobre seu envolvimento na Revolta Árabe de 1916.

✗ Muitas cenas do popularíssimo filme *Lawrence da Arábia*, de 1962, foram filmadas em locações em Wadi Rum.

✂ Não há camelos selvagens na Jordânia. O último morreu no século XVIII. Qualquer camelo que você vir hoje pertence a alguém.

✂ Além de transportar turistas, os camelos de Wadi Rum são criados para ser camelos de corrida. O esporte é um grande negócio na Arábia Saudita. Scouts (observadores) sauditas pagam um alto valor a criadores de camelos beduínos locais por uma boa perspectiva.

VERDADEIRO OU FALSO? O ex-rei da Jordânia conheceu sua esposa no set do filme *Lawrence da Arábia*.

Verdadeiro. O rei Hussein, da Jordânia, não apenas permitiu que seu exército fizesse figuração no filme, como também conheceu Antoinette Gardiner, uma assistente cinematográfica britânica, enquanto dava uma volta pelo set. Eles se casaram em 1962 e o filho deles, Abdullah II, assumiu o trono em 1999.

VIAJE PELA ANTIGA ROTA DA SEDA

O QUE Sete mil milhas, seis países, oito fusos horários
ONDE Pequim a Istambul
NÍVEL DE ORGULHO Alto
PROBABILIDADE DE MORRER Baixa
MELHOR ÉPOCA PARA IR De maio a setembro
NÍVEL DE DIFICULDADE FÍSICA Médio
CUSTO $$-$$$$

Rota da Seda. O nome evoca aventura e uma época em que os mercadores viajavam entre centros comerciais lendários como Kashgar e Samarkand em imensas caravanas de cavalos e camelos. A rota comercial ligava a China e a Ásia Central à Europa, seguindo as fronteiras ao norte da China, Índia, Pérsia e Arábia, e terminava no Levante (moderna Síria, Líbano e Turquia), no mar Mediterrâneo.

Do ocidente vinham algodão, marfim, lã e ouro; do oriente vinham chá, jade, especiarias, pólvora e, claro, seda. Em ambas as direções fluíam cultura, religião, novas invenções e comércio. Não é exagero dizer que a Rota da Seda foi a rede de comunicação de longa distância mais importante de toda a história para pessoas e ideias se espalharem pelo mundo estabelecido.

Nunca houve uma única Rota da Seda. Na verdade, é uma rede de rotas interconectadas com dois ramos principais que se estendem a oeste a partir dos antigos centros comerciais da China: uma rota do norte, margeando o deserto de Taklamakan, e uma rota do sul, através das rugosas montanhas de Karakoram (trechos da moderna rodovia Karakoram, no Paquistão e na China, seguem essa antiga rota do sul).

O conceito da Rota da Seda fascina os europeus há mais de um século. O próprio nome *Rota da Seda* foi cunhado por um explorador alemão no século XIX, enquanto ele tentava descobrir e mapear as rotas antigas.

Embora não haja um único caminho moderno a seguir, em 2014, a Rede de Rotas do Corredor Chang'an-Tianshan foi designada como Patrimônio Mundial da UNESCO. Se você está procurando uma rota para cobrir de ponta a ponta, esse trecho de quase cinco mil quilômetros que cruza a China, o Cazaquistão e o Quirguistão é o único. Começa em Luoyang, na China, ponto de partida oriental tradicional da Rota da Seda, e leva a Xi'an (pense no exército de terracota), Kashgar e seu famoso bazar, os templos e cavernas de Maijishan e trechos remotos da Grande Muralha.

Ou você pode encarar um grande trecho da Rota da Seda por completo. Uma boa opção é viajar de Pequim a Istambul atravessando a China, o Quirguistão, o Uzbequistão, o Turcomenistão, o Irã e a Turquia. É uma viagem incrível, mais de 11 mil quilômetros por seis países a pé, de ônibus, minivan, táxi, trem – o que for preciso. É possível fazer isso sozinho, sem ajuda, durante três ou quatro meses, e muitos mochileiros fazem. Ou você pode contratar uma empresa de turismo especializada em itinerários da Rota da Seda. De qualquer forma, poucos viajantes modernos podem afirmar que viajaram pela Rota da Seda de ponta a ponta.

O BÁSICO

Como o inverno pode ser brutal nas montanhas da Ásia central, a melhor época do ano para se viajar pela Rota da Seda é entre maio e setembro. Quase todas as rotas da Rota da Seda atravessam os desertos – o vasto Taklamakan, Gobi e Árabe – que são abrasadores no verão. Evite viajar no verão, se possível.

Grande parte da Rota da Seda passa por áreas de maioria muçulmana. É importante observar as datas do Ramadã (um mês de jejum durante o dia) antes de marcar as datas da sua viagem.

Vistos são outra questão para os viajantes modernos da Rota da Seda. Gerenciar a papelada pode ser demorado e frustrante. O Azerbaijão, a China, o Irã, o Quirguistão, o Turcomenistão, o Tajiquistão e o Uzbequistão exigem vistos. A Mongólia dispensa o visto para permanência de até noventa dias. O Cazaquistão dispensa visto para cidadãos brasileiros com permanência de até trinta dias. Para mais informações, a tabela de vistos para cidadãos brasileiros pode ser consultada pelo site: http://www.portalconsular.itamaraty.gov.br/tabela-de-vistos-para-cidadaos-brasileiros.

Passeios em grupo por terra – alguns com duração de 45 a 50 dias – não são baratos, custando US$ 10.000 ou mais por pessoa. Os benefícios são logística fácil e travessia de fronteiras descomplicada. Um benefício inesperado é o ritmo mais lento e a oportunidade de acampar nas montanhas, nos desertos e nas pastagens e encontrar uigures, quirguizes, uzbeques e turcomenos locais vivendo nas sombras da antiga rota comercial. Isso é muito mais difícil de ser percebido se você viajar de forma independente e pegar ônibus e trens de uma cidade para outra.

SAIBA MAIS

A Rota da Seda trouxe uma riqueza imensa para a China e a Europa. Também trouxe a morte. Na década de 1340, surtos da mortal peste bubônica – a peste negra – fluíram para o leste, da Ásia para a Europa, matando até a metade de todos os europeus em uma década.

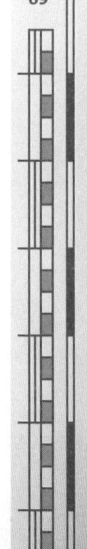

✘ A Rota da Seda funcionou por mais de quinze séculos a partir de 130 a.C. (quando a dinastia Han oficialmente se abriu para o comércio ocidental) até 1453 (quando o Império Otomano boicotou o comércio com a Europa e fechou as principais rotas).

✘ Alguns historiadores não gostam da denominação *Rota da Seda*. Eles argumentam que a seda era uma mercadoria relativamente sem importância se comparada às especiarias e, em especial, ao papel, que substituiu com rapidez o pergaminho no oeste e o bambu no leste.

✘ O viajante ocidental mais famoso da Rota da Seda foi Marco Polo. Ele era um comerciante de Veneza que passou vinte e quatro anos cruzando a Ásia central e a China, trabalhando principalmente como embaixador do papa em nome do imperador mongol Kublai Khan.

VERDADEIRO OU FALSO? Marco Polo introduziu o conceito de papel-moeda na Europa.

Verdadeiro. O império mongol foi um dos primeiros a usar papel-moeda. Marco Polo supunha que a feitiçaria ou alquimia estava envolvida na transformação de árvores em moeda. Mas não, era apenas papel e tinta, uma ideia revolucionária para os europeus acostumados a dinheiro como moedas de metal cunhadas em ouro e prata.

VIAJE NO EXPRESSO DO ORIENTE

O QUE Uma luxuosa viagem de trem através da história
ONDE Paris a Istambul
NÍVEL DE ORGULHO Alto
PROBABILIDADE DE MORRER Baixa
MELHOR ÉPOCA PARA IR Agosto
NÍVEL DE DIFICULDADE FÍSICA Baixo
CUSTO $$$$$

Intriga, espionagem e luxo – o Expresso do Oriente original tinha tudo isso. Em 1883, a rota inaugural da famosa linha ia de Paris a Viena. Em 1889, o serviço ferroviário chegou a Constantinopla (hoje Istambul) e depois a Estrasburgo, Viena, Belgrado e Budapeste. Os jornais da época o nomearam Expresso do Oriente, embora Istambul estivesse tão perto do "Oriente" quanto para onde o trem jamais viajaria.

O Expresso do Oriente ressuscitado funciona apenas uma vez por ano, geralmente em meados de agosto. Ele parte da estação de trem Gare de l'Est, em Paris, e quatro dias depois chega à capital da Turquia, Istambul, com paradas para pernoite em Budapeste, na Hungria, e em Bucareste, na Romênia.

Este não é um trem comum. Você viaja com luxo puro e ilimitado, em vagões-leito e bares da década de 1920 restaurados nos mínimos detalhes. Você tem um mordomo pessoal. Seus almoços de três pratos e jantares de quatro pratos são servidos no vagão-restaurante, de preferência com sua gravata preta ou vestido de gala preferido.

Você nunca estará arrumado demais no moderno Expresso do Oriente.

O BÁSICO

O Expresso do Oriente fez sua última viagem oficial partindo de Istambul em 1977 e desapareceu completamente da tabela de horários de trens europeia em 2007, vítima de companhias aéreas de baixo custo e trens de alta velocidade. O serviço foi ressuscitado – com luxo e tudo – pela Venice-Simplon Orient Express, uma empresa privada que usa vagões originais dos dias de glória da linha dos anos 1920 e 1930.

Você está viajando em uma frota de trens maravilhosamente restaurada, o que significa que não há banheiros privativos (eles não existiam na década de 1920) e o aquecimento é alimentado por um forno a carvão no fim de cada vagão. Bastante pitoresco.

Uma mudança do serviço atual é que você não dorme a bordo do trem. Em vez disso, você faz o pernoite em hotéis de luxo em Budapeste e Bucareste, o que possibilita passeios pela cidade e a chance de tomar banho de chuveiro ou banheira.

O custo? Irrelevante. Apenas US$ 20.000 para dois adultos. O preço inclui toda a alimentação e hospedagem entre Paris e Istambul, além de passeios de um dia saindo de Budapeste e Bucareste.

SAIBA MAIS

✗ Se preferir uma viagem de trem mais curta – e mais barata – pela história a bordo de um trem, o Expresso do Oriente oferece um itinerário anual de Istambul a Veneza, com partida em setembro. São US$ 10.000 para dois adultos.

✗ O Expresso do Oriente já foi a forma mais luxuosa, confortável e rápida de viajar do extremo ocidental da Europa, em Calais, até seu ponto mais oriental em Istambul.

✗ Nenhum trem da Expresso do Oriente jamais viajou além de Istambul. No entanto, em 1930, uma extensão chamada Expresso Tauro transportava viajantes de Istambul para Síria, Iraque e Palestina.

✗ O Expresso do Oriente ganhou fama pelo mistério e divertimento nos anos 1930, quando a Europa se preparava para a Segunda Guerra Mundial. A reputação foi reforçada pelo romance de Agatha Christie, *Assassinato no Expresso do Oriente*, de 1934.

✘ O Expresso do Oriente faz outras aparições literárias em *Drácula*, de Bram Stoker, *Viagens Com a Minha Tia*, de Graham Greene, e *Da Rússia, Com Amor*, de Ian Fleming.

VERDADEIRO OU FALSO? Quando Agatha Christie publicou seu famoso romance *Assassinato no Expresso do Oriente*, ninguém na vida real havia sido assassinado no trem.

Verdadeiro. O primeiro assassinato no Expresso do Oriente só aconteceu no ano seguinte à publicação do livro de Christie.

EXPLORE AS ILHAS GALÁPAGOS

O QUE Diferente de qualquer lugar na Terra, acima ou abaixo da água
ONDE Ilhas Galápagos, Equador
NÍVEL DE ORGULHO Médio
PROBABILIDADE DE MORRER Baixa
MELHOR ÉPOCA PARA IR Dezembro a janeiro, julho a agosto
NÍVEL DE DIFICULDADE FÍSICA Baixo
CUSTO $$$

As ilhas Galápagos são um destino na lista de lugares para se conhecer antes de morrer para qualquer pessoa interessada em vida selvagem. O arquipélago, 965 quilômetros a oeste do Equador, é um remoto posto avançado no meio do oceano Pacífico, uma terra de formações lávicas e praias tropicais repletas de vida. A observação da vida selvagem é o que atrai milhares de pessoas a cada ano para as ilhas. Muitos dos animais terrestres não possuem predadores naturais e não se incomodam com a presença de humanos, são destemidos.

O visitante mais famoso do arquipélago, Charles Darwin, começou a formar suas teorias sobre seleção natural e evolução aqui, e é fácil entender por quê. Como um dos lugares mais biologicamente diversos do planeta, as ilhas Galápagos abrigam pássaros e animais que não são encontrados em nenhum outro lugar: iguanas-marinhas, tartarugas-gigantes, patolas-de-pés-azuis, fragatas e cormorões-das-galápagos.

O mundo subaquático também é impressionante: as ilhas se localizam em um ponto onde sete grandes correntes oceânicas se encontram, misturando águas frias ricas em nutrientes do sul e do oeste com correntes mais quentes do norte. Essa convergência alimenta muitas espécies marinhas únicas (mais de 20% da vida marinha de Galápagos é endêmica) e sustenta a colônia de pinguins mais setentrional do mundo, sem mencionar as grandes populações transitórias de arraias manta e tubarões-martelo.

O BÁSICO

As ilhas Galápagos compreendem treze ilhas principais, seis ilhas menores e mais de cem ilhotas. Cada ilha principal tem sua própria paisagem única e é protegida como parte do Parque Nacional de Galápagos (na verdade, mais de 97% das ilhas Galápagos estão dentro do parque nacional).

A ilha Isabela é a maior e abriga as principais atrações, incluindo o Centro de Criação de Tartarugas Gigantes Arnaldo Tupiza. Santa Cruz é a mais populosa, com a melhor infraestrutura. Também sedia a Estação de Pesquisa Charles Darwin, um museu dedicado a Darwin e suas teorias, que vale a pena. As visitas à maioria das ilhas não são permitidas sem um guia licenciado pelo parque nacional.

É possível reservar passeios de um dia para outras ilhas a partir de Santa Cruz, mas a maioria das pessoas opta por explorar as ilhas Galápagos de barco, geralmente em um cruzeiro de seis a dez dias, que permite conhecer ilhas mais remotas. O parque nacional restringe as embarcações a cem passageiros. Cruzeiros menores, de quinze a trinta passageiros, também estão disponíveis. Espere pagar cerca de US$ 2.500 por sete dias em uma embarcação de médio porte, incluindo ingressos para os parques, guia, refeições e deslocamentos aéreos do e para o Equador. É claro que você pode gastar muito mais (navio pequeno, itinerário mais longo, tratamento VIP) ou significativamente menos (cruzeiro mais curto, embarcação grande, algumas noites na ilha de Santa Cruz fazendo viagens de um dia para outras ilhas).

Cerca de 80 mil pessoas visitam as ilhas Galápagos todos os anos. A época para ir depende do que é importante para você. A estação chuvosa e quente (temperaturas mais quentes, águas mais calmas) vai do final de dezembro a maio. A estação mais seca e mais fria (mares mais pesados, mas populares entre os mergulhadores graças às águas mais frias) vai de junho a novembro. As temporadas mais populares (e, portanto, mais movimentadas) vão de dezembro a janeiro e de julho a agosto.

Os únicos voos diretos para as ilhas Galápagos partem do Equador continental, das cidades de Quito e Guayaquil.

SAIBA MAIS

✗ Quer ver centopeias de patas compridas comendo ratos? Você pode. A centopeia gigante (da espécie *scolopendra*) de Darwin, encontrada em muitas ilhas, é a maior centopeia da Terra e come lagartos, iguanas e ratos quando consegue pegá-los.

✗ Quer mergulhar com tubarões-martelo e tubarões-baleia? As ilhas de Darwin e Wolf são locais para onde as embarcações de *liveaboard* (dias a bordo de um barco) vão entre junho e novembro, na estação seca.

✗ Você é um amante de pinguins? Então vai querer visitar a enseada Tagus em Isabela. O local possui a maior população de pinguins de Galápagos.

✗ Iguanas marinhas, leões-marinhos e cormorões que não voam? Siga para a ilha vulcanicamente ativa de Fernandina.

✗ Se viajar de barco, peça sempre ao capitão para chegar cedo à praia, antes das 6h, se possível. Você vai querer evitar o calor e as multidões.

✗ Dias e noites em Galápagos são iguais em duração (você está bem no equador). Não há horário de verão, então há aproximadamente doze horas de sol o ano todo.

Qual foi o primeiro Patrimônio Mundial designado pelas Nações Unidas?

Pergunta capciosa. Não existe um único "primeiro" local. Doze locais (incluindo dois no Equador – Quito e Galápagos) foram incluídos na lista inaugural de 1978. As ilhas Galápagos são únicas porque agora têm status duplo: tanto a terra quanto o mar ao redor das ilhas são reconhecidos separadamente como patrimônios da humanidade.

MERGULHE COM GRANDES TUBARÕES-BRANCOS

O QUE Viva toda semana como se fosse a Semana dos Tubarões
ONDE Cidade do Cabo, África do Sul
NÍVEL DE ORGULHO Médio
PROBABILIDADE DE MORRER Baixa
NÍVEL DE DIFICULDADE FÍSICA Baixo
MELHOR ÉPOCA PARA IR De maio a setembro
CUSTO $

Para algumas pessoas, é uma visão de pesadelo infernal: estar submerso em águas infestadas de tubarões, cercado por tubarões-brancos nadando ao redor, cara a cara com um dos verdadeiros superpredadores do mundo.

Inclua a música tema do filme *Tubarão*... duh-nuh... duh-nuh...

A realidade, claro, é apenas um pouco menos dramática. Sim, você está submerso em águas infestadas de tubarões. E sim, você está cercado por grandes e temíveis tubarões-brancos, no entanto, não está se debatendo na água, está em uma gaiola de aço protegida por acrílico grosso. É tão seguro que nenhuma experiência de mergulho é necessária.

Há vários lugares no mundo onde você pode mergulhar o ano inteiro com tubarões-brancos. Dois dos melhores são as cidades sul-africanas Gansbaai (a duas horas da Cidade do Cabo) e Mossel Bay (a cinco horas da Cidade do Cabo). Os tubarões-brancos não aparecem em horários fixos, então, dependendo do tempo e da temperatura da água, as empresas de mergulho às vezes partem da Ilha das Focas (Seal Island) ou da Baía Falsa (False Bay), na periferia da Cidade do Cabo.

O BÁSICO

A melhor época para mergulhar com tubarões-brancos é de maio a setembro, durante o inverno sul-africano, quando a visibilidade da água é melhor e os tubarões são mais numerosos.

Nenhuma experiência é necessária. Várias empresas de turismo oferecem mergulhos guiados com tubarões por valores que vão de US$ 125 a US$ 150 por pessoa, normalmente com todos os equipamentos de mergulho e de segurança incluídos.

SAIBA MAIS

✗ O maior tubarão-branco já medido na África do Sul tinha quase seis metros de comprimento e foi capturado próximo à costa de Gansbaai.

✗ Tubarões de muitas espécies diferentes são atraídos para esta faixa da costa sul-africana por duas razões: afloramentos de água fria e grandes colônias de pinguins e lobos-marinhos. É um banquete delicioso para predadores como tubarões.

✘ Fique ciente de que quase todos os barcos de passeio para mergulho com tubarões provocam enjoos pelo menos uma vez. As ondas são grandes e o clima pode ser severo. Venha preparado.

✘ As empresas de mergulho foram duramente criticadas por usarem iscas (pedaços de peixe sangrentos) para atrair tubarões. Além de habituar os tubarões à presença do homem – isso sem falar na associação de pessoas com deliciosos peixes sangrentos! –, antes as empresas usavam partes de tubarão na mistura de iscas. Isso agora é ilegal, para ajudar a proteger as populações de tubarões ameaçadas em todo o mundo.

✘ Não houve registro de nenhum mergulhador dentro da gaiola morto por um tubarão. Porém – e é um grande porém –, tubarões-brancos quebraram gaiolas e atacaram mergulhadores. Isso é extremamente raro, mas já aconteceu...

VERDADEIRO OU FALSO? Grandes tubarões-brancos não têm ossos.

Verdadeiro. Todos os esqueletos de tubarão são feitos exclusivamente de cartilagem. E não, dentes de tubarão não contam – eles são feitos de dentina, um material mais forte e mais denso que o osso (ou seja, melhor para morder você!).

Habilidade em aventuras

COMO SOBREVIVER A UM ATAQUE DE TUBARÃO

BÁSICO

Mordidas de tubarão são extremamente incomuns. É muito mais provável você ser atingido por um raio ou morrer por causa de um coco caindo em sua cabeça. No entanto, evite nadar ou surfar em áreas onde os três tubarões mais perigosos – brancos, tigres e cabeças-chatas – possam estar presentes.

Evite áreas onde barcos de pesca se reúnem. Peixes se debatendo e iscas sangrentas são os principais atrativos para os tubarões.
Seja extremamente cauteloso quando nadar ao nascer e ao pôr do sol ou tarde da noite. Esses são os horários mais comuns para ataques de tubarão.

Evite sangrar ou urinar na água. Os tubarões podem detectar pequenas quantidades de sangue e urina a quilômetros de distância e nadar mais perto para investigar. Se você se cortar, saia da água. Mulheres menstruadas não devem nadar em áreas propensas a tubarões.

Evite se debater e chutar. Movimentos de natação suaves são menos propensos a atrair tubarões.

Surfe ou nade em grupos. Os tubarões tendem a atacar indivíduos isolados.

Não use cores brilhantes, roupas de alto contraste nem roupa de mergulho. Se você sobreviver de forma milagrosa a um acidente de avião e estiver flutuando no oceano usando um colete salva-vidas colorido, tire-o o mais rápido possível. Os biólogos especializados em tubarões chamam essa cor de "amarelo delícia".

AVANÇADO

A maioria dos ataques de tubarões começa com uma mordida de aviso. Os tubarões são territoriais e podem querer que você (um potencial concorrente e uma ameaça) deixe a área. Ou podem confundi-lo com sua presa preferida (leão-marinho ou foca).

Se você for atacado, mostre que é grande e demonstre força. Fique de pé, de frente para o tubarão, e mantenha contato visual.

Lute com todas as suas forças. O nariz, os olhos e as guelras de um tubarão são extremamente sensíveis. Um golpe ou um soco forte nessas áreas pode fazer com que o tubarão recue. Nunca se finja de morto.

Use uma faca ou qualquer objeto contundente para atacar um tubarão. Suas mãos e pés (comestíveis) devem ser usados apenas como último recurso.

Se um tubarão morde uma vez e nada para longe, a prioridade é parar qualquer sangramento e sair da água. Não se preocupe com um segundo ataque. Encontros fatais com tubarões geralmente se devem à lesão inicial.

Leve repelente de tubarões. O líquido ou spray produzido a partir de carne de tubarão putrefata é altamente eficaz para repelir tubarões próximos. Você pode comprá-lo on-line por menos de US$ 30.

FAÇA UMA CAMINHADA PELA TRILHA INCA

O QUE É um lugar louco para se construir uma cidade, mas aí está ela
ONDE Machu Picchu, Peru
NÍVEL DE ORGULHO Médio
PROBABILIDADE DE MORRER Baixa
MELHOR ÉPOCA PARA IR De maio a setembro
NÍVEL DE DIFICULDADE FÍSICA Médio
CUSTO $$-$$$

Machu Picchu é a ruína arqueológica inca mais famosa do mundo, e com razão. O cenário está além do fotogênico: quando as nuvens da madrugada se levantam, o tamanho e a audácia íngreme das ruínas impressionam profundamente. Elas estão em um ponto entre dois picos andinos, a quase 2.440 metros acima do nível do mar, cercadas e protegidas por montanhas cobertas por densas florestas. Abaixo, a mata flui para as terras baixas e planas.

Machu Picchu inclui mais de 150 edificações construídas na década de 1450, durante o reinado do imperador inca Pachacuti. O objetivo exato do local é desconhecido. É um complexo de templos ou uma propriedade rural para o imperador. Ou talvez um local astronômico. Ou talvez um destino de peregrinação. Tudo o que sabemos com certeza é que a cidade foi amplamente abandonada no final dos anos 1500, provavelmente devido a um surto de varíola.

A cidade nunca foi completamente "perdida". Pequenos grupos de agricultores incas sempre viveram ao redor de Machu Picchu, mas ela com certeza ficou escondida por séculos. Remota e bem camuflada, Machu Picchu nunca foi encontrada pelos conquistadores espanhóis e permaneceu desconhecida no ocidente até que o explorador (e professor da Universidade de Yale) Hiram Bingham III a encontrou em 1911.

Hoje as ruínas bem preservadas atraem mais de 1,2 milhão de visitantes anuais, desde turistas que saem de ônibus luxuosos estacionados aos montes na entrada das ruínas até mochileiros que caminham pela Trilha Inca de 32 quilômetros ou por uma das trilhas alternativas para Machu Picchu.

Desde 2001, o governo peruano limitou o número de visitantes diários em Machu Picchu a 2.500 e exige que os caminhantes agendem o passeio com uma empresa local. As caminhadas por conta própria não são uma opção para a Trilha Inca principal. Felizmente, os incas eram exímios construtores. Muitas de suas antigas estradas pelos Andes ainda existem e formam uma rede de rotas alternativas para Machu Picchu até hoje.

O BÁSICO

Há apenas um hotel em Machu Picchu. Todos os outros visitantes vêm da cidade vizinha, Aguas Calientes. Os ônibus circulam regularmente da cidade para as ruínas. Ou você pode dispensar o ônibus e caminhar pela íngreme trilha de 45 minutos até Machu Picchu.

A maioria dos visitantes chega antes do amanhecer para ser uma das primeiras quatrocentas pessoas elegíveis a subir o famoso Huayna Picchu (o icônico pico que se eleva acima de Machu Picchu, cujo percurso de ida e volta leva três horas) ou a montanha Machu Picchu (no lado oposto, no fim do local, duas vezes mais alto que o Huayna Picchu e menos lotado).

Os ingressos para entrada em Machu Picchu devem ser comprados com antecedência; eles não são vendidos no local. Compre-os on-line no Ministério da Cultura do Peru ou de um revendedor on-line licenciado ou pessoalmente nos gabinetes do Ministério da Cultura em Cusco ou Aguas Calientes. Os ingressos custam US$ 50 (entrada básica) ou US$ 65 (bilhetes combinados incluindo Huayna Picchu ou montanha Machu Picchu).

Muitas caminhadas iniciam na cidade de Cusco. Para minimizar os danos às trilhas, o governo peruano exige que todos os caminhantes viajem com um guia licenciado. Eles fornecem barracas e comida; você traz botas, uma mochila e um saco de dormir.

A icônica e popular Trilha Inca segue a estrada inca original do vale até o cume de Machu Picchu. O cenário é soberbo e há muitos locais incas que valem a pena ao longo do caminho. Note que o governo limita o acesso à Trilha Inca a quinhentas pessoas por dia, incluindo guias e carregadores. As permissões no pico da temporada de verão são vendidas com meses de antecedência. A caminhada dura quatro dias, com uma curta trilha no último dia para chegar a Machu Picchu antes do amanhecer. Espere pagar US$ 700 ou mais.

Se não puder garantir uma permissão para a Trilha Inca ou estiver desanimado por causa da multidão, considere uma das rotas alternativas para Machu Picchu. Elas são proibidas, menos turísticas e muitas vezes mais acessíveis financeiramente do que a clássica Trilha Inca. A Trilha Salkantay, de cinco dias, eleita uma das 25 melhores trilhas do mundo pela *National Geographic*, é uma rota desafiadora escalando a passagem Salkantay (4.600 metros). A Trilha Lares, menos árdua, combina Machu Picchu com a chance de visitar comunidades andinas locais que quase não mudaram nos últimos cem anos. A Trilha Choquequirao – a mais longa e mais difícil da região – é frequentemente combinada com Machu Picchu, tornando-se a melhor experiência de trekking arqueológico.

Machu Picchu é mais movimentada de maio a setembro. Julho e agosto, pico da temporada turística, coincidem com a estação não tão úmida (Machu Picchu não tem uma estação seca – apenas uma estação menos úmida).

A verdadeira estação chuvosa vai de novembro a abril. Os meses de novembro e abril são ideais se você quiser evitar multidões mais numerosas e chuvas mais pesadas.

Fique atento, pois a Trilha Inca fecha em fevereiro para manutenção.

SAIBA MAIS

✘ Machu Picchu é uma maravilha da engenharia. Os incas não usaram animais de carga, ferramentas de ferro ou rodas. Ainda assim, de alguma forma, moveram grandes quantidades de pedra e terra para criar as bases de Machu Picchu (mais de 60% das construções em Machu Picchu são subterrâneas, fora de vista).

✘ Talvez nunca saibamos por que os incas construíram Machu Picchu. Mas sabemos que sua localização foi fortemente influenciada por *apus*, ou "montanhas sagradas" próximas. A orientação do Templo do Sol, por exemplo, aponta para o sul e diretamente para a famosa pedra Intihuatana, que marca com precisão os dois equinócios. Duas vezes por ano o sol se põe diretamente sobre a pedra Intihuatana sem criar sombras.

✘ Os incas falavam quéchua, uma das três línguas oficiais do Peru atual (além de espanhol e aimará). A língua quéchua antiga não possuía um sistema alfabético de escrita, então os incas usavam *quipu*, ou "cordas de nós", para se comunicar. Cordas coloridas e várias centenas de nós registravam datas, estatísticas, impostos e até mesmo episódios-chave de histórias folclóricas tradicionais.

VERDADEIRO OU FALSO? Tanto o milho quanto as batatas são alimentos nativos do Peru.

Falso. O milho foi domesticado em vários pontos das Américas. Apenas a batata é um alimento nativo peruano original.

CONQUISTE O MUNDO PERDIDO

O QUE Explore o Salto Ángel e os planaltos a pé, de canoa ou avião
ONDE Parque Nacional Canaima, Venezuela
NÍVEL DE ORGULHO Médio
PROBABILIDADE DE MORRER Baixa
MELHOR ÉPOCA PARA IR De outubro a dezembro
NÍVEL DE DIFICULDADE FÍSICA Médio
CUSTO $$$-$$$$

O clássico romance de Sir Arthur Conan Doyle, *O Mundo Perdido*, de 1912, foi inspirado pelo próprio "mundo perdido" da Venezuela.

Não, não há nenhum dinossauro ou criatura pré-histórica de Doyle perambulando pelas selvas venezuelanas. Em vez disso, as densas selvas do sudeste da Venezuela têm os *tepui*, "montanhas platôs", que, por milênios, foram isoladas das florestas e savanas que recobrem os tepui como vastos oceanos verdes.

O tepui mais famoso é o monte Roraima, um maciço planalto cercado por todos os lados por penhascos de mais de seiscentos metros que se elevam de forma abrupta acima da floresta tropical, como uma imensa fortaleza nas nuvens. O monte Roraima, lar para meia dúzia de plantas e animais que não são encontrados em nenhum outro lugar na Terra, apresenta uma estranha paisagem de picos de pedra enegrecida e lagos pantanosos. Na estação chuvosa, chove diariamente e torrentes de água caem em cascata sobre as falésias.

As cachoeiras estão por toda parte nos planaltos. A Auyántepui, ali perto, é a fonte da cachoeira mais alta do mundo, o poderoso Salto Ángel (979 metros). Ele é mais de quinze vezes maior que as Cataratas do Niágara, 244 metros mais alto que as de Yosemite, e mais alto que três Torres Eiffel de ponta a ponta. O Salto Ángel é tão alto que a maior parte da água se dissipa em névoa antes de alcançar o solo.

É possível ver Salto Ángel de avião ou helicóptero. No entanto, seus degraus de cair o queixo são melhor experimentados em uma *curiara*, "canoa", de baixo, remando pelo rio Churún e pelas altas paredes do Cañón del Diablo (Cânion do Diabo).

Os tepui fazem parte do montanhoso Parque Nacional Canaima. A localização é remota – a 258 quilômetros da cidade mais próxima, Ciudad Bolívar, e a mais de 1.600 quilômetros da capital venezuelana, Caracas – e os tepui não são fáceis de ser explorados. Você deve sobrevoar os platôs ou subir o rio Churún e depois escalá-los. De qualquer forma, é uma aventura digna de um "mundo perdido".

O BÁSICO

Há muitas opções para explorar os tepui do Parque Nacional Canaima. Se estiver realmente motivado e tiver resistência, as caminhadas de dez e onze dias vão até o topo do monte Roraima ou do Ayuántepui (a escolha é sua) e incluem traslados de ida e volta partindo de Caracas. Espere pagar pelo menos US$ 3.500 por pessoa.

Passeios mais curtos, geralmente de quatro a cinco dias, incluem caminhadas entre os tepui (geralmente sem atingir o topo) e uma viagem de canoa até a base de Salto Ángel, por cerca de US$ 2.000 por pessoa.

É difícil experienciar o mundo perdido em menos de três dias, mas uma opção expressa inclui um voo em avião pequeno para o Parque Nacional Canaima, um traslado de barco para a ilha Anatoly e um trajeto de canoa até o Cañón del Diablo antes de uma caminhada até a base do Salto Ángel. Quando você volta para Caracas, no terceiro dia, sua carteira está US$ 1.200 mais leve.

Se vier para as cachoeiras, a estação úmida da Venezuela (de maio a novembro) é a melhor época para visitá-las. Novembro e dezembro são especialmente populares, pois a estação chuvosa está terminando e os níveis de água ainda são altos.

Durante a estação seca, a maioria das cachoeiras, incluindo o Salto Ángel, diminui consideravelmente. O rio Churún pode ser inacessível por barco no pico da estação seca.

SAIBA MAIS

✗ O Salto Ángel era desconhecido até 1933, quando Jimmy Angel, um piloto americano em busca de ouro, o sobrevoou. Ele retornou quatro anos depois, seu avião sofreu uma queda em Auyántepui, mas ele sobreviveu a uma árdua caminhada de onze dias até a civilização.

✗ A primeira escalada registrada do monte Roraima aconteceu em 1884. O feito foi realizado por Everard im Thurn, um aventureiro britânico e administrador colonial. A rota original de Thurn é a mesma usada hoje pelos caminhantes.

✗ Na língua local pemon, Auyántepui significa "montanha do diabo". Mais de trinta mil pemons ainda vivem à sombra de Auyántepui e acreditam que a montanha abriga um espírito maligno que os espreita na densa floresta, tomando a forma de uma cobra venenosa na vegetação rasteira ou de um galho afiado que cutuca seus olhos.

VERDADEIRO OU FALSO? A Venezuela é oficialmente conhecida como República Bolivariana da Venezuela.

Verdadeiro. Simón Bolívar, a força motriz por trás da libertação da América do Sul do domínio colonial espanhol, nasceu na Venezuela. Sua moeda também leva seu nome: bolívar fuerte.

CHEGUE AO TOPO DA STOK KANGRI

O QUE Trekking pela montanha mais famosa da Índia
ONDE Ladakh, Índia
NÍVEL DE ORGULHO Alto
PROBABILIDADE DE MORRER Média
MELHOR ÉPOCA PARA IR De julho a setembro
NÍVEL DE DIFICULDADE FÍSICA Extremo
CUSTO $

Há muitos picos nos Himalaias, mas Stok Kangri se destaca por muitas razões. Com 6.153 metros, é o pico mais alto na Índia que pode ser escalado. O caminho para o topo não é nada fácil, ainda assim, pessoas vêm de todo o mundo para escalá-lo. Chegar ao topo do Stok Kangri é uma daquelas experiências fascinantes da lista do que fazer antes de morrer porque é uma caminhada difícil em uma das cordilheiras mais lindas do mundo.

Quase todas as caminhadas pelo Stok Kangri começam em Leh, a capital do estado indiano de Ladakh e talvez o local mais hospitaleiro da Terra. Você não consegue andar muito em Leh sem que um comerciante ou agricultor o cumprimento com um largo sorriso e um musical "jullay!" (a pronúncia é "djulei"), uma palavra que serve para "olá", "adeus" e "obrigado(a)".

De Leh, você atravessa o rio Indo, escala e atravessa passagens altas e vales desérticos, parando em vilarejos de Ladakhi e ocasionalmente pelo monastério budista para tomar chá e leite de iaque. Em seguida, chega-se ao vilarejo de Stok (3.597 metros) e você tem uma noite para ajudar na aclimatação de altitude em Chang Ma (3.989 metros). Mais um dia de caminhada e outro pernoite para ajudar na aclimatação, desta vez em Mankorma (4.328 metros). Você está se aproximando do acampamento base (4.968 metros) e sua minicidade com barracas coloridas, onde caminhantes conscientes em relação à segurança descansam por dois dias antes de tentar escalar até o topo (6.153 metros).

Esta subida final é difícil. A maioria dos grupos sai por volta das 23 horas, no frio severo, fustigada por ventos fortes, chega ao topo no dia seguinte por volta das 9 horas da manhã e é recompensada com vistas arrebatadoras muito acima dos gloriosos vales Zanskar e Indo. A caminhada de volta ao acampamento base leva entre quatro e cinco horas. Você conseguiu.

O BÁSICO

Fique avisado: Stok Kangri é perigoso. Embora não exija habilidades de montanhismo, é quase impossível para os caminhantes inexperientes chegarem ao topo. Não deve ser sua primeira tentativa de escalar um pico até o topo no Himalaia.

Você precisa de uma semana inteira ou mais para alcançar com segurança o topo do Stok Kangri. Alguns alpinistas cortam alguns dias para reduzir o custo. É uma má ideia. Seu corpo precisa de aclimatação adequada para lidar com um volume menor de oxigênio no ar em alta altitude.

Você também deve vir preparado para condições meteorológicas extremas. Um dia de sol brilhante pode se transformar em uma nevasca em apenas alguns minutos. Crampons são obrigatórios, além de roupas de qualidade e equipamentos de camping. Você está no meio do nada, longe de suprimentos e apoio.

A temporada de trekking em Ladakh é curta, vai do final de junho até o início de outubro. Depois disso, as temperaturas caem e a neve se acumula nas passagens das montanhas.

Não há necessidade de contratar um guia ou se juntar a uma caminhada organizada. No entanto, esse é um investimento sensato, custando de US$ 1.000 a US$ 2.000 para itinerários de sete ou dez dias saindo de Leh. Apenas montanhistas altamente experientes e totalmente equipados devem tentar chegar ao topo do Stok Kangri por conta própria.

SAIBA MAIS

✘ Passe pelo menos dois dias acima de 4.572 metros antes de tentar chegar ao topo do Stok Kangri.

✘ A aclimatação não é agradável, mas é obrigatória. É comum caminhantes mal preparados chegarem ao acampamento base ou um pouco além, pararem e voltarem com narizes sangrando e tontura.

✘ A temporada de viagens de Leh é curta, mas intensa. O número de visitantes tem crescido nos últimos anos graças a uma relativa tranquilidade nas tensões entre a Índia e o Paquistão em relação aos estados vizinhos, bastante disputados, Jammu e Caxemira.

VERDADEIRO OU FALSO? Ladakh abriga o único convento budista de kung fu do mundo.

Verdade. O convento Drukpa, em Ladakh, segue um ramo do budismo Feminista que encoraja as freiras a treinarem a arte marcial do kung fu. Também permite que elas busquem a iluminação em pé de igualdade com os monges. Kill Bill: Volume 3, alguém disposto?

Habilidade em aventuras
COMO LIDAR COM A DOENÇA DA ALTITUDE

BÁSICO

A doença da altitude é um risco a 2.440 metros ou mais acima do nível do mar. Este é o ponto em que os níveis de oxigênio no ar diminuem de forma significativa.

Escale lentamente para permitir que seu corpo se ajuste aos níveis reduzidos de oxigênio. Isso se chama aclimatação. A regra de ouro é não ultrapassar trezentos metros de altitude por dia e nunca ultrapassar 2.740 metros em seu primeiro dia nas montanhas.

Escale alto, durma bem. Os níveis de oxigênio em seu sangue são menores à noite. Planeje o dia para caminhar até altas elevações e descer para altitudes mais baixas para dormir. E não durma a mais de seiscentos metros acima da altitude em que dormiu na noite anterior.

Não beba álcool, não se exercite. As duas coisas tensionam os níveis de oxigênio no sangue. Evite fazer ambas nas primeiras 48 horas em altitudes mais elevadas.

Hidrate-se. Você deve beber o dobro da quantidade normal de água para manter a hidratação em altitudes acima de 2.440 metros. Minimize a ingestão de sal.

Coma alimentos ricos em potássio. Eles ajudam seu corpo a se aclimatar mais rapidamente. Abacate, banana, brócolis, melão cantaloupe, aipo, chocolate, granola e batata são alimentos ricos em potássio.

Passe um dia extra se aclimatando a cada 915 metros que você subir acima de 2.740 metros.

AVANÇADO
Tome algum medicamento para a doença da altitude, como acetazolamida (também conhecido como Diamox). Ele previne e trata os sintomas aumentando a produção de urina e a ventilação respiratória, que auxiliam a troca de oxigênio na corrente sanguínea.

De forma alternativa, o ibuprofeno pode aliviar dores de cabeça devido à altitude, enquanto gengibre, em qualquer forma (mastigáveis, cápsulas ou chá), acalma um estômago nauseado.

Como último recurso, tome sildenafil (também conhecido como Viagra). A disfunção erétil e a doença da altitude respondem a medicamentos que expandem os vasos sanguíneos e melhoram o fluxo.

Na América do Sul, as folhas de coca são usadas localmente para prevenir a doença da altitude. Elas são eficazes quando mastigadas ou como chá. Observe que as folhas de coca são ilegais no Brasil e provavelmente resultarão em um teste positivo para uso de cocaína.

A doença aguda das montanhas é a forma mais branda da doença da altitude. Os sintomas – que incluem dor de cabeça, náusea, fadiga e perda de apetite – geralmente desaparecem em 72 horas.

Se você tiver esses sintomas, vá para um nível mais baixo imediatamente. A regra de ouro é descer cerca de 450 metros de cada vez, até que seus sintomas desapareçam.

Se estiver confuso, não tiver coordenação e se sentir extremamente cansado, você pode ter um edema cerebral de grande altitude, a forma extrema da doença aguda das montanhas. Desça imediatamente para evitar risco de morte com um coágulo sanguíneo em seus pulmões. Acima de 4.267 metros, se estiver com falta de ar, tossir continuamente ou se sua visão escurecer, você provavelmente terá um edema pulmonar de grande altitude. Considere isso uma emergência médica. Desça imediatamente e, se possível, inicie a oxigenoterapia.

ENCONTRE A FELICIDADE NOS HIMALAIAS

O QUE Não se preocupe, seja feliz
ONDE Butão
NÍVEL DE ORGULHO Médio
PROBABILIDADE DE MORRER Baixa
MELHOR ÉPOCA PARA IR De março a maio ou de setembro a outubro
NÍVEL DE DIFICULDADE FÍSICA Médio
CUSTO $$-$$$

Este remoto reino nos Himalaias é conhecido há muito tempo por sua busca pelo equilíbrio entre o espiritual e o material. O rei do Butão até cunhou um termo para isso em 1979: "Felicidade Interna Bruta", uma filosofia que mede a felicidade coletiva de uma nação através de sua autoconfiança econômica, conservação ambiental, preservação cultural e boa governança. Estes são os Quatro Pilares da Felicidade, sancionados na constituição do país em 2008.

A política de isolamento de longa data do Butão – menos de sessenta mil estrangeiros têm permissão para visitar o local a cada ano – ajuda a preservar os estilos de vida tradicionais e a cultura himalaia. No Butão não há mendigos, poucos butaneses vivem em real pobreza, a televisão e a internet raramente são encontradas e mais de 50% do país é protegido como parque nacional. As pessoas ganham um salário digno e geralmente são felizes. Claramente os butaneses estão fazendo algo certo.

Para os ocidentais, o Butão sempre foi um local difícil de visitar. O governo define requisitos mínimos de gastos diários. E isso exige que todas as caminhadas, as de um dia ou mesmo uma exaustiva aventura de um mês, sejam organizadas por um agente local.

Enquanto você estiver disposto a se adaptar a essas políticas, o Butão é mesmo incrível no infinitamente hipnotizante, difícil de entender, parado-e-muito-boquiaberto uso da palavra.

O BÁSICO

A política de turismo de "alto valor e baixo impacto" do Butão significa que cada visitante deve pagar uma taxa diária mínima de US$ 250 (de março a maio e de setembro a novembro) ou US$ 200 (nas demais épocas). Há uma sobretaxa diária adicional para viajantes individuais (US$ 40) e duplas (US$ 30 por pessoa). Todos os visitantes devem fazer reservas com empresas turísticas butanesas (ou com seus parceiros internacionais) para conseguir entrar.

Por um lado, a taxa mínima aborrece. Por outro, cobre quase todos os seus custos no Butão, incluindo acomodação três estrelas (você pode pagar mais por uma acomodação premium), todas as refeições, um guia butanês licenciado durante sua estadia, todos os transportes internos e todos os equipamentos de acampamento para trekking. Em qualquer caminhada no Butão, você é acompanhado por um guia, um cozinheiro e alguns cavalos para transportar os equipamentos, tudo sem nenhum custo adicional.

Fazer trekking no país vizinho, Nepal, tem a ver com casas de chá (acomodações nas montanhas que alimentam e abrigam caminhantes independentes). No Butão não há equivalente, pois os vilarejos e povoados são raros nas rotas de trekking no país.

Entre as caminhadas, a Bumthang Owl Trek, de três dias, é uma das mais curtas do Butão. A Druk Path Trek, de seis dias, é outra opção boa e curta, combinando paisagens montanhosas incríveis com a chance de visitar antigos templos e mosteiros.

A Jhomolhari Trek, de oito a onze dias, é uma das mais populares do Butão. É uma rota moderadamente difícil que atravessa a passagem Bhonte La (4.877 metros) e a passagem Takhung La (4.520 metros), com vistas quase contínuas do espetacular monte Jomolhari (7.326 metros).

A Laya-Gasa Trek, com duração de quatorze dias, é considerada a mais cênica do Butão, desenhando um caminho por 210 quilômetros de paisagens montanhosas intocadas. E depois há a Snowman Trek, a rota mais famosa do Butão e amplamente considerada a mais difícil caminhada do mundo. Você precisa de um mínimo de 25 dias (trinta dias é mais realista) para escalar as onze passagens de alta altitude ao longo da remota e quase despovoada fronteira entre o Butão e o Tibete.

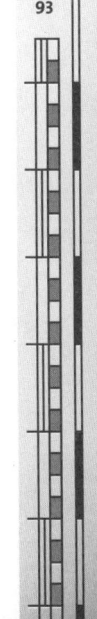

O clima do Butão é dominado pela monção indiana. Os melhores meses para fazer trekking são de março a maio e de setembro a outubro. Se você está tentando fazer a Snowman Trek, outubro é o melhor mês.

SAIBA MAIS

✗ Até 1974, todos os estrangeiros (excluindo as pessoas da vizinha Índia) foram impedidos de entrar no Butão.

✗ Fumar é ilegal no Butão. Em prol do aumento da Felicidade Interna Bruta.

✗ O verdadeiro segredo do Butão para a felicidade? Uma boa noite de sono. Pessoas bem descansadas vivem vidas mais longas, saudáveis e mais produtivas. De acordo com pesquisas nacionais, mais de dois terços dos butaneses dormem um mínimo de oito horas por noite. Compare isso com os Estados Unidos, onde 40% dos adultos dormem seis horas ou menos por noite, deixando as pessoas cansadas, irritadiças e propensas a inúmeras doenças. No Brasil, segundo um levantamento de março de 2017 da Associação Brasileira de Neurologia (ABN), com apoio da Associação Brasileira de Medicina de Tráfego (ABRAMET), do Conselho Regional de Medicina de São Paulo (CREMESP) e da Agência de Transporte do Estado de São Paulo (ARTESP), cerca de 60% das pessoas dormem entre quatro e seis horas por noite.

✗ Dia Internacional da Felicidade? Esse dia é reconhecido pelas Nações Unidas e comemorado em 20 de março.

✗ Gangkhar Puensum (7.570 metros) é o pico mais alto do Butão e provavelmente a montanha não escalada mais alta do mundo. Muitos tentaram, mas ninguém chegou ao topo. Desde então, o governo do Butão proibiu a escalada de picos superiores a seis mil metros. A menos que a política mude, Gangkhar Puensum provavelmente não será escalado.

Qual é o país mais infeliz da Terra?

A República Centro-Africana, de acordo com o mais recente Relatório Mundial de Felicidade da Organização das Nações Unidas.

DIRIJA ATÉ O FIM DO MUNDO

O QUE Próxima parada: esquecimento
ONDE Estação McMurdo, Antártida
NÍVEL DE ORGULHO Alto
PROBABILIDADE DE MORRER Média
MELHOR ÉPOCA PARA IR Verão antártico
 (de dezembro a fevereiro)
NÍVEL DE DIFICULDADE FÍSICA Alto
CUSTO $$$$

A Estação McMurdo é um monumento vivo à ciência. Essa minicidade na Antártida, na ponta sul da ilha de Ross, abriga milhares de pesquisadores dedicados e o pessoal de apoio o ano inteiro. Esses corajosos homens e mulheres enfrentam o clima e o isolamento para coletar dados, documentando o que significa ficar no topo de uma camada de gelo de cerca de 1,5 quilômetro de espessura em um planeta que está se aquecendo rapidamente.

Eles também vivem no início da estrada mais ao sul do mundo. É oficialmente a rodovia McMurdo-Polo Sul ou, resumindo, a estrada do Polo Sul. Essa estrada de neve endurecida conecta a Estação McMurdo à Estação Amundsen-Scott Polo Sul, um posto avançado de ciência com duzentos habitantes, localizado a mais de três mil quilômetros de distância, no coração do Polo Sul.

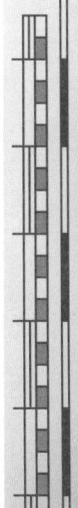

Na maioria dos anos, em algum momento entre dezembro e fevereiro (horário de verão no hemisfério sul), algumas dezenas dos habitantes mais robustos de McMurdo carregam trenós especialmente projetados com toneladas de suprimentos e partem em tratores enormes rumo ao Polo Sul. A jornada de reabastecimento anual leva de trinta e cinco a quarenta dias *em cada* sentido e é essencial para manter a presença humana durante o ano inteiro no Polo Sul.

Chegar a McMurdo só por diversão, como turista, não vai acontecer. No entanto, a cada ano, algumas centenas de civis são empregados como equipe de apoio da Estação McMurdo. Você pode não ter a oportunidade de dirigir de ponta a ponta na estrada do Polo Sul (poucos têm), mas uma temporada de verão ou inverno de trabalho na McMurdo garante pelo menos uma caminhada, corrida ou mesmo um passeio de bicicleta na estrada que leva ao fim do mundo.

O BÁSICO

A estrada do Polo Sul não é a estrada com a qual você está acostumado. Ela não é asfaltada. Não há semáforos, paradas para descanso ou postos de gasolina. E também não há lanchonetes fast-food com drive thru no caminho. Em vez disso, é tão árida e vazia quanto possível. As bandeiras indicam o caminho, embora gelo movediço e fendas inesperadas sejam comuns, assim como temperaturas de -57ºC a -62ºC.

E, claro, não há serviço de emergência na estrada. Se você ficar preso ao longo dos mais de 3.200 quilômetros de extensão, você está muito e realmente preso.

A construção da estrada começou em 2002 e foi concluída principalmente em 2007. Os Estados Unidos financiaram o projeto para reduzir o custo de reabastecimento da Estação Polo Sul. Também há o benefício adicional de reduzir a pegada de carbono da pesquisa do Polo Sul; antes da construção da estrada, eram necessários cerca de quarenta voos a cada verão para entregar o combustível e a carga necessários.

Como chegar lá? A melhor opção é candidatar-se a um emprego no site do Programa Antártico dos Estados Unidos. Essa é a agência oficial do governo que examina, contrata e mobiliza centenas de lavadores de pratos, cozinheiros, motoristas, mecânicos, encanadores e afins para McMurdo e outras estações de pesquisa da Antártida todos os anos.

SAIBA MAIS

✗ A Estação McMurdo é uma cidade de verdade, com um porto, campos de pouso, um heliporto e mais de cem prédios. Também possui o único caixa eletrônico da Antártida.

✗ Você pode pedalar até o fim do mundo? Sim! Em 2013, a cientista de foguetes e ciclista entusiasta Maria Leijerstam pedalou uma bicicleta reclinada de três rodas por mais de 675 quilômetros, durante dez dias, na estrada do Polo Sul. Ao fazer isso, ela se tornou a primeira pessoa a chegar ao Polo Sul de bicicleta.

✗ Além de procurar pessoas com habilidades úteis como cozinhar e dirigir, a Estação McMurdo convida o artista ocasional como parte de seu Antarctic Writers & Artists Program [Programa de Escritores e Artistas da Antártida]. Foi assim que o cineasta Werner Herzog passou sete semanas na Estação McMurdo em 2006, filmando o que se tornou seu bem-recebido documentário *Encontros no Fim do Mundo*, de 2007.

VERDADEIRO OU FALSO? A Estação McMurdo já foi alimentada por energia nuclear.

Verdadeiro. A partir de 1962, a Estação McMurdo utilizou um reator nuclear do tamanho de um tambor de óleo para produzir toda sua energia. As preocupações de segurança fizeram com que a Marinha dos Estados Unidos desativasse o reator nuclear em 1972.

PASSE DEZ DIAS NO ESPAÇO

O QUE É sério, você pode reservar um quarto na Estação Espacial Internacional
ONDE Estação Espacial Internacional
NÍVEL DE ORGULHO Extremo
PROBABILIDADE DE MORRER Média
MELHOR ÉPOCA PARA IR Quando você puder pagar
NÍVEL DE DIFICULDADE FÍSICA Extrema
CUSTO $$$$$$$$$$$$

Por mais de uma década, várias empresas privadas ofereceram voos suborbitais da Terra que, embora não sejam baratos, são acessíveis da mesma forma que um carro esportivo da Ferrari ou Bugatti é acessível para os ultra, mega e super-ricos.

Mas e quanto a passar um tempo no espaço? Ou dormir no espaço? Ou talvez vestir um traje pressurizado para sua caminhada espacial particular? Impossível.

E, ainda assim, é possível. Até hoje, sete civis voaram para o espaço e passaram dez dias ou mais vivendo e trabalhando na Estação Espacial Internacional (ISS). A empresa Space Adventures organizou todos os voos, em parceria com a agência espacial russa.

É completamente legal e legítimo. Contanto que você seja rico além da conta e esteja em uma forma física decente, a Space Adventures o preparará para ser um astronauta: voos com gravidade zero, treinamento com força centrífuga, voos supersônicos a jato e mais, principalmente no Centro de Treinamento de Cosmonautas Yuri Gagarin em Star City, na Rússia. A preparação para a missão, feita sob medida para cada aspirante a astronauta, dura cerca de seis meses.

Então é hora de ir. Você voa para a Estação Espacial Internacional, a ISS (sigla em inglês para International Space Station), em uma espaçonave russa Soyuz, pousa, é transferido para a estação e passa os dez dias seguintes vivendo e trabalhando ao lado de seis astronautas permanentes da ISS. Como civil, você é livre para passar o tempo a bordo da ISS como quiser. A maioria dos clientes da Space Adventures planeja suas missões e inclui assistência à ciência espacial... e tira muitas selfies, flutuando como se não tivesse peso, enquanto se encanta com a Terra abaixo. Uma nave espacial russa Soyuz leva você de volta à Terra quando seu tempo no espaço chega ao fim.

A ISS é um laboratório orbital e o único posto avançado continuamente ocupado no espaço. Fica aproximadamente quatrocentos quilômetros acima da superfície da Terra, viajando a mais de 28 mil quilômetros por hora. A estação circunda o nosso planeta a cada noventa minutos, oferecendo perspectivas únicas sobre o solitário ponto azul que chamamos de lar.

O BÁSICO

Todos os voos de ida e volta à ISS são feitos com a espaçonave Soyuz TMA-M da Rússia, atualmente a única nave que transporta pessoas e suprimentos para a estação. Quatro viagens por ano estão programadas, acomodando no máximo três astronautas por voo. O programa russo Soyuz tem um excelente histórico de segurança.

A própria ISS, com uma envergadura de mais de noventa metros, é aproximadamente do mesmo tamanho (interno) de uma aeronave Boeing 777. Uma equipe permanente de seis astronautas gerencia os programas científicos da estação. Até agora, sete astronautas civis passaram dez dias na estação, todos com o programa Space Adventures. Dennis Tito, um empresário americano, foi o primeiro cliente da Space Adventures a ir para a ISS em 2001.

O custo para passar dez dias na ISS? A taxa atual é de US$ 50 milhões e, acredite ou não, há uma lista de espera.

SAIBA MAIS

Até hoje, apenas 540 pessoas viajaram para o espaço. A Space Adventures gostaria de dobrar esse número nos próximos dez anos.

✗ A maior dificuldade para se comercializar o espaço é o custo do lançamento do foguete. Cada lançamento financiado pelos governos americano e russo custa de US$ 300 milhões a US$ 400 milhões. Avanços recentes em foguetes reutilizáveis por empresas como Blue Origin, de Jeff Bezos, e SpaceX, de Elon Musk, reduzirão os custos de lançamento para cerca de US$ 50 milhões ou US$ 60 milhões. Em meados da década de 2020, uma viagem ao espaço ou uma estadia na ISS poderá custar apenas algumas centenas de milhares de dólares. Pelo menos essa é a esperança das empresas de voos espaciais comerciais.

✗ A própria ISS é o resultado de mais de vinte e cinco anos de cooperação internacional entre os Estados Unidos, a Rússia, o Japão, o Canadá e os principais países europeus. É o projeto científico mais caro da história, custando mais de US$ 150 bilhões para ser construído e operado. Compare isso com os cerca de US$ 2,5 bilhões que a NASA gastou em seu programa Mars, ou com os US$ 10 bilhões para manter o Grande Colisor de Hádrons no CERN (Organização Europeia para Pesquisa Nuclear) funcionando e você entenderá por que os governos estão ansiosos para recuperar alguns dos custos com a ISS através do turismo espacial.

✗ Quer acrescentar uma caminhada espacial à sua experiência na ISS? Sem problema. Por mais aproximadamente US$ 15 milhões, a Space Adventures permitirá que os clientes façam uma caminhada espacial de noventa minutos saindo da ISS.

✗ Voo para a lua? Sim. A Space Adventures está reservando com antecedência missões lunares que circum-navegam a lua em altitudes abaixo de 1.287 quilômetros. Os assentos em uma espaçonave russa com direção à lua (dois clientes pagantes, um cosmonauta russo profissional) custam cerca de US$ 150 milhões cada.

VERDADEIRO OU FALSO? O primeiro americano em órbita fez xixi em seu traje espacial.

Verdadeiro. Em 1961, a inovadora órbita da Terra de Alan Shepard, quando ele se tornou o primeiro americano e a segunda pessoa no espaço, deveria durar apenas quinze minutos. Vários atrasos mantiveram o astronauta na plataforma de lançamento por horas. Ninguém planejou o cenário "o astronauta precisa urinar com urgência". No fim, a autoridade da missão permitiu que Shepard fizesse xixi em seu próprio traje espacial.

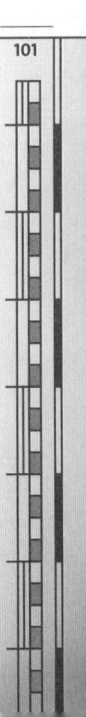

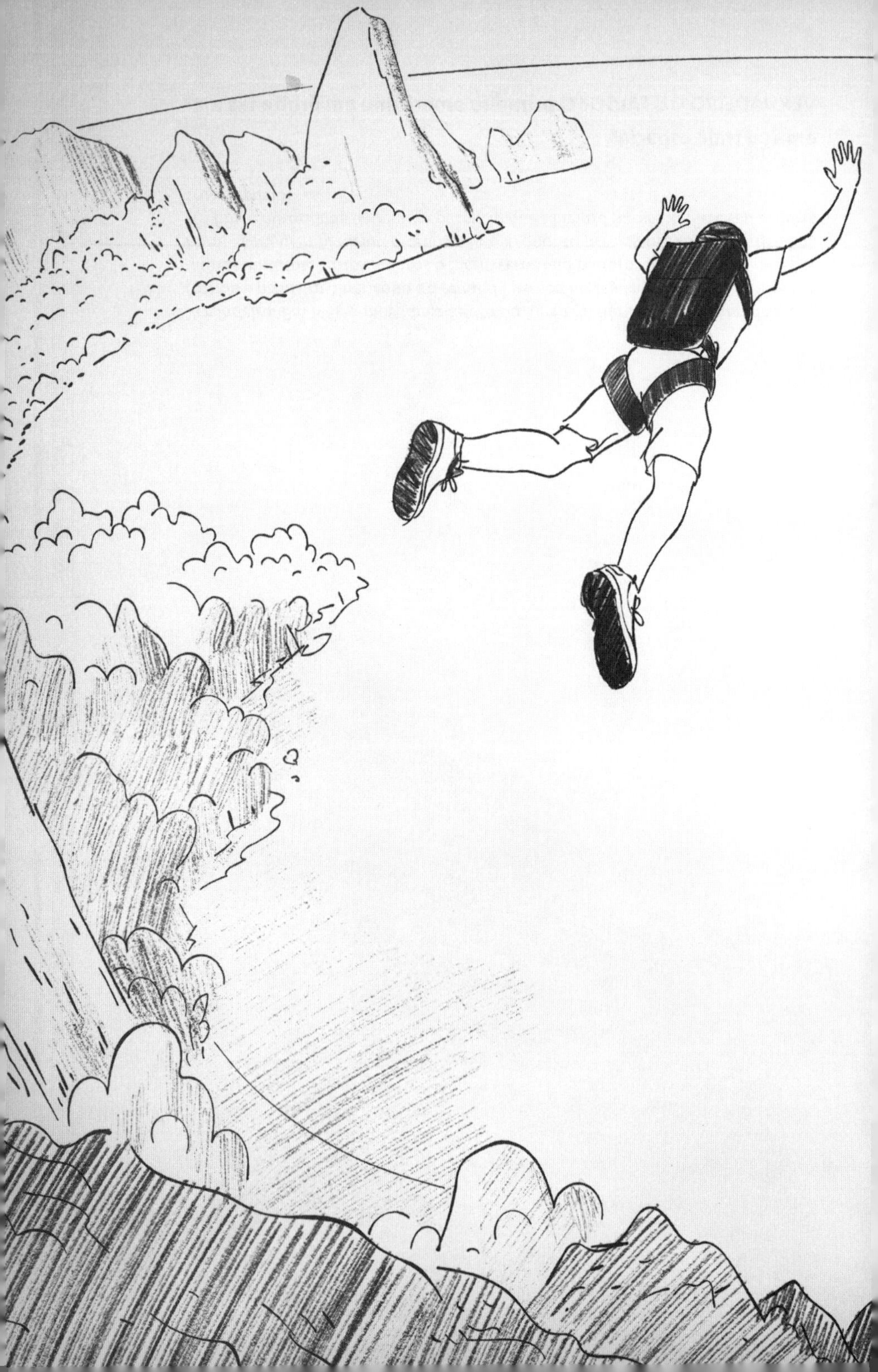

2
AVENTURAS PARA VICIADOS EM ADRENALINA

Mais alto, mais rápido, mais longe. Essas vinte e três aventuras são para pessoas que anseiam por experiências em terra, ar ou mar.

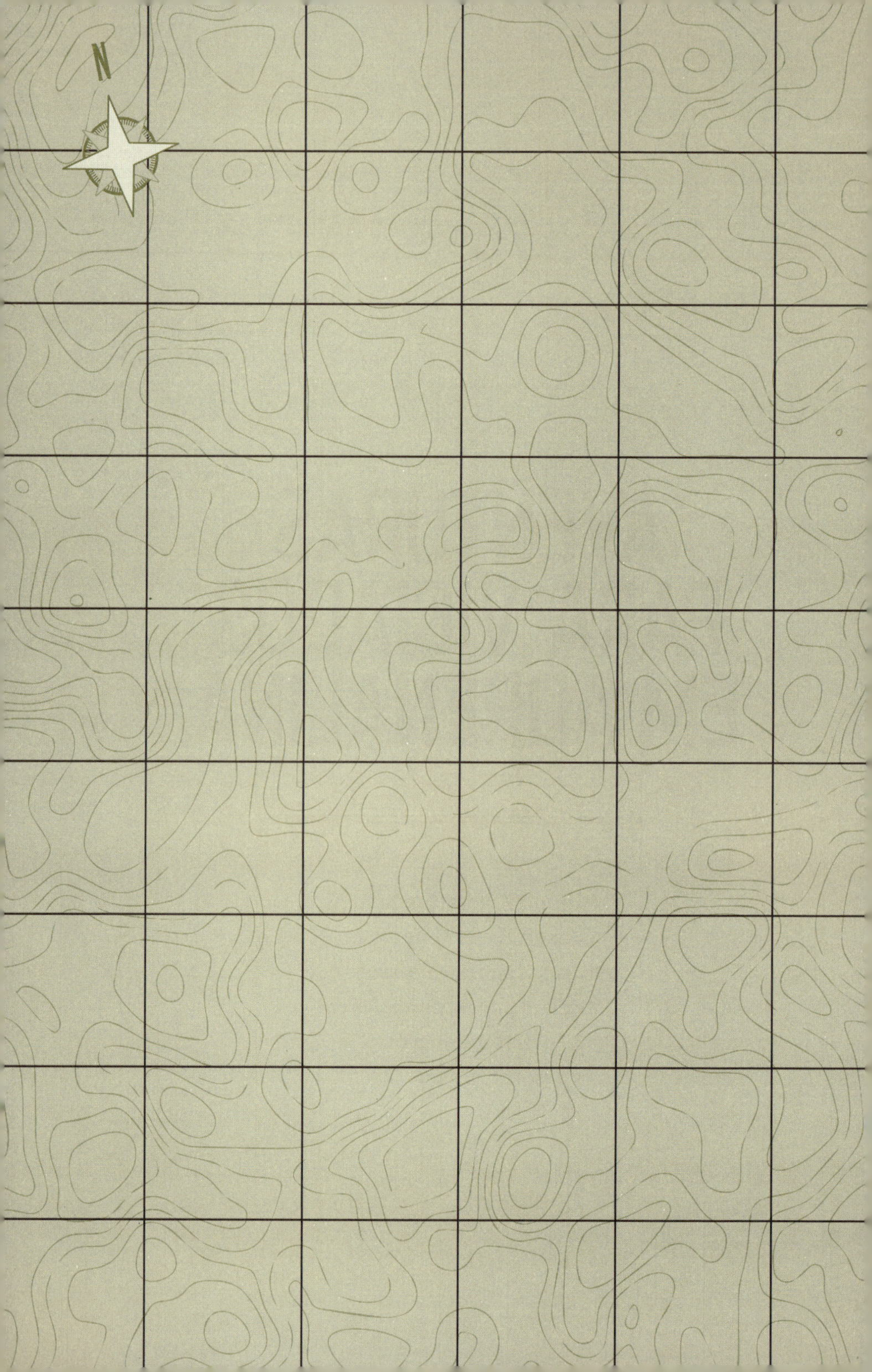
N

SURFE EM UM VULCÃO

O QUE É como surfar... mas em rochas de lava afiadas
ONDE León, Nicarágua
NÍVEL DE ORGULHO Médio
PROBABILIDADE DE MORRER Média
MELHOR ÉPOCA PARA IR De novembro a maio
NÍVEL DE DIFICULDADE FÍSICA Alto
CUSTO $

É como surfar. É como praticar *sandboard*. E é como algo que você nunca viu.

Os surfistas de vulcão usam a gravidade para pegar impulso pelas encostas rochosas e improdutivas de vulcões, em pé sobre finas pranchas de madeira. O esporte foi inventado no início dos anos 2000 por um cineasta da National Geographic Channel nas encostas do monte Yasur, em Vanuatu. Desde então, o surfe em vulcão desenvolveu uma base fiel de fãs, apesar de ser inegavelmente perigoso. Não inale gás vulcânico venenoso, não caia em rochas de lava serrilhadas, não seja pego por um arroto de lava derretida...

O surfe de vulcão, *volcano surfing* ou *volcano boarding* por si só transformou o turismo na Nicarágua. Lá é realizado o principal desafio não oficial do esporte, no vulcão ativo Cerro Negro, que se eleva mais de 700 metros acima da cidade de León.

O vulcão, que entrou em erupção no final da década de 1990, é perfeito para o surfe de vulcão porque seu cone é coberto por pequenas rochas do tamanho das obsoletas moedas de um centavo de real. É como uma encosta íngreme coberta de bolinhas de gude afiadas implorando para você descê-la ou surfá-la a velocidades de até oitenta quilômetros por hora, em uma prancha de madeira frágil sem freios.

Dissemos que o surfe de vulcão era uma descarga de adrenalina; nunca dissemos que era uma ideia *inteligente*.

O BÁSICO

É difícil viajar pela Nicarágua sem ouvir falar do surfe de vulcão. É literalmente impossível entrar na cidade de León e não ter meia dúzia de guias implorando para você contratar uma aventura de surfe de vulcão nas encostas de Cerro Negro.

A caminhada até a montanha leva uma hora. Então chega o momento: você, uma prancha de compensado e mais de 488 metros de descida do vulcão. A descida leva mais ou menos cinco minutos, dependendo da sua velocidade (e de quantas vezes você cai).

Você tem a opção de ir em pé ou sentado na prancha. No entanto, como você não controla a direção ou a velocidade da prancha, considere ir sentado. Você vai mais rápido. E dói menos quando você (inevitavelmente) cai da prancha.

Roupas especiais para quedas (mais parecidas com macacões sujos), óculos de proteção e luvas de couro são oferecidos a todos os "surfistas" – por favor, por favor, por favor, use-os. O surfe de vulcão é perigoso. Todos os anos, as pessoas se ferem seriamente e são hospitalizadas por lesões sofridas quando perdem o controle de suas pranchas. Tenha muito cuidado se decidir experimentá-lo. Se tudo correr bem e você sobreviver à primeira descida, você pode voltar para uma segunda tentativa.

De León, são quarenta e cinco minutos de carro por terra até Cerro Negro. As empresas cobram US$ 25 ou mais pela experiência.

SAIBA MAIS

X Daryn Webb, o proprietário original do Bigfoot Hostel, na Nicarágua, deu início às primeiras pranchas do esporte, testando tudo, desde mesas de piquenique de cabeça para baixo até colchões velhos. No fim, ele ficou com uma prancha feita de madeira parecida com um trenó.

X É possível praticar surfe de vulcão na Costa Rica e no Havaí, mas não há como negar que a Nicarágua é o *point* principal do esporte.

✗ O surfe de vulcão transformou a economia turística em León. Mais de uma dúzia de empresas atendem aos dez mil visitantes que praticam surfe de vulcão a cada ano. Os guias podem ganhar mais de US$ 500 por mês, o dobro do salário médio local.

VERDADEIRO OU FALSO? Há vinte vulcões em erupção agora, enquanto você lê isso.

Verdadeiro. Em média, vinte vulcões ao redor do mundo estão expelindo lava derretida em qualquer momento. A maioria, no entanto, são vulcões submersos que você nunca vê.

Habilidade em aventuras
COMO TRATAR CORTES E LACERAÇÕES

BÁSICO
Limpe as mãos e depois limpe bem a ferida.

Certifique-se de que a ferida esteja livre de objetos estranhos (se houver algum, remova-o com cuidado).

Aplique pomada antibacteriana ou esfregue álcool, depois cubra com um curativo.

AVANÇADO
Se a ferida não permanecer fechada, você pode precisar dar pontos para fechá-la.

Isso é melhor realizado por um médico; quando isso não for possível, você precisará, no mínimo, de uma agulha esterilizada e material de sutura, como linha de pesca ou barbante muito fino.

Limpe a ferida e as mãos e esterilize a agulha, se possível.

Passe a agulha e comece a suturar a partir do centro da ferida.

Deixe três milímetros entre os pontos e termine com nós em ambas as extremidades.

Repita o procedimento na outra metade da ferida, novamente a partir do centro.

Faça um curativo e monitore infecções.

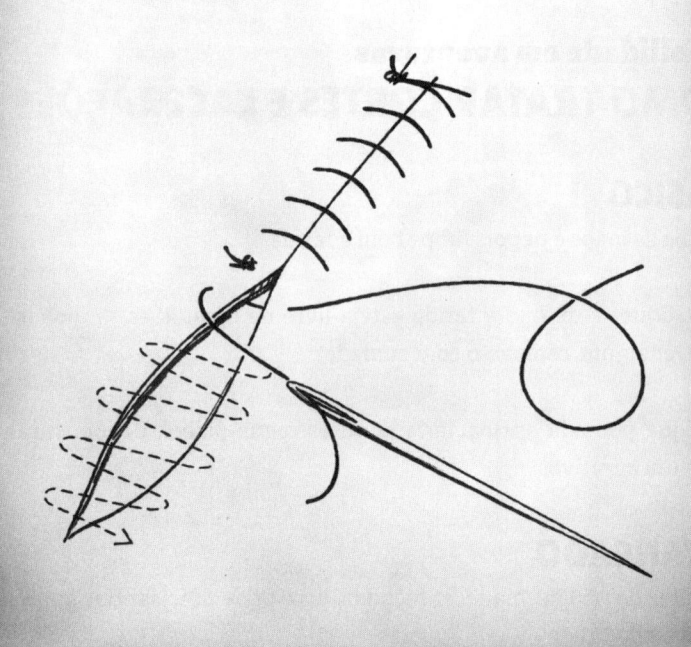

CACE UM TORNADO

O QUE Caçar tempestades é o que há!
ONDE Tornado Alley, Estados Unidos
NÍVEL DE ORGULHO Alto
PROBABILIDADE DE MORRER Baixa (alta para caçadores novatos)
MELHOR ÉPOCA PARA IR De março a junho
NÍVEL DE DIFICULDADE FÍSICA Baixo
CUSTO $$-$$$

O tornado é uma das forças mais poderosas – e mortais – da Terra. Relâmpago intenso. Granizo. Ventos acima de 160 quilômetros por hora. Só nos Estados Unidos, mais de 1.800 tempestades de vento que giram rapidamente e tocam o solo ocorrem a cada ano, destruindo e matando centenas de pessoas por onde passam.

Apesar dos perigos, algumas pessoas anseiam pela temporada de tornados. Elas são conhecidas como "caçadores de tempestades" – pessoas que passam horas a fio rastreando grandes tempestades e dando o melhor de si para se colocarem no caminho de um tornado mortal.

Por quê?

Porque ficar no caminho de um tornado é a única maneira de vê-lo de perto, em toda sua glória explosiva e violenta. É o que motiva os caçadores de tempestades. É para isso que eles vivem.

Não é preciso dizer que a caça à tempestade envolve dirigir. E esperar. E dirigir mais. As tempestades são imprevisíveis e com frequência ocorrem em áreas pouco povoadas no meio do nada. Nem esquente a cabeça com caçar tempestades se passar horas em um carro não for uma ideia divertida.

O BÁSICO

Os tornados nos Estados Unidos são mais comuns no norte do Texas, em Oklahoma, no Kansas e em Nebraska – o chamado "Beco do Tornado" (Tornado Alley), onde caçadores de tempestades monitoram o clima severo na esperança de localizar uma tempestade próxima para perseguir.

Caçar tempestades por conta própria e baixos custos é possível. No entanto, as tempestades são mortais e nunca é uma boa ideia fazer algo potencialmente fatal sem o devido preparo. Vá com um caçador ou uma caçadora de tempestades experiente que saiba o que está fazendo.

Apesar de não haver treinamento formal necessário para ser um caçador de tempestades, algumas pessoas fazem disso uma carreira e oferecem passeios guiados ao Beco do Tornado durante a alta temporada de tempestades (de março a junho). O itinerário típico dura de seis a dez dias em veículos customizados, equipados com radar de alta tecnologia e o mais recente equipamento de comunicação via satélite. O custo é de US$ 2.500 ou mais.

SAIBA MAIS

✗ No Beco do Tornado, a tempestade mais popular a ser caçada é uma tempestade de supercélulas. Sua estrutura compacta cria as nuvens cúmulo-nimbos, icônicas e fáceis de detectar, que se elevam acima das planícies. Sua rotação produz tornados fortes e de longa duração.

✗ Cerca de três em cada dez tempestades de supercélulas produzem tornados. As supercélulas normalmente se movem do sudoeste para o nordeste.

✗ Para caçadores de tempestades que estão por conta própria, o melhor lugar para ficar é Wichita, Kansas. O estado recebe o maior número de tornados por ano e, a partir de Wichita, você tem fácil acesso às rodovias de Oklahoma e do sul de Nebraska.

✗ Se você está evitando o alto custo de uma caça à tempestade com guia, tenha em mente que a caça a tempestades por conta própria não é gratuita. Coloque no papel o custo de alugar um carro ou dirigir seu próprio veículo, combustível (um tanque por dia), alimentação e hospedagem, e pagar US$ 2.500 para seis dias de passeio guiado fica mais palatável.

Qual é o caminho mais longo de destruição, medido em quilômetros, de um tornado nos Estados Unidos?

Mais de 378 quilômetros. Esse caminho foi deixado em 1925 pelo Tri-State Tornado, considerado o mais mortífero da história dos Estados Unidos, com mais de 690 mortes.

Habilidade em aventuras
COMO SOBREVIVER A UM TORNADO EM UM CARRO

BÁSICO

Se você enxergar um furacão distante enquanto estiver dirigindo, dirija imediatamente para longe da tempestade.

Procure abrigo no prédio mais próximo.

Se o tornado estiver se aproximando e não houver nenhum abrigo, dirija em ângulo reto para longe do tornado o mais rápido possível.

AVANÇADO

Se você for pego dentro de um carro, estacione o mais rápido possível fora das faixas de tráfego.

Fique dentro do carro com o cinto de segurança preso.

Mantenha a cabeça abaixada (abaixo das janelas) e cubra-se com um cobertor ou casaco.

Não se esconda no porta-malas; é mais seguro ficar no carro com o cinto de segurança.

Se houver algum terreno baixo nas proximidades (fosso, vala de irrigação etc.), é melhor sair do carro e deitar-se lá, cobrindo a parte de trás da cabeça com as mãos.

CAIA NA TERRA

O QUE É mais uma missão suicida do que um esporte
ONDE Fayetteville, West Virginia
NÍVEL DE ORGULHO Médio
PROBABILIDADE DE MORRER Desconfortavelmente alta
MELHOR ÉPOCA PARA IR Outubro
NÍVEL DE DIFICULDADE FÍSICA Médio
CUSTO $$

Existe alguma aventura mais arriscada que o BASE jumping? Provavelmente não.

A ideia é louca: saltar de um objeto fixo usando um paraquedas ou um traje planador (um traje planador?!) ou *wingsuit*. A experiência da queda até o solo proporciona uma explosão curta e intensa de adrenalina. Aparentemente, é viciante. Quando você começa a praticar BASE jumping, é difícil parar. A menos que você morra.

BASE é um acrônimo, em inglês, para quatro tipos de objetos fixos dos quais os participantes saltam: prédio, antena, extensão (por exemplo, ponte) e terra (por exemplo, penhasco ou face rochosa). Como os base jumpers começam a saltar em baixas altitudes, há pouco tempo para fazer um paraquedas funcionar ou para lidar com mudanças de última hora em relação ao vento e ao salto. É uma disputa entre vida e morte medida em milésimos de segundo.

Não há como adoçar isso. O BASE jumping é muito mais perigoso que o paraquedismo: as taxas de acidentes e fatalidades são mais de *quarenta vezes* maiores.

O BÁSICO

O BASE jumping é essencialmente o ato de saltar de objetos fixos (em oposição a aviões). Por causa do perigo envolvido, é ilegal em muitos lugares. As pessoas geralmente sobrevivem aos saltos para serem presas no pouso.

O Bridge Day (Dia da Ponte) é o mais antigo e maior evento legal de BASE jumping do mundo. É realizado anualmente, no terceiro sábado de outubro, em Fayetteville, West Virginia. Centenas de jumpers experientes participam. Uma forte ênfase em jumpers de primeira viagem significa que esta é uma das poucas formas de experimentar o BASE jumping com segurança (ou pelo menos tão seguro quanto o BASE jumping pode ser). O Bridge Day oferece cursos de treinamento com duração de um dia seguidos por um BASE jump da extensão que nomeia o evento, a ponte New River Gorge, de 267 metros de altura. Vai custar cerca de US$ 500.

SAIBA MAIS

O cineasta Carl Boenish foi o catalisador por trás do moderno BASE jumping. Em 1978, ele filmou os primeiros saltos feitos com paraquedas da famosa formação rochosa El Capitan, no

Parque Nacional de Yosemite. Infelizmente, ele morreu ao tentar um BASE jump na Noruega.

✘ Trajes planadores permitem que você modifique sua trajetória de voo em pleno ar, fazendo ajustes minúsculos de seus braços ou corpo. Sem brincadeira, os primeiros trajes planadores foram baseados em esquilos voadores.

✘ A primeira tentativa de voo com um traje planador foi em Paris, em 1912, por Franz Reichelt. Ele produziu uma roupa feita a partir de um paraquedas de seda esticado sobre uma pequena asa. Reichelt disse aos guardas da Torre Eiffel que estava apenas testando o traje em um manequim. Em vez disso, ele testou sua própria invenção e, adivinhe... sim, morreu na primeira tentativa.

✘ O recorde atual para o maior BASE jump de prédio é de 828 metros, alcançado pelos franceses Fred Fugen e Vince Reffet na torre Burj Khalifa, em Dubai, em 2014.

✘ Um dos melhores recursos de marketing do BASE jumping é James Bond. O espião britânico fictício realizou pelo menos quatro saltos, incluindo um de esqui e outro da Torre Eiffel.

VERDADEIRO OU FALSO? A icônica Space Needle de Seattle permite o BASE jumping.

Principalmente falso. O local permitiu o BASE jumping em meados dos anos 1990. Isso acabou depois que um saltador do Space Needle se feriu em 1996. Hoje é ilegal saltar de qualquer prédio na região metropolitana de Seattle.

SALTE BEM DO ALTO DO CÉU

O QUE Dois minutos em velocidade terminal
ONDE Vários locais
NÍVEL DE ORGULHO O céu é o limite!
PROBABILIDADE DE MORRER O céu é o limite!
MELHOR ÉPOCA PARA IR O ano inteiro
NÍVEL DE DIFICULDADE FÍSICA Alto
CUSTO $$-$$$

O salto de paraquedas HALO (High Altitude – Low Opening, ou seja, Alta Altitude – Baixa Abertura) basicamente significa que você salta de alturas maiores que o monte Everest e tem uma queda livre pelo maior tempo possível, abrindo seu paraquedas na menor altitude segura.

Essa é uma ótima ideia se você estiver no exército. Dê o menor tempo possível para que o inimigo veja você e sua equipe das Forças Especiais chegando. Para o resto de nós, é assustador como o inferno.

A versão civil do HALO inclui dois minutos de queda livre, seja solo ou como parte de um salto tandem (de duas pessoas), a partir de altitudes de 9.000 metros ou mais. Isso é mais do que o dobro da altitude – e mais de três vezes a duração – alcançada em queda livre em comparação com um salto de paraquedas padrão. Para os caçadores de emoções de alta altitude, o HALO jumping é a aventura máxima.

O BÁSICO

Preparar-se para um salto de HALO solo é um assunto sério. Saltadores de primeira viagem normalmente executam um ou dois mergulhos de altitudes mais baixas para se familiarizarem com os equipamentos de alta altitude necessários: capacete balístico, máscara de oxigênio, regulador de oxigênio, traje de voo de corpo inteiro, luvas e equipamentos de apoio emergenciais.

Os saltadores tandem de primeira viagem pulam os mergulhos de teste, mas são obrigados a usar o mesmo equipamento. Um dia inteiro de treinamento de segurança no solo geralmente é necessário. Saltos HALO tandem de um dia são oferecidos regularmente no Havaí, Alasca e Tennessee. Os programas duram um dia inteiro e geralmente custam US$ 1.500 ou mais. Os saltos HALO solo custam menos (US$ 800 ou mais) e são mais fáceis de encontrar, porque as empresas certificadas de HALO solo existem em várias partes dos Estados Unidos. No entanto, o salto solo requer um compromisso de tempo mais longo, geralmente de dois a três dias.

SAIBA MAIS

✗ Os saltos HALO começam em altitudes tão impressionantes, normalmente acima de 9.000 metros, que, nos Estados Unidos, todos os saltos HALO exigem aprovação especial da Federal Aviation Administration (FAA).

✗ A temperatura do ar a 9.000 metros? Gira em torno de -37°C.

✗ A altitude recorde alcançada no mergulho HALO é de 41.148 metros, cravada pelo funcionário da Google Alan Eustace em 2014.

✗ O recorde de velocidade HALO pertence ao projeto Red Bull Stratos e ao atleta de extremos Felix Baumgartner, que inesperadamente passou pela barreira do som e bateu 1.340 quilômetros por hora (Mach 1.24!!), quando saltou de um balão de hélio a 39.045 metros em 2012.

VERDADEIRO OU FALSO? Quando Alan Eustace saltou de mais de 41.148 metros em 2014, ele estava pulando para a Terra a partir da borda do espaço sideral.

Falso. O limite do espaço da Terra é muito, muito mais alto, a 100.584 metros.

FAÇA TREINOS COMO WING WALKER

O QUE Ginástica em um furacão
ONDE Sequim, Washington
NÍVEL DE ORGULHO Alto
PROBABILIDADE DE MORRER Média
MELHOR ÉPOCA PARA IR De julho a setembro
NÍVEL DE DIFICULDADE FÍSICA Médio
CUSTO $$

Quem nunca sonhou em voar alto no céu entre as nuvens, com o vento soprando no rosto? Todos nós já sonhamos com isso.

Agora levante a mão se você já sonhou em fazer isso... enquanto caminha nas asas de um avião... voando de cabeça para baixo. Alguém levantou a mão?

Isso se chama "*wing walk*" ou "andar de asa" e funciona conforme o nome já diz. Decolar em um avião biplano, subir várias centenas de metros, depois sair para a asa e se agarrar a ela. Agora você está pronto para realizar truques do repertório *wing walking* (ficar de ponta cabeça e executar movimentos de dança acrobática) enquanto o avião gira, rotaciona e faz um looping completo.

Como espectador, é de tirar o fôlego. Como *wing walker*, é preciso força e concentração. O *wing walking* não é para pessoas que se nauseiam facilmente com viagens áreas nem para quem tem medo de altura. Para todos os outros, é uma experiência única sobre a qual você vai falar por um longo tempo.

Qualquer história que comece com "lembra aquela vez em que eu estava andando na asa de um avião...?" é uma história que vale a pena ser contada.

O BÁSICO

O verdadeiro *wing walking* é uma forma de arte em declínio. Apresentações acontecem ocasionalmente em shows aéreos e feiras estaduais norte-americanas, mas não crie muitas expectativas. Em um esforço para preservar essa arte, o *wing walker* de terceira geração e piloto Mike Mason dirige a única escola nos Estados Unidos dedicada ao *wing walking*. Isso não tem tanto a ver com oferecer um passeio emocionante (apesar disso, não se preocupe, há muitas emoções), é mais para expor as pessoas a essa forma de arte.

Quem sabe, talvez algumas pessoas façam carreira como *wing walker*. Mike e sua esposa, Marilyn, ficariam felizes em lhe ensinar. De acordo com os Masons, a comunidade global de *wing walkers* profissionais é pequena, e os Masons treinaram a maioria deles.

Os aviões biplanos Boeing Stearman, construídos originalmente nas décadas de 1930 e 1940, são máquinas robustas de "barnstorming" (entretenimento com acrobacias aéreas) que podem lidar com muitas forças g durante loops e subidas. Eles atingem uma velocidade máxima de cerca de 258 quilômetros por hora.

Não é necessária nenhuma experiência prévia com *wing walking*. Cursos com duração de um dia custam cerca de US$ 900 e incluem muito tempo andando na asa, além de aprender a subir do cockpit para o suporte na asa superior (seu ponto de amarração) e ao longo da asa inferior.

O fim do verão é a melhor época do ano para voar saindo de Sequim. É na Península Olímpica, a cerca de duas horas de carro de Seattle.

SAIBA MAIS

❌ O apogeu do *wing walking* foi nas décadas de 1920 e 1930, quando pilotos e acrobatas aéreos tiraram o fôlego de multidões. Esses "circos voadores" se apresentaram em shows aéreos por todo o país como os "13 Black Cats", os "Five Blackbirds" (um grupo afro-americano) e "Bugs McGowen's Flying Circus".

❌ Ormer Locklear é considerado o pai das acrobacias aéreas. Ele foi o primeiro a ficar de cabeça para baixo em uma asa e pendurado embaixo de um avião segurando uma escada de corda – só com os dentes! Ele também realizou o primeiro salto de um avião para outro enquanto estava no ar.

✘ O começo do fim do *wing walking* profissional foi em 1938, quando o governo dos Estados Unidos exigiu que todos os praticantes usassem paraquedas enquanto se apresentavam. Esses regulamentos governamentais irritantes. Droga!

✘ A Breitling Wingwalkers, uma equipe de acrobacias aéreas radicada na Inglaterra, anunciou recentemente que vai contratar um *wing walker* em tempo integral para fazer parte da equipe. Os candidatos devem ter menos de 1,67 metro, pesar menos de 54,5 quilos e estar interessados em mais do que dinheiro.

VERDADEIRO OU FALSO? O famoso aviador Charles Lindbergh começou sua carreira no voo como *wing walker*.

Verdadeiro. Lindbergh era especialmente famoso pelo "salto duplo". Usando dois paraquedas, ele pulava da asa e abria o primeiro. Ele então remoia no ar, para o horror das multidões abaixo. E bousava com segurança usando o segundo paraquedas.

PARTICIPE DO MONGOL RALLY

O QUE Da Inglaterra para a Ásia no carro mais barato que você puder comprar
ONDE Londres para Ulan-Ude
NÍVEL DE ORGULHO Alto
PROBABILIDADE DE MORRER Razoavelmente alto (você leu as regras da corrida, certo?)
MELHOR ÉPOCA PARA IR De julho a agosto
NÍVEL DE DIFICULDADE FÍSICA Extrema
CUSTO $$$-$$$$

"A máquina suprema do caos" é como os organizadores do evento descrevem o Rally Mongol. A infame corrida de estrada abrange 16.000 quilômetros de estradas irregulares e não mapeadas de Londres a Ulan-Ude, na Rússia (originalmente para Ulan Bator, na Mongólia).

Seis equipes participaram da primeira corrida em 2004 (quatro terminaram). Nos últimos anos, o evento se tornou tão popular que duzentas equipes, *no máximo*, são aceitas. Se a ideia de participar do Rally Mongol atiçar sua vontade por uma aventura louca, inscreva-se o mais rápido possível.

Não há percurso definido para o Rally Mongol. Depois da largada, cabe a você percorrer a Europa e a Rússia até a linha de chegada. As rotas típicas levam para o leste por Moscou ou Istambul, embora algumas equipes tenham se desviado para o norte até o Círculo Ártico e para o sul até o Irã e o Turcomenistão. A maioria das equipes leva de seis a oito semanas para completar o rali.

Ao longo do caminho, seu carro vai inevitavelmente quebrar (mais de uma vez), você vai encontrar policiais e agentes de fronteira – na maioria das vezes imprestáveis – e se perguntar por que raios está dirigindo um carro de merda no meio do nada, sujo, cansado e perdido.

Inevitavelmente, a inesperada bondade de estranhos que você encontra nas estradas poeirentas deixará marcas em você. O Rally Mongol é o tipo de aventura que você vai contar para os netos. Ou, dito de outra forma, cortesia dos organizadores: "Histórias tão foda que seus amigos vão admirá-lo por décadas".

O BÁSICO

O Mongol Rally tem poucas regras. Na verdade, apenas três.

Primeiro, seu carro deve ser o que os organizadores chamam de "pequeno e merda" – preferivelmente um carro velho e com problemas, com um motor menor que um litro (1000cc). O tamanho máximo do motor permitido é de 1,2 litros (1200cc). Motocicletas são OK, mas scooters são as preferidas.

Segundo, você está por conta própria. Os organizadores gostam de dizer que, se quisessem, poderiam contar tudo sobre as estradas, requisitos de visto, rotas ótimas etc. Mas eles não vão fazer isso. Porque é para ser uma aventura.

Por fim, a corrida é realizada para caridade e cada equipe deve levantar cerca de 1.000 libras esterlinas (US$ 1.300).

Por muitos anos, o ponto final da corrida foi em Ulan Bator, na Mongólia (daí o nome "Mongol Rally"). No entanto, agora o rali passa pela Mongólia e termina em Ulan-Ude, na Rússia. Isso acontece para evitar os custos associados com a "importação e descarte" de veículos de rali na Mongólia (sério que você esperava dirigir seu carro de volta para a Inglaterra?! Hahahaha...).

A corrida anual começa em meados de julho nas ruas de Londres. Custa cerca de US$ 1.000 para entrar (o valor é menor para motociclistas). Espere gastar mais vários milhares por equipe em comida, combustível e um hotel de vez em quando.

SAIBA MAIS

✗ Os organizadores têm um bom senso de humor, mas lembre-se de que a corrida é séria e, sim, até perigosa. Os participantes da corrida já se machucaram, foram hospitalizados e, em um caso, mortos em um acidente de carro.

✗ É tecnicamente ilegal andar com carros de corrida em rodovias públicas na Europa. Por essa razão, o Rally Mongol é intencionalmente planejado para não ter vencedores ou um percurso definido. Por isso, também não há suporte ou assistência na estrada.

✗ Embora as regras para veículos de rali sejam rigorosas, há uma isenção para a comédia a ser considerada. Em anos anteriores, caminhões de bombeiros, limusines e carros funerários foram permitidos porque, bom, com que frequência você vê um caminhão de bombeiros chacoalhando pelas estepes da Ásia?! Hoje em dia você precisa ser ainda mais "engraçado" para burlar as regras.

✗ Devido a problemas passados com vários governos, os veículos não podem ser abandonados ou descartados em Ulan-Ude. Quando o rali termina, você precisa enviar seu carro de volta para a Europa e descartá-lo lá.

VERDADEIRO OU FALSO? Em 2008, uma equipe de rali da British Mongol Rally dirigiu um Mini com uma icônica cabine telefônica britânica vermelha acoplada ao topo do veículo por dezoito países.

Verdadeiro. E não foi simplesmente para se exibir. Por causa do tamanho reduzido do Mini, a equipe armazenou um mês de equipamentos e suprimentos na cabine telefônica.

Habilidade em aventuras
COMO SUBORNAR UM POLICIAL OU GUARDA DE FRONTEIRA

O mais importante é aceitar que, em muitas partes do mundo, os subornos são imperceptíveis, as pessoas não podem ser processadas e eles simplesmente fazem parte da vida cotidiana. Não adianta ficar bravo com isso.

A segunda coisa mais importante é que, mesmo em países onde o suborno é endêmico, o subornador e quem paga o suborno estão sempre fazendo um dueto gracioso. Cada um tem seu papel a desempenhar. Conheça sua parte.

BÁSICO

Aprenda os eufemismos locais para subornos. Você geralmente paga "uma multa" por falta de papelada ou "uma pequena taxa" para "agilizar" qualquer que seja sua situação.

Em alguns países, a polícia pode pedir "um pequeno presente" (norte da África) ou "refresco" (México e América Central) ou até mesmo "um bom café" (Iraque).

Em países com possibilidades de duplo sentido, subornadores podem pedir um baksheesh (pode significar "dica" ou "suborno" na Índia e no Paquistão) ou um chai ("chá" ou "suborno" na África Ocidental).

AVANÇADO

Nunca entregue dinheiro diretamente a um subornador ou coloque uma nota na mão dele. Não é elegante.

Dobre o dinheiro do suborno e coloque dentro do seu passaporte. Ou, se o subornador lhe entregar um bloco de anotações ou caderneta, insira algumas notas e devolva-a.

Não pague demais. Conheça o preço de mercado dos serviços de suborno.

Nunca peça troco. Se, por exemplo, você tem apenas uma nota de US$ 20 e o subornador espera metade desse valor, dê US$ 20 e esteja preparado para pedir serviços de corrupção aprimorados ou mais rápidos.

CORRA NA CABALLO BLANCO

O QUE Uma corrida de e para pessoas que correm
ONDE Urique, México
NÍVEL DE ORGULHO Alto
PROBABILIDADE DE MORRER Baixa
MELHOR ÉPOCA PARA IR Março
NÍVEL DE DIFICULDADE FÍSICA Alto
CUSTO $

Os rarámuri têm a reputação de maiores corredores do mundo. Eles viveram em Barrancas del Cobre (Cânions de Cobre), no norte do México, durante séculos e são capazes de percorrer grandes distâncias (até 160 quilômetros por dia) pelas encostas de montanhas rochosas e por desfiladeiros íngremes, praticamente sem equipamentos e usando apenas o mais fino dos calçados.

Um americano chamado Micah True ficou obcecado pelos rarámuri e sua cultura de corrida. Em 2003, ele organizou a primeira corrida de longa distância em Barrancas del Cobre; em 2006, convidou corredores internacionais para participar do que se tornou um evento de ultramaratona de oitenta quilômetros.

A corrida daquele ano foi capturada de forma vívida pelo participante Chris McDougall em seu livro *Nascido Para Correr*. O livro transformou Micah True e os rarámuri em celebridades internacionais, e simultaneamente transformou a Ultramarathon Caballo Blanco em um dos principais eventos anuais de corridas de longa distância.

Felizmente, você não precisa ser um corredor famoso para participar dela. Tudo o que você precisa fazer é mostrar vontade de correr pra valer em terrenos difíceis.

O BÁSICO

A corrida de oitenta quilômetros começa e termina no vilarejo de Urique, ao pé do cânion Urique, no estado mexicano de Chihuahua. O percurso é constituído por um circuito de quase 34 quilômetros, seguido por um segundo circuito de trinta quilômetros, mais uma corrida de dezesseis quilômetros de volta para o vilarejo de Guadalupe Coronado, antes de retornar à linha de largada na cidade de Urique.

O terreno pode ser traiçoeiro. É montanhoso e rochoso, entrelaçando cânions em trilhas de terra batida e estradas não pavimentadas. O tempo limite da corrida é de dezesseis horas. Os corredores mais rápidos terminam em menos de sete horas.

A participação na corrida, realizada anualmente em março, é gratuita. A corrida de 2015 foi cancelada de forma abrupta devido à violência do cartel de drogas na área. A corrida foi realizada com sucesso no ano seguinte e continua com uma rota revisada que, ainda bem, contorna a área de controle do cartel de drogas.

Não é fácil chegar a Urique. De ônibus, são doze horas saindo das cidades mexicanas de Chihuahua ou Los Mochis.

SAIBA MAIS

✗ Micah True (nascido Michael Randall Hickman) foi apelidado de *caballo blanco*, "cavalo branco", pelos rarámuri.

✗ A corrida foi rebatizada de Ultramarathon Caballo Blanco em homenagem a Micah True, depois de sua morte bastante divulgada em 2012, enquanto corria sozinho nas montanhas fora de Urique. Supõe-se que ele escorregou, caiu e morreu por exposição a intempéries.

✗ *Rarámuri*, em tradução livre, significa "o povo que corre"; em espanhol, eles são conhecidos como os tarahumara.

✗ Micah True encontrou os rarámuri pela primeira vez em 1993 durante a brutal corrida Leadville Trail, de 161 quilômetros, nas Montanhas Rochosas do Colorado. Cinco rarámuri participaram, vestindo tangas e sandálias feitas de pneus de carro reciclados. Contra todas as expectativas, um corredor rarámuri venceu, terminando uma hora à frente de todos os outros. O mais impressionante de tudo? O vencedor rarámuri tinha 55 anos de idade.

VERDADEIRO OU FALSO? Atletas de longa distância que correm descalços são mais eficientes e têm menos lesões em comparação com corredores que usam calçados.

Falso. Estudos mostram que não há vantagem em correr descalço em relação a correr com calçados leves e acolchoados. No entanto, é verdade que, quanto mais pesados são seus sapatos, com menos eficiência você corre.

IMPROVISE NUM POINT

O QUE Correr, pular, rolar, escalar, saltar, se pendurar...
ONDE Num point perto de você
NÍVEL DE ORGULHO Médio
PROBABILIDADE DE MORRER Média
MELHOR ÉPOCA PARA IR O ano inteiro
NÍVEL DE DIFICULDADE FÍSICA Alto
CUSTO $

O movimento é prazeroso.

Esta é a visão por trás do parkour, uma prática de treinamento de corpo inteiro que retoma um treinamento militar de um percurso com obstáculos.

O parkour tem a ver com movimento, especificamente ir de um ponto a outro sem roupas especiais ou equipamento, da forma mais rápida e eficiente possível. É um pouco arte marcial, um pouco dança moderna e tem um pouco de acrobacias aéreas. Você provavelmente já viu vídeos do parkour, com homens e mulheres em cenários predominantemente urbanos correndo, escalando, saltando, pulando, rolando e geralmente usando seus corpos de formas que você nunca imaginou ser possível. O parkour é hipnotizante de se assistir.

O parkour não é um esporte – pelo menos não de acordo com seus fundadores. Eles o consideram uma filosofia, uma arte e uma prática (semelhante à ioga). Competições são desaprovadas. Em vez disso, há "improvisações" de parkour que duram de algumas horas a alguns dias, onde os participantes se reúnem para aprimorar a prática do parkour.

O parkour atrai pessoas que desejam desenvolver a autodisciplina. Corpos esguios com músculos bem-definidos e resistência acima da média são apenas a cereja no bolo quando você pratica parkour. A adrenalina vem de um gingar e rolar de um jeito elegante em meio a uma selva urbana cheia de obstáculos todos os dias. A aventura vem de provar a si mesmo que tal coisa é possível.

O BÁSICO

Se a forma mais rápida e eficiente de atravessar um espaço inclui escalar muros, pular telhados e correr de cabeça para baixo enquanto se balança em uma barra, então, que seja. Esse será o caminho que o parkour quer que você siga.

O parkour é uma disciplina externa, com "improvisações" centradas em torno de "points" repletos de obstáculos naturais e artificiais. O treinamento inclui construtores de força e resistência padrão, além de uma grande dose de aprendizado para ver seu ambiente de um jeito novo.

A forma mais segura de se envolver é aparecendo em um parkour improvisado. Procure on-line por um clube perto de você.

SAIBA MAIS

✂ O parkour foi desenvolvido na França por Raymond Belle e seu filho, David, no fim dos anos 1980. A palavra *parkour* vem do francês *parcours du combattant*, um treinamento de obstáculos utilizado pelos militares franceses.

✗ O parkour tem mais a ver com autodisciplina do que com competição. A pergunta "Quem é o melhor no parkour?" nunca deve ser feita.

✗ Mesmo assim, os profissionais de marketing e as marcas esportivas entendem o poder do parkour e estão lucrando com o movimento. Por exemplo, a série *Ultimate Parkour Challenge*, da MTV, e a existência de uma organização de competição chamada World Freerunning Parkour Federation (WFPF).

✗ Em resposta, hoje em dia a elite do parkour se recusa a apoiar ou participar de eventos que prejudicam sua natureza não competitiva.

✗ Outro problema do parkour, além da comercialização: as pessoas morrem, muitas vezes de formas que provocam indignação. Vídeos de "erros no parkour" fatais inundam sites como YouTube.

VERDADEIRO OU FALSO? É possível correr e, sem ajuda, ficar totalmente de cabeça para baixo, em um looping de 360º.

Verdadeiro. Um ginasta britânico realizou o feito em 2014. Para o seu peso corporal, ele calculou (corretamente) que é possível realizar um círculo completo em um looping de três metros de altura e 360º, mantendo uma velocidade constante de 13,8 quilômetros por hora. É mais difícil do que parece.

SURFE EM MAVERICKS

O QUE Pegue uma onda monstro, bro!
ONDE Half Moon Bay, Califórnia
NÍVEL DE ORGULHO Tão grande quanto as ondas
PROBABILIDADE DE MORRER Baixa (surfista de ondas grandes com experiência) ou Extremamente alta (todos os outros)
MELHOR ÉPOCA PARA IR De novembro a março
NÍVEL DE DIFICULDADE FÍSICA Alto
CUSTO $

Surfar ondas de 24 metros em um dos picos de surfe mais perigosos do mundo? Parece algo suicida para pessoas normais.

Para os surfistas de ondas grandes, sentir uma descarga de adrenalina ao entrar em uma das megaondas mundialmente famosas de Mavericks é a razão pela qual se surfa. Vive-se para isso.

Surfistas de ondas grandes têm sua chance em um evento anual, oficialmente conhecido como Titans of Mavericks, que acontece entre novembro e março, a poucos quilômetros da cidade de Half Moon Bay, perto de São Francisco. Duas dúzias dos principais surfistas mundiais de ondas grandes são convidados a cada ano. As condições precisam estar perfeitas (ondas gigantes e tempo claro) e, assim que os organizadores enviam o chamado, os competidores têm apenas quarenta e oito horas para chegar à Half Moon Bay antes do início da competição.

O BÁSICO

Se você não for convidado para o concurso anual Titans of Mavericks, é porque está meio sem sorte. É possível surfar em Mavericks sempre que as ondas estiverem favoráveis (ondas realmente grandes acontecem apenas uma ou duas vezes por ano). Lembre-se de que mesmo ondas "pequenas" em Mavericks podem chegar a 7,5 metros durante uma tempestade. Surfistas inexperientes não são bem-vindos.

SAIBA MAIS

✗ Jeff Clark é o fundador do Titans of Mavericks e um surfista de ondas grandes bastante conhecido. Acredita-se que Clark tenha surfado as primeiras grandes ondas em Mavericks em 1975.

✗ Além de Jeff Clark, poucas pessoas – os surfistas de grandes ondas com certeza não – pensavam que Mavericks existia ou que a Califórnia poderia produzir "ondas grandes" dignas desse nome. Isso mudou em 1990, quando a revista *Surfer* publicou uma foto das ondas monstruosas de Mavericks. Mais tarde, em 1992, Mavericks chegou à capa da *Surfer*, e o mundo do surfe foi à loucura.

✗ Desde 1999, o grupo Titans of Mavericks já promoveu dez competições. A competição de 2017 foi cancelada no último minuto, quando o patrocinador Red Bull processou os organizadores do evento por quebra de contrato. Em 2018 a competição não aconteceu, pois as ondas não estavam favoráveis.

✗ Até 2017, as mulheres não eram convidadas para surfar na competição Titans of Mavericks de um dia. Como assim, bro?

VERDADEIRO OU FALSO? Mavericks é nomeada em homenagem a um pastor-alemão.

Verdadeiro. O cão acompanhou o grupo de surfistas que foram os primeiros a surfar uma parte do famoso pico de surfe em 1967.

DÊ A VOLTA NO MONT BLANC

O QUE Terminar é vencer
ONDE Mont Blanc, Alpes
NÍVEL DE ORGULHO Médio
PROBABILIDADE DE MORRER Baixa
MELHOR ÉPOCA PARA IR Agosto
NÍVEL DE DIFICULDADE FÍSICA Extremo
CUSTO $

Correr sem dormir pelos Alpes ao luar? Atravessar dez passagens de montanha traiçoeiras com neblina, chuva, granizo ou neve? Pegar o sol nascendo, magnificamente, sobre as geleiras do Mont Blanc?

Ela se chama Ultramaratona do Mont Blanc (oficialmente o UltraTrail du Mont Blanc ou UTMB) e muitos atletas a consideram a corrida mais difícil e exigente do mundo. Na trilha, você está sozinho. Só você e paisagens montanhosas de tirar o fôlego.

Você precisará de mais de um guia de frases num idioma estrangeiro nesse circuito de montanhas altas. Ele atravessa três fronteiras internacionais (França, Itália e Suíça) e é o epítome de tudo o que é *alpino* nos Alpes: imponentes montanhas de granito, geleiras, despenhadeiros íngremes e vales repletos de chalés.

O BÁSICO

A Ultramaratona do Mont Blanc é um percurso de etapa única realizado anualmente em agosto, subindo e descendo repetidamente, para cima e por 3.000 metros verticais pelos Alpes. A corrida começa e termina em Chamonix, Suíça, sendo o início a partir das 18h30, e perfaz um círculo de pouco mais de 170 quilômetros ao redor da poderosa montanha.

No máximo 2.300 corredores têm permissão para correr a UTMB. Os tempos mais rápidos são de 20 horas, embora a maioria dos corredores termine entre 25 e 35 horas (o que significa que você corre duas noites consecutivas sem dormir!). O tempo limite da corrida é de 46 horas e meia.

Para se qualificar para entrar na UTMB, você precisa completar pelo menos três corridas de longa distância reconhecidas nos doze meses anteriores.

SAIBA MAIS

✘ A primeira UTMB aconteceu em 2003. Naquele ano, 770 corredores iniciaram a corrida e apenas 67 terminaram. Em média, apenas 40% dos corredores completam a esgotante UTMB (em comparação, 95% dos corredores normalmente terminam uma grande maratona urbana).

✘ A corredora britânica Lizzy Hawker é cinco vezes vencedora da UTMB feminina.

✘ Observação: Você *não* vai correr para o cume de 4.808 metros do Mont Blanc no UTMB. Deixe isso para os mais de vinte mil alpinistas que chegam ao cume anualmente.

✘ Não deixe o Mont Blanc sem experimentar o *genièvre*, ou "gim holandês", um licor com sabor de zimbro encontrado apenas nos Alpes.

VERDADEIRO OU FALSO? Do ponto de vista da perda de peso, correr uma Ultramaratona de Mont Blanc equivale a não comer 27 Big Macs do McDonald's.

Verdadeiro (se você for um homem adulto). O atleta médio que corre a UTMB queimará mais de 14.000 calorias, o equivalente a cerca de vinte e sete Big Macs do McDonald's.

VOE NUM AVIÃO DE CAÇA

O QUE Sentir necessidade... necessidade de velocidade!
ONDE Nizhny Novgorod, Rússia
NÍVEL DE ORGULHO Alto (pense: Tom Cruise em *Top Gun*)
PROBABILIDADE DE MORRER Baixa
MELHOR ÉPOCA PARA IR O ano inteiro
NÍVEL DE DIFICULDADE FÍSICA Médio
CUSTO $$$$-$$$$$

Você ouve a música "Take My Breath Away". Entra a cena de Goose e Iceman voando em caças F-14 em loops e rolamentos em velocidades supersônicas. Corta para a cabine invertida de Tom Cruise, que levanta o dedo do meio para um hostil piloto russo do MiG enquanto voa de cabeça para baixo... Você viu esse filme, certo?

O filme *Top Gun*, de 1986, estrelado por Tom Cruise e Val Kilmer como ases da aviação naval, é um ícone do cinema, responsável pelo sonho de toda uma geração em pilotar aviões de caça (e parecer durões em jaquetas de couro).

Você pode pilotar um avião de caça em uma dúzia de países, normalmente acomodado no segundo assento na cabine de um caça para duas pessoas, como os russos MiG-29, MiG-15 e L-39 ou os americanos T-33 e F-4. Esses são verdadeiros aviões de caça que operam em velocidades de combate, realizando loops, rolamentos, curvas e manobras em S-split e executando intensas forças g (entre 3 e 6 g!).

Você pode voar em velocidades supersônicas? Sim, até Mach 2, que é mais que o dobro da velocidade do som.

Você pode voar para a borda do espaço? Sim, se você tiver dinheiro para gastar. Não há quase nada em relação à experiência com um avião de caça que o dinheiro não possa comprar.

O BÁSICO

Os voos subsônicos (mais lentos que a velocidade do som) estão disponíveis em alguns aeroportos nos Estados Unidos (Flórida,

Nova York, Califórnia) e na Europa (Inglaterra, França, Itália, Alemanha, República Tcheca, Rússia, Ucrânia). Espere pagar aproximadamente US$ 2.500 ou mais por até sessenta minutos de tempo de voo. A Rússia é o único país onde você pode voar legalmente em um caça como o MiG-29 em velocidades supersônicas (mais rápidas que o som). A maioria desses voos acontece em uma base militar russa em Nizhny Novgorod, uma cidade cerca de quatrocentos quilômetros a leste de Moscou. Você pagará em torno de US$ 13.000 pela chance de atingir Mach 2 enquanto faz sua melhor personificação de Tom Cruise.

SAIBA MAIS

✗ Os voos supersônicos na Rússia devem ser planejados com pelo menos cinquenta dias de antecedência. É o tempo que os militares russos precisam para realizar uma verificação de antecedentes e aprovar seu voo.

✗ Você precisará passar por um exame médico no dia do voo. O corpo humano pode lidar com forças g de até 6 g por apenas alguns segundos antes de você começar a ter uma cegueira temporária e perder a consciência. Roupas de voo pressurizadas permitem que a tolerância g seja sustentada em níveis de até 7,5 g.

✗ Se o custo do voo supersônico for desconcertante, e se você não se importar em baixar o nível de um caça a jato a um caça movido a hélice das décadas de 1940 e 1950, experimente um combate aéreo ou uma escola de voo acrobático. Eles oferecem programas de um dia com as mesmas emoções aéreas por menos de US$ 900.

VERDADEIRO OU FALSO? Apenas um ator de *Top Gun* não vomitou durante as filmagens das cenas com aviões de caça do filme.

Verdadeiro. Tom Cruise e Val Kilmer definitivamente vomitaram. Tom Skerritt também. Apenas Anthony Edwards, o ator que interpretou Goose, escapou sem vomitar nenhuma vez durante as filmagens.

SOBREVIVA AO SAARA

O QUE Correr o equivalente a cinco maratonas em seis dias... num calor de 49°C
ONDE Ouarzazate, Marrocos
NÍVEL DE ORGULHO Alto (assim como os 49°C)
PROBABILIDADE DE MORRER Baixa
MELHOR ÉPOCA PARA IR De março a abril
NÍVEL DE DIFICULDADE FÍSICA Extremo
CUSTO $$$$

O enredo parece o de um filme de terror ruim: correr durante seis dias pelas intermináveis dunas do deserto do Saara, cobrindo 250 quilômetros em um calor de 49°C com pés rachados e inchados. Que diversão (só que não)!

Para corredores de longa distância, a Maratona das Areias (Marathon des Sables) é a corrida de resistência máxima. A areia, o calor, a distância. Carregando toda a sua comida e equipamentos nas costas. Dormindo algumas horas por noite em tendas berberes compartilhadas antes de começar tudo de novo na manhã seguinte no calor brutal.

O BÁSICO

A cada ano, no final de março ou início de abril, mais de 1.400 participantes partem para a corrida de seis dias e seis etapas. Todos os participantes temem a dura fase final: uma caminhada de oitenta quilômetros pelo deserto.

Pontos de verificação ao longo de cada etapa oferecem água e cuidados médicos, conforme necessário. Todos os participantes param para dormir todas as noites em acampamentos temporários no caminho. O melhor tempo é de pouco mais de setenta e duas horas.

A maioria dos participantes voa para Marrakech e pega um ônibus para o vilarejo de Ouarzazate. É um centro turístico popular com muitos hotéis e restaurantes na região do Saara no Marrocos.

A taxa de corrida – cerca de US$ 4.500 por corredor – inclui o transporte de ônibus entre Ouarzazate e os pontos inicial e final da Maratona das Areias.

SAIBA MAIS

✘ Todos os anos, na linha de largada da corrida, a música "Highway to Hell", do AC/DC, toca nos alto-falantes. Sem brincadeira.

✘ O peso da sua mochila de corrida não pode ser inferior a 6,35 quilos e nem superior a 14,96 quilos. Excluindo a água, a mochila é a sua salvação e contém tudo de que você precisa para a semana: comida, saco de dormir e suprimentos médicos (incluindo uma bomba para sucção de veneno em caso de picadas de cobra).

✘ Você é obrigado a comer um mínimo de 2.000 calorias por dia. E, sim, eles checam.

✘ Feliz ou infelizmente, não há requisitos de qualificação para entrar na Maratona das Areias.

VERDADEIRO OU FALSO? **O deserto do Saara tem quase o mesmo tamanho da área continental dos Estados Unidos.**

Falso. Na verdade, o deserto do Saara é maior do que o continente dos Estados Unidos. O primeiro é de aproximadamente 9,06 milhões de quilômetros quadrados, o último é de 7,76 milhões de quilômetros quadrados.

Habilidade em aventuras
COMO SOBREVIVER EM UM DESERTO

BÁSICO

Fique frio. Literalmente. A prioridade é procurar abrigo do sol. Cambalear à procura de água só vai fazer você suar e aumentar sua taxa de desidratação.

Não se preocupe com comida. Você pode sobreviver muitos dias sem isso. É muito melhor não desperdiçar líquidos corporais preciosos procurando sustento em um ambiente de deserto extremo.

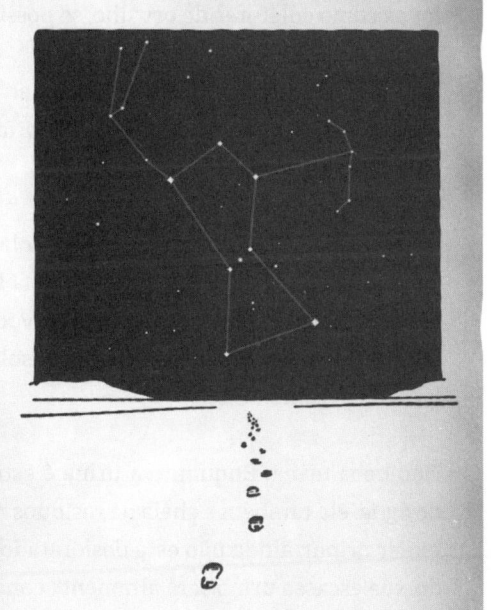

Se você ficar preso num deserto com um veículo, não o deixe. Repetindo: não o deixe. Não é só um veículo com equipamento de sobrevivência útil (espelhos, combustível para sinalização de fumaça etc.), ele fornece sombra durante o dia e um lugar mais quente e seguro para dormir à noite.

Se você ficar preso sem carro, caminhe apenas à noite e sempre na mesma direção (use uma constelação ou estrela para navegação).

Encontre água. Olhe para baixo e para dentro de cânions ou barrancos voltados para o norte (a água flui para baixo e, no hemisfério norte, o sol brilha menos nos picos voltados para o norte). Também procure por bichos e insetos; com frequência eles são sinais de um poço próximo.

AVANÇADO

Cada gota de água conta, então colete qualquer orvalho que se forme no início da manhã, antes que o sol nasça. Coloque jaquetas ou lonas como coletores de orvalho, se possível.

Não beba de um cacto. Pode funcionar na televisão, mas, na vida real, a água acumulada dentro da maioria dos tipos de cactos é nociva e vai fazer você vomitar.

Não se preocupe com um destilador solar. É outro conceito do tipo "funciona na televisão" que requer uma lona plástica e muita energia, com recompensas duvidosas. Se você tiver uma lona plástica, ela servirá melhor como uma manta isolante à noite e/ou como coletor de orvalho.

Não beba urina. Enquanto a urina é estéril e feita principalmente de água, ela também é cheia de resíduos filtrados pelos rins. Se você puder urinar, ainda não está desidratado. Se você estiver desidratado, sua escassa urina será altamente concentrada com resíduos que vão estressar seus rins e piorar a desidratação.

Fique atento a tempestades de areia. Elas podem ser mortais. Se você sentir uma mudança no tempo ou vir uma nuvem de areia no horizonte, agache-se. Procure por grandes pedras ou afloramentos baixos para servir de abrigo. Também cubra os olhos, a boca e o nariz com uma bandana ou camiseta.

Cuidado com os predadores. Mamíferos são menos preocupantes que aranhas venenosas, cobras e escorpiões. Mantenha sua camisa enfiada em suas calças e suas calças enfiadas em suas meias. À noite, durma o mais alto possível e sem contato com o chão, porque o calor do corpo atrai animais rastejantes assustadores.

ANDE NA MONTANHA-RUSSA MAIS ÍNGREME DO MUNDO

O QUE Uhuuuuuuuuu!
ONDE Fujiyoshida, Japão
NÍVEL DE ORGULHO Baixo
PROBABILIDADE DE MORRER Baixa
MELHOR ÉPOCA PARA IR O ano inteiro
NÍVEL DE DIFICULDADE FÍSICA Baixo
CUSTO $

Nunca ouviu falar do Fuji-Q Highland?

Com certeza esse lugar não tem o mesmo prestígio que a Disneylândia ou a Six Flags. Mesmo assim, este parque temático pouco conhecido, à sombra do monte Fuji, no Japão, pode reivindicar a fama: é lá que fica a Takabisha, a montanha-russa mais íngreme do mundo, inaugurada em 2011 e certificada pelo Guinness World Records.

Quão íngreme? Uma impressionante ingremidade de 121 graus além da vertical.

Pense desta maneira. Você viaja de 0 a 96,5 quilômetros por hora em menos de dois segundos. Então você passa por dois "saca-rolhas" (os loopings lembram o formato de saca-rolhas), faz um "banana roll" (inversão num ponto muito alto), passa por mais sete inversões e depois... vem a queda além da vertical de tirar o estômago do lugar, com gritos ensurdecedores ao redor. Nesse momento você pode precisar vomitar ou não.

O BÁSICO

O Fuji-Q tem acesso fácil a partir de Tóquio, a apenas duas horas de carro ou trem. Os ingressos custam cerca de US$ 50. Quando estiver no parque, não deixe de tirar uma selfie com o monte Fuji ao fundo. As perspectivas da montanha mais fotogênica do Japão são excelentes.

SAIBA MAIS

✘ A montanha-russa inclui mais de três quilômetros de trilhos de aço, mas um passeio leva apenas dois terríveis minutos (112 segundos, para ser exato).

✘ O Fuji-Q Highland não é estranho para os recordes mundiais: a Takabisha é o décimo quarto recorde reconhecido pelo Guinness nesse parque temático.

✘ A Takabisha coloca os passageiros sob uma força g cerca de quatro vezes maior que a gravidade, semelhante ao que os pilotos de caça vivenciam em manobras de combate. É também o limite em que os humanos podem experimentar visão em túnel e apagões temporários. Divertido!

Qual a montanha-russa mais rápida do mundo?

A Formula Rossa, em Abu Dhabi, uma montanha-russa no Ferrari World que atinge velocidades máximas de 241 quilômetros por hora.

EXPERIMENTE O RODEO CLOWNING

O QUE O trabalho não é brincadeira
ONDE Branson, Missouri
NÍVEL DE ORGULHO Médio
PROBABILIDADE DE MORRER Baixa
MELHOR ÉPOCA PARA IR O ano inteiro
NÍVEL DE DIFICULDADE FÍSICA Extremo
CUSTO $-$$

Qualquer palhaço de rodeio lhe dirá a mesma coisa: a questão não é *se* você vai se machucar, é *quando* e *o quanto* vai se machucar. Ser chutado ou chifrado faz parte do trabalho, mesmo que você seja rápido e ágil. Essa é a vida de um palhaço de rodeio profissional.

Uma parte fundamental do trabalho é proteger os peões quando eles caem de um touro de rodeio. O primeiro passo é chamar a atenção do touro (acenar, gritar, pular para cima e para baixo). Depois de ter a atenção total do touro, o segundo passo é fugir em uma linha diagonal. Os touros são mais rápidos que você, mas seus corpos não são projetados para correr na diagonal em alta velocidade. O terceiro passo é fugir e passar pelo cercado dos touros. Ou, se isso não for uma opção, pule em seu próprio barril de fuga feito de borracha (palhaços profissionais são obrigados a ter seus próprios barris de fuga, então traga o seu!). E esperar o touro perder o interesse.

A outra parte do trabalho? Seja um palhaço. Divirta a multidão. Faça as crianças rirem. Faça malabarismos. Conte uma piada. Os melhores palhaços de rodeio protegem e divertem em medidas iguais.

O BÁSICO

Os rodeios para peões jovens são um bom lugar para começar: nos Estados Unidos, muitos oferecem estágios para palhaços de rodeio. Outra opção é se matricular em uma escola de rodeio profissional.

O equivalente a Harvard/Yale/Stanford no mundo da montaria em touros e treinamento de rodeio é a Sankey Rodeo Schools, em Branson, Missouri. Ela oferece aulas para homens e mulheres sem experiência.

Esses programas de treinamento de três dias são exatamente o que você precisa para aprender o básico da montaria em touros ou as palhaçadas de rodeio. As aulas da Sankey são oferecidas durante todo o ano e custam de US$ 400 a pouco mais de US$ 600 por pessoa (inclui cama de armar, não inclui rango). Os treinamentos da Sankey Rodeo Schools também são oferecidos em locais alternados no Colorado, Texas, Kansas, Geórgia, Flórida e Wisconsin.

SAIBA MAIS

✘ No segundo dia na escola de rodeio, você vai se formar para praticar habilidades de palhaço em uma arena... com um touro sem cavaleiro que pesa mais de 540 quilos. O touro tem chifres e está sempre irascível. Em outras palavras, o segundo dia é pra valer.

✘ O potencial de ganho anual de um palhaço de rodeio em tempo integral é de cerca de US$ 50 mil. Isso considerando que você trabalhe entre oitenta e cem rodeios por ano e se mantenha saudável (sem ossos quebrados ou internações inesperadas).

✘ Nomeado "Palhaço do Ano" em 2016 pela PRCA (Professional Rodeo Cowboys Association), Dale "Gizmo" McCracken é famoso (tanto quanto os palhaços podem ser) e está presente há muito tempo no circuito de rodeio. Ele também pode trabalhar na festa de aniversário do seu filho por uma pequena remuneração. O Gizmo também vende seus próprios CDs gospel.

✘ De acordo com o COAI (Clowns of America International) existem oito mandamentos que todos os palhaços certificados devem respeitar, incluindo: "Vou aprender a aplicar a minha maquiagem de maneira profissional" (2º mandamento) e "Não vou tomar bebidas alcoólicas antes de qualquer apresentação como palhaço" (3° mandamento).

Como é chamado o medo irracional de palhaços?

Coulrofobia, da palavra grega para "pernas de pau".

CORRA COM OS TOUROS

O QUE Toro! Toro! Toro!
ONDE Pamplona, Espanha
NÍVEL DE ORGULHO Médio
PROBABILIDADE DE MORRER Baixa
MELHOR ÉPOCA PARA IR Julho
NÍVEL DE DIFICULDADE FÍSICA Baixo
(tem mais a ver com jogo mental)
CUSTO $

Correr com touros na Espanha? Na cultura pop americana, você pode culpar o autor Ernest Hemingway por tornar essa ideia divertida. Hemingway correu com os touros inúmeras vezes e escreveu sobre isso em seu aclamado romance *O sol também se levanta*, de 1926. É por isso que tantos estudantes universitários americanos consideram correr com touros um grande rito de passagem e algo imperdível, para desespero e preocupação dos pais em todos os lugares.

O festival anual em Pamplona, Espanha, é realizado em homenagem a São Firmino, o santo padroeiro da região de Navarra. Todas as manhãs durante o festival, meia dúzia de touros irascíveis e chifrudos são soltos nas ruas de paralelepípedos de Pamplona. Milhares de corredores ficam esperando, em silêncio, preparando-se para a tumultuosa onda de touros e pessoas com camisas brancas prestes a passar a caminho da praça de touros da cidade.

É um momento intenso, ouvindo os cascos dos touros bravos batendo nos paralelepípedos, sabendo que eles estão quase em cima de você. Na caótica aglomeração que se segue, é uma confusão de pisoteamento de pés e gritos, com algumas pessoas correndo até os touros e provocando-os com jornais enrolados. E então tudo chega ao fim. Você sobreviveu.

Correr com touros não é para todos. Requer nervos frios, reflexos rápidos e um nível decente de condicionamento físico. Ressacas da noite anterior são aceitáveis, mas beber álcool antes ou durante o evento da manhã é um grande passo em falso. Afinal, você está correndo com touros mortais.

O BÁSICO

O Festival de São Firmino em Pamplona está em alta há mais de quatrocentos anos. Ele é realizado anualmente de 7 a 14 de julho. A corrida dos touros, oficialmente conhecida como *Encierro*, acontece todas as manhãs a partir das oito horas.

Touros são libertados de um curral no centro da cidade e passam por ruas bloqueadas com barricadas de madeira, a pouco mais de oitocentos metros da praça de touros. Tudo dura não mais que três ou quatro minutos. *Pastores* oficiais, "pastores" de touros, seguem os touros ao longo de todo o percurso, mantendo os animais em movimento na direção certa e garantindo que os corredores não façam nada muito estúpido ou perigoso.

SAIBA MAIS

✘ A tradição da corrida de touros nasceu da necessidade: era preciso transportar touros de fora da cidade para a praça de touros, onde ocorrem touradas todos os dias durante o festival.

✘ O touro de Lídia espanhol é conhecido como *toro bravo*, uma raça distinta selecionada pela força, agressão e resistência. Os touros de Pamplona inevitavelmente têm chifres grandes e impressionantes.

✘ Chegue cedo. O Encierro começa às 8 horas da manhã em ponto, e os candidatos a corredores são mandados embora pela polícia se o local estiver lotado demais.

✘ Não há código de vestimenta formal, mas os corredores costumam usar calças e camisas brancas, com lenços vermelhos amarrados na cintura e no pescoço.

VERDADEIRO OU FALSO? Nenhum cidadão americano jamais morreu correndo com os touros em Pamplona.

Falso. Matthew Tassio, de 22 anos, de Illinois, foi ferido até a morte em 1995. Pelo menos quinze pessoas foram mortas (e dezenas foram feridas, geralmente por chifradas) desde que o festival começou a ser registrado em 1910.

CONQUISTE O TOUGH MUDDER

O QUE Quanto mais difícil, melhor
ONDE Vários locais
NÍVEL DE ORGULHO Baixo
PROBABILIDADE DE MORRER Baixa
MELHOR ÉPOCA PARA IR O ano inteiro
NÍVEL DE DIFICULDADE FÍSICA Alto
CUSTO $

Você provavelmente já viu o Tough Mudder na televisão, graças a vários contratos de transmissão com a CBS Sports, o canal CW e a Sky Sports da Grã-Bretanha. Essa também é uma das atividades atléticas que mais cresce no mundo, atraindo regularmente alguns milhares de participantes por evento.

O que é único no Tough Mudder é o trabalho em equipe. Diferente das competições tradicionais de resistência, a Tough Mudder tem menos a ver com ganhar e muito mais com resolver problemas em equipe, construindo camaradagem e simplesmente completando o evento.

Você rasteja pela lama. Você corre de 16 a 19 quilômetros. Você enfrenta vários obstáculos que o desafiam física e mentalmente. Você sua. Você pode estar com dor. Você pode chorar. E você encontrará uma inesperada fraternidade Tough Mudder disposta a ajudá--lo a atravessar o percurso. Parece piegas e um pouco ritualístico, e é. Essa é a genialidade do Tough Mudder.

Igualmente geniais são alguns dos obstáculos (eventos com vinte ou mais obstáculos, muitos deles exclusivos do local): Funky

Monkey, um conjunto de barras para se pendurar cobertas com pasta de amendoim e lama, suspensas sobre uma poça de água; Artic Enema, um tanque de água bem gelado onde você precisa nadar; e o Block Ness Monster, onde você empurra, puxa e rola por 18 metros de barreiras rotativas lubrificadas.

O BÁSICO

Dezenas de eventos Tough Mudder acontecem anualmente nos Estados Unidos e, cada vez mais, na Europa e na Ásia.

Quer você se inscreva sozinho ou em equipe, a solução coletiva de problemas faz parte do *ethos* do Tough Mudder e você terminará o dia se unindo a homens e mulheres que ajudaram você, ou que você ajudou, a concluir o percurso. Há poucos "lobos solitários" quando se trata do Tough Mudder.

As inscrições para eventos padrão custam de US$ 150 a US$ 200 por pessoa.

SAIBA MAIS

✗ A ideia do Tough Mudder foi semifinalista no concurso anual de planos de negócios da Harvard Business School. Os cofundadores levaram a ideia a público em 2010, realizando o primeiro evento do Tough Mudder em um resort de esqui na Pensilvânia. Quase cinco mil pessoas se inscreveram.

✗ O Tough Mudder tem um departamento inteiro de "inovadores de obstáculo" cujo trabalho é imaginar e criar novos obstáculos. Então, sim, há pessoas que tiveram ideias originais, como o Augustus Gloop (pense: subir uma cachoeira dentro de um poço de mina).

✗ Se o evento completo parece intenso demais, tente um Half Mudder (com menos obstáculos e prazo menor).

✗ Ou, pelo contrário, seja um top finalista em um evento Toughest Mudder para se qualificar para o prêmio em dinheiro no Mudder máximo, o World's Toughest Mudder. Este evento competitivo exige que as equipes completem o maior número possível de circuitos em um percurso de oito quilômetros em 24 horas. Insano.

✗ Pessoas que completam um Tough Mudder (quase 75% dos participantes) são conhecidas como "legionários" e se tornam parte da Tough Mudder Legion. Algumas pessoas ganharam o status de legionário 25 ou até 50 vezes. Até hoje, um legionário completou o evento cem vezes – espantoso!

O que as empresas de tecnologia Yelp, Zynga, Angie's List e Pandora têm em comum?

Todas elas foram fundadas, como o Tough Mudder, por alunos formados na Harvard Business School.

ANDE DE BICICLETA NA ESTRADA DA MORTE

O QUE Literalmente, é a estrada mais perigosa da Terra
ONDE La Paz, Bolívia
NÍVEL DE ORGULHO Médio
PROBABILIDADE DE MORRER Média
MELHOR ÉPOCA PARA IR De novembro a março
NÍVEL DE DIFICULDADE FÍSICA Médio
CUSTO $

Em 1995, o Banco Interamericano de Desenvolvimento apelidou o trecho de 105 quilômetros da estrada de La Paz a Coroico, no nordeste da Bolívia, como "a estrada mais perigosa do mundo". Curvas em ferradura, declives íngremes com mais de seiscentos metros, nevoeiro na estação chuvosa, poeira severa na estação seca, caminhões sobrecarregados em pontos cegos a velocidades alucinantes...

O cenário perfeito para um passeio descendo muito rápido de bicicleta, não?

A estrada começa a uma altitude de 4.650 metros nos arredores de La Paz. Nos 105 quilômetros seguintes, a rodovia – chamada oficialmente de Camino a Los Yungas – deixa o planalto seco do Altiplano em torno de La Paz e desce mais de 3,35 quilômetros, atravessando passagens de montanhas rochosas e florestas tropicais exuberantes.

É em grande parte uma pista única, cheia de pedras, muitas vezes lamacenta e com poucas grades de proteção. Uma melhoria em 2006 abordou parte da infraestrutura em ruínas da estrada e pavimentou muitos trechos, mas não se engane: em um ano ruim, mais de duzentas pessoas morreram viajando pela Estrada da Morte na Bolívia.

O BÁSICO

A maioria dos ciclistas enfrenta um trecho de 56 quilômetros de estrada, que é quase toda em declive, com apenas alguns trechos árduos de subida, começando em La Cumbre e terminando em Coroico ou nas proximidades. Os primeiros 19 quilômetros são asfaltados; a próxima etapa para os ciclistas é a subida para a "Estrada Velha", um trecho bastante cênico intocado pelas melhorias da estrada feitas em 2006. É tudo ladeira abaixo a partir daí.

Pedalar entre La Cumbre e Coroico leva cerca de quatro horas, não incluindo paradas ao longo do caminho para admirar as paisagens arrepiantes. Empresas de ciclismo em La Paz e Coroico oferecem passeios guiados (de US$ 30 a US$ 100 por pessoa), altamente recomendados por razões de segurança.

Os ciclistas pedalam pela Estrada da Morte o ano todo, embora o melhor momento seja provavelmente no fim da estação chuvosa (novembro a março), quando é menos provável que a estrada esteja erodida e antes que a estação seca chegue com seu calor, poeira e desmoronamentos de rochas.

Se você prefere um passeio de bicicleta guiado ou por conta própria, é melhor começar em La Paz, capital da Bolívia. Passeios guiados de ciclismo normalmente partem de La Paz de manhã cedo. Passeios com traslados levam uma hora para La Cumbre e você pode pegar um ônibus de volta para La Paz à noite.

SAIBA MAIS

✘ Ao contrário do resto da Bolívia, veículos e ciclistas que viajam pela Estrada da Morte devem dirigir à esquerda. Os condutores que estão subindo sempre têm o direito de passagem e forçam o tráfego descendente para a extremidade esquerda (para fora!) da estrada, dando mais tempo e visibilidade para evitar o tráfego ascendente que se aproxima. Essa é a ideia, pelo menos. Na prática, isso significa que muitas pessoas estão dirigindo temporariamente no lado desconhecido da estrada mais perigosa do mundo.

✘ Desde o final da década de 1990, a Estrada da Morte se tornou uma das atrações turísticas mais famosas da Bolívia, em grande parte graças a programas de televisão como *World's Most Dangerous Roads* (Estradas Mais Perigosas do Mundo), da BBC, e *Caminhoneiros do Gelo*, da Channel, ambos filmados ao longo da rodovia.

✘ Leve dinheiro trocado com você: o município de Coroico cobra uma taxa (menos de US$ 10) para os ciclistas que se aproximam de Coroico. O dinheiro é bastante necessário e é direcionado para a manuntenção da infraestrutura ao longo da rodovia.

VERDADEIRO OU FALSO? A Bolívia é o único país sem litoral da América do Sul.

Falso. Bolívia e Paraguai são países sem litoral.

BUNGEE DEFINITIVO

O QUE O maior e mais intenso salto de bungee jump do mundo
ONDE Macau, China
NÍVEL DE ORGULHO Médio
PROBABILIDADE DE MORRER Baixa
MELHOR ÉPOCA PARA IR O ano inteiro
NÍVEL DE DIFICULDADE FÍSICA Baixo
CUSTO $-$$

O bungee jumping conquistou o mundo no início dos anos 1980. Nos Estados Unidos, é possível identificar o momento exato: 6 de março de 1980. É quando o programa de televisão *That's Incredible!* transmitiu o primeiro salto de bungee jumping nos Estados Unidos. O salto foi da ponte Royal Gorge, no Colorado, que por acaso é a segunda ponte suspensa mais alta do mundo, a emocionantes 321 metros acima do nível do cânion.

O público de televisão estava entusiasmado.

AJ Hackett não estava envolvido com a estreia do esporte em *That's Incredible!*, mas era um empreendedor de primeira classe. Reconheceu o bungee jumping por seu potencial em se tornar um esporte de adrenalina convencional. Ele começou a comercializar o esporte de forma agressiva, atingindo alguns recordes de bungee jumping (ele conquistou o recorde mundial de 1987 por pular da Torre Eiffel) e abrindo a primeira estrutura de bungee jumping comercial do mundo perto de Queenstown, na Nova Zelândia.

Vamos dar um salto rápido no tempo para 2001, quando Hackett abriu o bungee jumping comercial mais alto do mundo, uma aterrorizante queda de 232 metros da Torre de Macau, na China. São cinco segundos de queda livre repleta de adrenalina e agitação no estômago, a velocidades de até duzentos quilômetros por hora. Continua sendo o maior bungee jumping comercial do mundo, até hoje.

O BÁSICO

Você pode saltar da Torre de Macau à noite ou de dia, em todos os tipos de clima, graças ao seu sistema de cabo exclusivo (que evita a oscilação na própria torre, sem afetar sua velocidade de descida).

O custo de um único salto é de US$ 450, e ele sobe se você incluir o pacote de vídeo opcional (para que você possa assistir a si mesmo repetidamente gritando a plenos pulmões à medida que mergulha em direção à terra).

SAIBA MAIS

✘ O primeiro bungee jumping moderno é creditado aos membros do Dangerous Sports Club, da Universidade de Oxford. Em 1979, eles fizeram um salto de 76 metros de uma ponte suspensa na Inglaterra (baseando-se no ritual Naghol, com saltos de torres de madeira com os tornozelos enrolados em cipós, praticados na nação das ilhas do Pacífico de Vanuatu). Os saltadores sobreviveram e foram imediatamente presos pela polícia britânica.

✘ O segundo salto comercial de bungee jumping mais alto do mundo (220 metros) é do topo da represa de Verzasca, perto de Locarno, na Suíça. Você pode reconhecer a represa das cenas de abertura do filme de James Bond, *007 contra GoldenEye*, de 1995.

✘ Quer um salto em queda livre de um helicóptero para um vulcão ativo? É possível, embora também seja mais uma jogada de marketing do que um empreendimento comercial. A Volcano Bungee organiza pacotes de aventuras de seis dias e cinco noites no Chile que incluem rafting, trilhas na selva, um buffet de café da manhã de cortesia – além de um salto bungee jump de 106 metros de um helicóptero para a caldeira de vapor de um vulcão ativo. É uma experiência única se você estiver disposto a gastar cerca de US$ 15.000.

Quem foram os três coapresentadores de *That's Incredible!*, o programa de televisão dos anos 1980 que transmitiu o primeiro bungee jumping para o público americano?

John Davidson (ator, cantor, apresentador de um programa de jogos na TV), Fran Tarkenton (ex-quarterback da NFL) e Cathy Lee Crosby (atriz, intérpretou a Mulher-Maravilha antes de Lynda Carter).

MERGULHE EM UM PENHASCO

O QUE Parece uma ideia ótima, até você olhar para baixo
ONDE Vários locais
NÍVEL DE ORGULHO Quanto maior o mergulho, maior a probabilidade de se vangloriar
PROBABILIDADE DE MORRER Média
MELHOR ÉPOCA PARA IR O ano inteiro
NÍVEL DE DIFICULDADE FÍSICA Alto
CUSTO $

Há mergulhos de rochedos de seis metros. Muitos de nós já tentamos isso. E também há mergulhos em penhascos de 26 metros, como fazem pessoas como o colombiano Orlando Duque, medalhista de ouro no recente esporte high diving. Ele salta de alturas aterrorizantes de 26 metros ou mais.

Cliff diving (mergulho de penhasco) é uma atividade de precisão. Você precisa conhecer a profundidade da água, a altura exata do mergulho, a maré atual e a velocidade do vento. Você precisa ter um conhecimento profundo do penhasco e do que está abaixo. Ao realizar um mergulho acima de 27 ou 30 metros, o menor erro de cálculo pode significar morte certa.

Como nunca perde uma oportunidade comercial, atualmente a Red Bull patrocina a sua própria Cliff Diving World Series, apresentando mergulhos que desafiam a morte em seis locais que valem a pena, incluindo as ilhas Aran (Irlanda), os Açores (Portugal) e Mostar (Bósnia e Herzegovina).

O BÁSICO

Amadores podem mergulhar onde a água for profunda o suficiente e a altura do penhasco for controlável. Basta ter em mente que, ao mergulhar a partir de 26 metros, seu corpo experimenta nove vezes a força do impacto em comparação com o salto de uma plataforma de dez metros sancionada pelas Olimpíadas.

Você também viajará a cerca de noventa quilômetros por hora e atingirá a água com 4 a 5 força g, o suficiente para causar um apagão temporário.

Você provavelmente vai ficar bem, contanto que esteja mergulhando em um mínimo de 4,5 metros de água – e se a maré não estiver baixa! Para penhascos acima de nove metros, pule com calçados de sola macia e, quando bater na água, estique as pernas e os braços para refrear o mergulho submarino.

SAIBA MAIS

✗ Se o cliff diving for um esporte apenas para você assistir, vá até La Quebrada, em Acapulco, no México. Cinco vezes por dia, mergulhadores altamente treinados pulam de cabeça dos penhascos de 35 metros de altura, em águas com ondas de 1,8 metro (mortal) a 4,5 metros (sobrevivível) de profundidade. A onda permanece na profundidade máxima por apenas cinco segundos de cada vez; o salto leva três segundos, deixando quase nenhum espaço para erro.

✗ Amadores que desejam saborear um penhasco em alturas controláveis se reúnem em Negril, na Jamaica. Locais – e mais que alguns estrangeiros bêbados – testam sua coragem pulando de penhascos de nove metros de altura adjacentes ao Rick's Cafe, um ímã turístico à beira-mar.

✗ O recorde de mergulho mais alto do mundo é um disputado 59 metros. O que não está em disputa: Laslo Schaller, nascido no Brasil, pulou dessa altura em Cascada del Salto, um imponente penhasco e piscina alimentada por uma cachoeira perto da fronteira entre a Suíça e a Itália. Schaller atingiu a água a uma estimativa de 122 quilômetros por hora e sobreviveu. O problema? Você deve atender a duas condições básicas para se qualificar para um registro de mergulho: saia da água com sua própria força e gire seu corpo 180° a partir da vertical. Schaller conseguiu o primeiro feito, mas não o último. Os puristas argumentam que o maior mergulho do mundo continua sendo o salto de 22 metros de Rick Charls, em 1983, enquanto Schaller possui o recorde de maior salto de penhasco.

O que Elvis e o cliff diving têm em comum?

O filme O seresteiro de Acapulco, de 1963. Para ganhar o respeito de um salva-vidas rival e conquistar o coração de uma mulher, Elvis salta dos penhascos de La Quebrada. Ele crava a aterrissagem e canta a canção final "Vino, Dinero y Amor" (Vinho, Dinheiro e Amor) para agradar a multidão.

ANDE DE CAIAQUE NAS CATARATAS DE VITÓRIA

O QUE Pegue carona na fumaça que troveja
ONDE Livingstone, Zâmbia
NÍVEL DE ORGULHO Alto
PROBABILIDADE DE MORRER Baixa
MELHOR ÉPOCA PARA IR De agosto a dezembro
NÍVEL DE DIFICULDADE FÍSICA Alto
CUSTO $-$$$

Caiaquistas inevitavelmente discutem sobre qual é o melhor rio do mundo para uma aventura extrema de águas fortes. No entanto, poucos caiaquistas discordam que o rio Zambeze, que flui ao longo da fronteira da Zâmbia e do Zimbábue, merece um lugar de honra em qualquer lista.

O Zambeze é enorme em todas as dimensões. É o quarto rio mais longo da África. Na estação chuvosa, o rio pode fluir até 4.247 metros cúbicos por segundo. Isso pode não parecer impressionante, até você considerar o fato de que caiaquistas experientes acreditam que os rios estão em alta entre 140 e 198 metros cúbicos por segundo!

Logo rio acima do principal trajeto de caiaque estão as impressionantes e imponentes cataratas de Vitória, uma das maravilhas naturais mais impressionantes da África. Acima delas, há quilômetros de águas tranquilas que abrigam crocodilos e hipopótamos; abaixo, encontra-se o infame desfiladeiro de Batoka e alguns dos mais desejados trajetos de caiaque de grande volume classes IV e V do mundo.

O BÁSICO

De julho a fevereiro, o rio está em um volume de baixo a médio, e é isso que você quer: os rochedos se tornam visíveis e as corredeiras são enormes, mas controláveis. As primeiras dezoito corredeiras, cobrindo cerca de 24 quilômetros de profundidade no interior do desfiladeiro de Batoka, são consideradas as melhores. A 18º corredeira, apelidada de "Oblivion" (esquecimento), é considerada uma das mais difíceis do mundo. *Do mundo!*

Os caiaquistas podem pegar carona da e para a cidade vizinha, Livingstone, até os pontos de entrada e saída por menos de US$ 50. As expedições de caiaque mais completas, incluindo camping e refeições preparadas, variam de três a oito dias e custam de US$ 1.500 a US$ 3.000 por pessoa.

Dependendo do seu ponto de partida, voe diretamente para as cataratas de Vitória no lado zimbabuense; ou, do lado da Zâmbia, voe para Lusaka e faça a viagem de ônibus de oito horas até a cidade de Livingstone; ou simplesmente voe diretamente para Livingstone.

SAIBA MAIS

✗ Em 1855, o explorador David Livingstone viajou de canoa pelo rio Zambeze para ver a área chamada "a fumaça que troveja". Foi quando ele encontrou pela primeira vez as cataratas de Vitória, com 110 metros de altura. Névoas em formação das imensas quedas com quilômetros de largura podem ser vistas a 32 quilômetros de distância em dias claros.

✗ Devil's Toilet Bowl (Privada do Diabo), Gnashing Jaws of Death (Mandíbulas Rangentes da Morte) e Creamy White Buttocks (Traseiro Branquinho) são nomes de famosas corredeiras ao longo do Zambeze. Apenas as almas mais resistentes tentam a feroz corredeira Commercial Suicide (Suicídio Comercial). Caminhe ao redor dela.

✗ O rio Zambeze abriga uma população de tubarões-touro, que prosperam em águas doces e salgadas e são caçadores extremamente agressivos. Machos medem até 3,35 metros de comprimento. (Que inconveniência. Tubarões de rio. Suspiro.)

"Dr. Livingstone, eu presumo?" De quem é a famosa frase?

De Henry Stanley, enviado em 1869 pelo jornal New York Herald para encontrar Livingstone, sumido havia mais de seis anos. Dois anos depois, em 1871, Stanley encontrou Livingstone, muito doente e confuso, vivendo nas margens do lago Tanganica.

Habilidade em aventuras
COMO SOBREVIVER A UMA QUEDA EM CACHOEIRA

BÁSICO
Não lute contra a água. Ela pode se mover a mais de 64 quilômetros por hora conforme se aproxima da borda.

Em vez disso, use seus preciosos segundos finais para posicionar seu corpo corretamente: rosto para cima, pés juntos e apontando para baixo em relação à correnteza.

Respire fundo antes de passar pela borda.

Esteja preparado para bolhas e turbulência quando parar. Você ficará temporariamente desorientado. Não entre em pânico.

Nade com o fluxo (longe da queda). A flutuabilidade natural do seu corpo vai ajudá-lo a boiar.

A corrente é mais forte imediatamente abaixo das quedas. Então, quando estiver na superfície, nade rio abaixo antes de tentar sair da água.

AVANÇADO

Enquanto estiver caindo, envolva a cabeça com os braços para se proteger e cubra o nariz com o interior do cotovelo. Feche os olhos e a boca para evitar que a água entre.

Pouco antes de bater na água, aperte os músculos para evitar a compressão catastrófica do osso dentro do corpo (ossos estilhaçados, pulmões perfurados etc.).

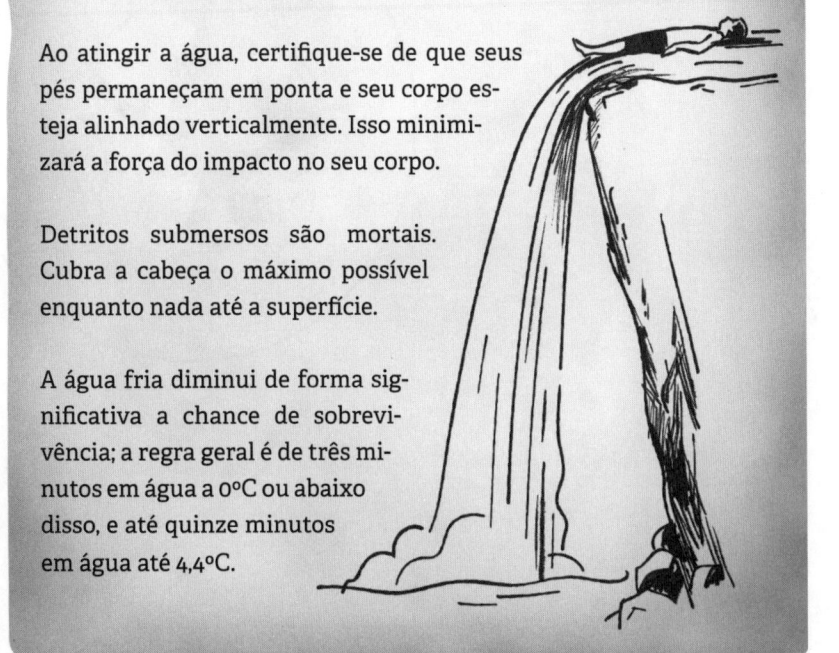

Ao atingir a água, certifique-se de que seus pés permaneçam em ponta e seu corpo esteja alinhado verticalmente. Isso minimizará a força do impacto no seu corpo.

Detritos submersos são mortais. Cubra a cabeça o máximo possível enquanto nada até a superfície.

A água fria diminui de forma significativa a chance de sobrevivência; a regra geral é de três minutos em água a 0°C ou abaixo disso, e até quinze minutos em água até 4,4°C.

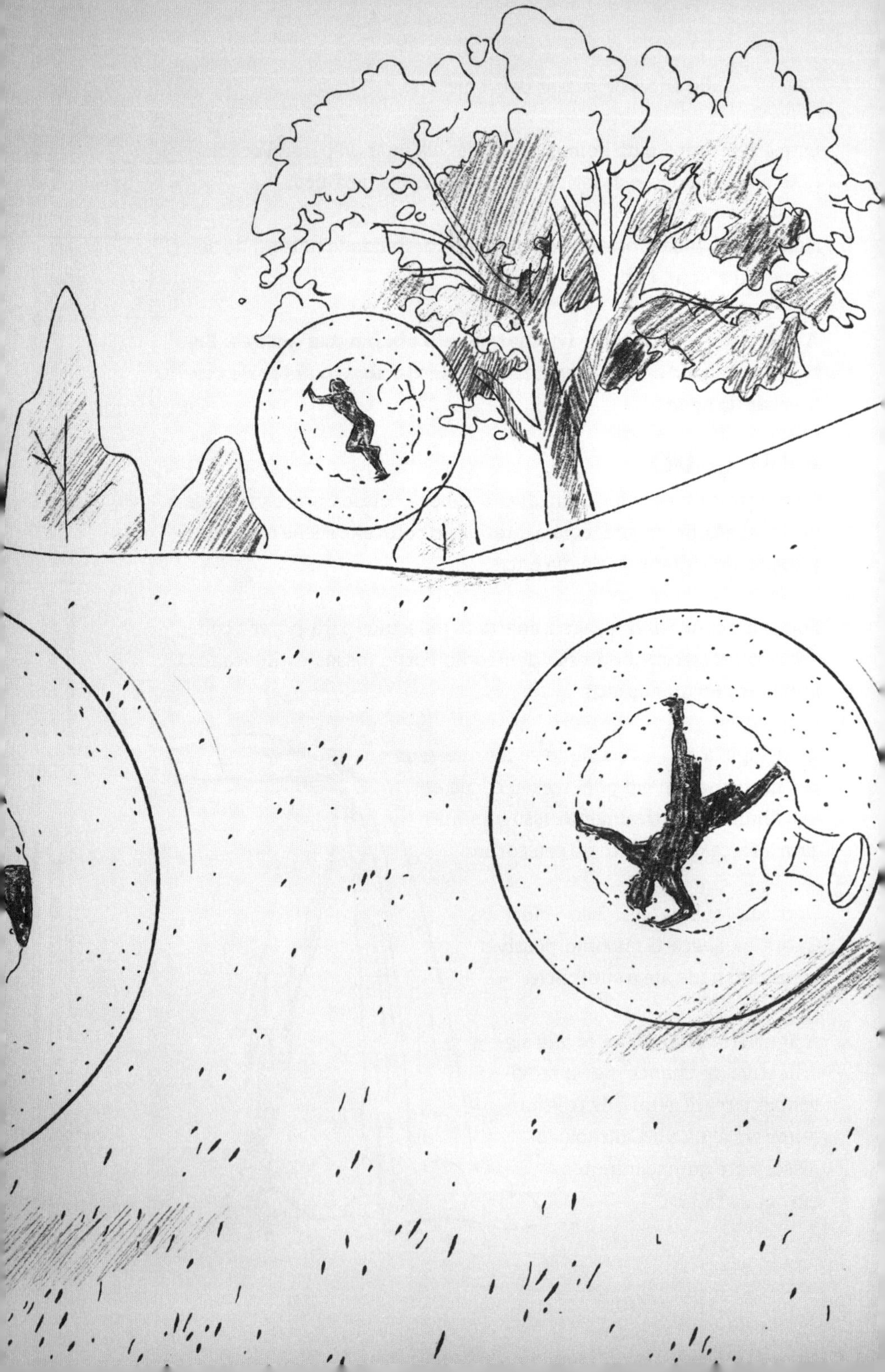

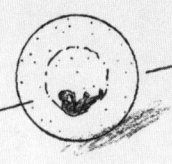

3
AVENTURAS PARA EXCÊNTRICOS

Experiências estranhas e fora do padrão que dão trégua à coceira do mistério. Essas vinte e duas aventuras são para pessoas curiosas e de mente aberta. Você pensa, logo se aventura.

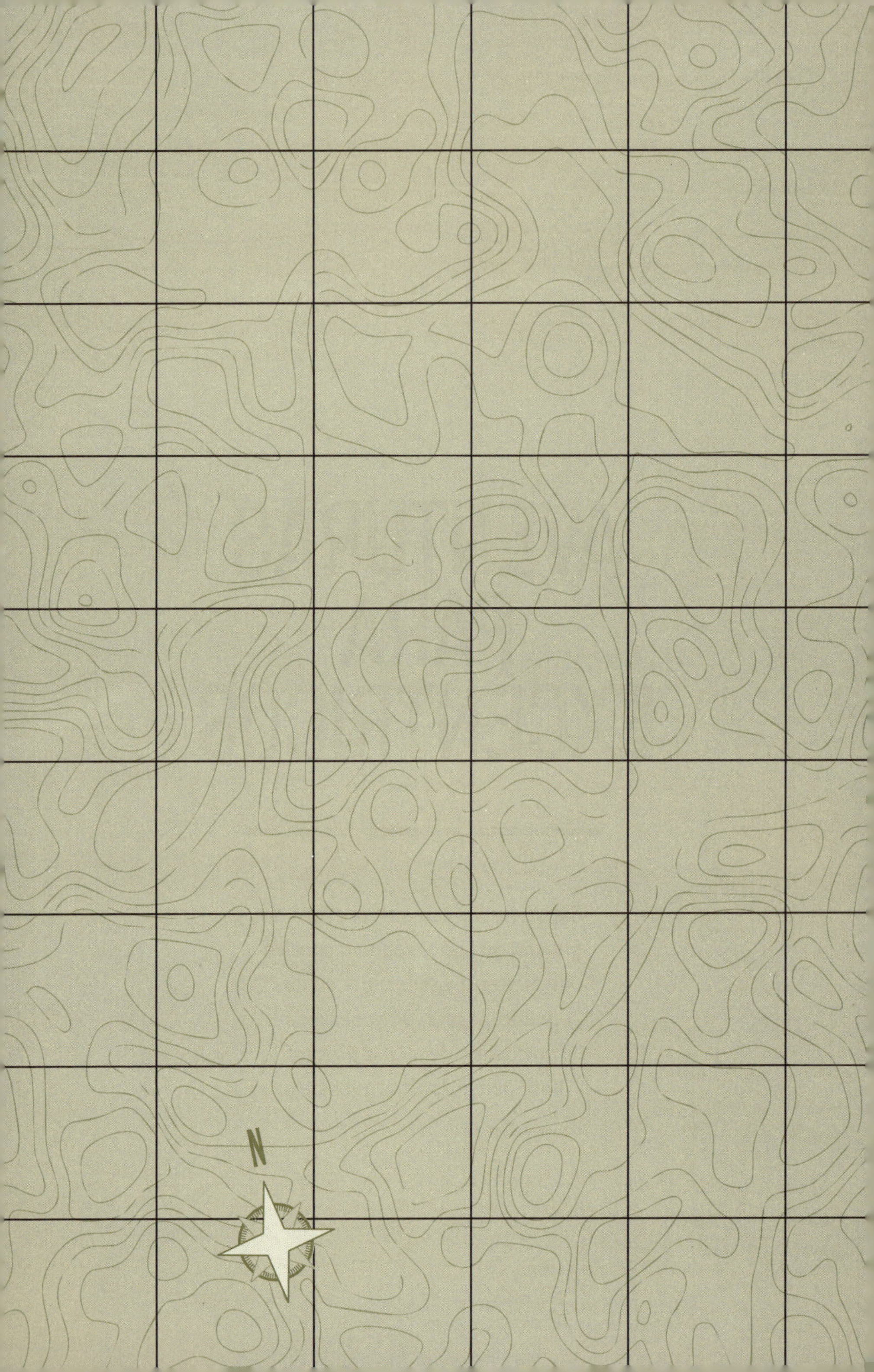
N

VOE DE PARAPENTE COM PREDADORES

O QUE A falcoaria encontra o parapente
ONDE Pokhara, Nepal
NÍVEL DE ORGULHO Alto
PROBABILIDADE DE MORRER Baixa
MELHOR ÉPOCA PARA IR De outubro a abril
NÍVEL DE DIFICULDADE FÍSICA Baixo
CUSTO $

Parahawking é a falcoaria em voo, um híbrido de parapente em tandem e a arte de usar pássaros treinados para guiar os parapentes na direção de bolsões de ar térmico. Parece loucura, e é!

A ideia surgiu em 2001 com Scott Mason, que estava voando de parapente ao redor do mundo e se apaixonou pelo cenário – e pelas aves de rapina selvagens (neste caso, o abutre-do-egito) – encontrados nos contrafortes do Himalaia, perto da cidade de Pokhara, a chamada capital da aventura do Nepal.

Sua ideia era muito simples: ensinar as aves de rapina resgatadas a voar ao lado de parapentes em tandem. Os pássaros treinados guiam os parapentes até as térmicas e são recompensados com um pedaço de carne crua no meio do voo.

O melhor de tudo, o parapente para duas pessoas significa que um piloto experiente manuseia o voo e a navegação, enquanto os passageiros pagam pelo privilégio de ser o falcoeiro em voo, permitindo que as aves pousem brevemente nos braços estendidos para obter uma recompensa saborosa. Paisagens montanhosas de tirar o fôlego, a emoção do parapente, uma visão muito próxima de uma poderosa ave de rapina em voo e saber que você está fazendo uma pequena parte para ajudar a conservar essas majestosas criaturas ameaçadas de extinção. É a experiência de aventura perfeita em todos os sentidos.

O BÁSICO

O parapente é uma aventura cheia de adrenalina por si só. Diferente da armação rígida de uma asa-delta, os parapentes são aerofólios grandes, leves e em forma de asa, sem estrutura interna. Os pilotos vestem os equipamentos e fazem saltos em penhascos, praias ou campos abertos, contando com a pressão do ar para inflar o dossel e fornecer sustentação.

A experiência é ao mesmo tempo serena (aah, flutuar suavemente pelo ar) e aterrorizante (céus!, voar alguns milhares de metros no ar sem motor ou rede de segurança). Pilotos experientes podem navegar por horas a fio, usando correntes ascendentes para ganhar altitude e cobrir muitos quilômetros de terreno.

A experiência de *parahawking* custa menos de US$ 200 e inclui trinta minutos de tempo de voo com as aves. Os voos são oferecidos de outubro a abril, se o tempo permitir.

Pokhara fica na base da região de Annapurna, no Nepal. Dá para chegar com um voo curto ou sete horas de ônibus saindo de Katmandu, capital do Nepal.

SAIBA MAIS

X Em 2017, o governo nepalês fechou temporariamente o Projeto Parahawking, devido à pressão de ativistas que temiam que abutres resgatados e não libertados fossem tratados indevidamente (o fundador Scott Mason, um ativista permanente das aves de rapina, discorda fortemente).

X Enquanto isso, até que o projeto do Nepal seja reiniciado, o Projeto Parahawking está oferecendo voos duplos com aves de rapina em Algodonales, na Espanha.

X O falcão-peregrino foi a ave icônica usada durante séculos por falcoeiros terrestres na Europa. Em 1970, com apenas 39 casais sobrevivendo em estado selvagem nos Estados Unidos, o falcão-peregrino entrou na lista de espécies ameaçadas dos Estados

Unidos. Usando peregrinos doados por falcoeiros amadores, a Peregrine Fund (Fundação Peregrino) supervisiona um programa de criação e soltura que restabelece com sucesso as populações selvagens. Felizmente, os falcões-peregrinos foram retirados da lista de espécies ameaçadas em 1999.

✗ Mary, a rainha dos escoceses, a russa Catarina, a Grande, e a rainha Elizabeth I, da Inglaterra, eram ávidas falcoeiras.

Qual é o animal mais rápido da Terra?

O falcão-peregrino, que pode atingir rapidamente velocidades de mais de 386 quilômetros por hora.

FAÇA UMA CAMINHADA EMOCIONANTE

O QUE Você não tem medo de altura, né?!
ONDE Birg, Suíça
NÍVEL DE ORGULHO Baixo
PROBABILIDADE DE MORRER Baixa
MELHOR ÉPOCA PARA IR O ano inteiro
NÍVEL DE DIFICULDADE FÍSICA Baixo
CUSTO $

Você tem que amar qualquer aventura que comece em um vilarejo aonde só se chega a pé! É chamado Mürren, e é um pequeno posto avançado livre de carros nos Alpes suíços. A partir dali, um teleférico sobe alguns milhares de metros até a estação de Birg, logo abaixo do cume de 2.970 metros da imponente montanha Schilthorn.

As paisagens são impressionantes. Em dias claros você pode ver os três picos mais famosos da Suíça: Eiger (3.968 metros), Mönch (4.107 metros) e Jungfrau (4.158 metros).

No entanto, não é isso que atrai os caçadores de emoções. Eles vêm para o chamado Thrill Walk, um nome apropriado para o longo caminho de 200 metros esculpido precariamente na lateral da montanha. Isso não parece muito assustador? Pense de novo. O Thrill Walk não tem coisas como *pisos* e *grades* (quem precisa disso, afinal?), que são substituídos por redes abertas, passarelas com fundo de vidro e todos os tipos de truques arquitetônicos de fazer seu coração disparar.

Às vezes parece que você está no ar, em uma nuvem, bem acima da zona rural da Suíça, cercado por imponentes paisagens de granito. Só não olhe para baixo. Sem brincadeira. Olhar para baixo não é recomendado!

O BÁSICO

O Schilthorn Thrill Walk, começando a uma altitude de cerca de 3.000 metros, é um caminho de aço forjado no penhasco vertical abaixo da estação de Birg. Várias passagens exigem que você suba e rasteje, incluindo um trecho intimidante de malha de arame fechada, criando um túnel ao ar livre pelo qual você rasteja. Alerta de spoiler: É um lonnnnnnnnnnnngo camiiiiiiiiiiiiiiiiiinho para baaaaaaaaaaaaaixo!

Os ingressos para o teleférico Mürren-Birg custam US$ 85 ida e volta; o Thrill Walk é grátis quando você chega em Birg. Depois, siga até o restaurante giratório panorâmico de 360º de Schilthorn, o Piz Gloria.

Teleféricos e trens conectam as cidades suíças de Interlaken e Lauterbrunnen com o teleférico em Mürren.

SAIBA MAIS

✗ Piz Gloria tem esse nome em homenagem ao esconderijo secreto do arqui-inimigo de James Bond, Blofeld. A equipe de produção do filme de Bond, *007 A serviço secreto de Sua Majestade*, de 1969, ajudou a financiar o primeiro restaurante giratório e o heliponto – ambos aparecem em várias cenas.

✗ Leve as crianças para ver a exposição Bond World 007, em Schilthorn, com fotografias still dos filmes e divertidas descrições de como o Piz Gloria foi construído.

✗ Peça um martíni no bar de James Bond (agitado, claro, e não misturado).

Quais atores fazem os papéis de James Bond e Blofeld no filme *007 A serviço secreto de Sua Majestade*?

Bond é interpretado por George Lazenby e Blofeld por Telly Savalas.

DESAFIE A GRAVIDADE DA TERRA

O QUE Ir com coragem...
ONDE Las Vegas, São Francisco, Miami, Orlando
NÍVEL DE ORGULHO Alto
PROBABILIDADE DE MORRER Baixa
MELHOR ÉPOCA PARA IR O ano inteiro
NÍVEL DE DIFICULDADE FÍSICA Alto
CUSTO $$$$$

Quando criança, você sonhava em ser um astronauta? Sua fantasia é flutuar sem peso e experimentar a vida em gravidade zero?

Sorte a sua que sonhos se tornam realidade, contanto que você possa pagar por eles... e possa lidar com o risco de vomitar em você mesmo se ou quando sentir enjoo por causa do voo.

A Space Adventures (a mesma empresa que organiza estadias de dez dias na Estação Espacial Internacional – veja o capítulo 1) oferece oito minutos completos de ausência de gravidade a bordo de um Boeing 727 modificado chamado G-Force One. Você voa mais ou menos na mesma altitude que os aviões comerciais, alcançando a verdadeira falta de peso ao longo do avião fazendo manobras acrobáticas conhecidas como parábolas.

No topo de cada arco você experimenta até trinta segundos de gravidade zero, flutuando livremente dentro da cabine modificada do 727. Você repete a manobra até quinze vezes, com a vantagem adicional de experimentar tanto a gravidade lunar (17% da Terra) quanto a gravidade marciana (38% da Terra) antes de aterrissar, cambaleante e esperançosamente livre de vômitos.

O BÁSICO

Além de, em geral, ser algo saudável, existem poucas limitações para quem quer experimentar a ausência de peso. Tendo isso em mente, não é recomendado para pessoas que enjoam em aviões e embarcações. Para alcançar a gravidade zero, o 727 modificado voa a cerca de 7.315 metros antes de chegar a 45°, introduzindo cerca de 1,8 g em seu corpo na subida para 10.300 metros.

Os pilotos entram em um mergulho suave de 20° que cria condições reais de gravidade zero por até trinta segundos.

As partidas programadas mensais são oferecidas a partir de Las Vegas (Aeroporto McCarran), São Francisco (Aeroporto Federal de Moffett), Orlando (Aeroporto Internacional Orlando Sanford) e Miami (Aeroporto Internacional de Fort Lauderdale). O custo é de cerca de US$ 5.000 por pessoa.

SAIBA MAIS

✗ É possível ter um casamento sem peso. Se você partir de Las Vegas, é possível contratar um Elvis flutuante para realizar seus votos. *Graceland* aéreo, alguém?

✗ Por meros US$ 165.000, você pode alugar o avião inteiro para você e até 33 amigos mais próximos.

O que é um "cometa do vômito"?

É o apelido da aeronave de treinamento de gravidade zero original da NASA, que voou pela primeira vez em 1957.

VISITE A ÁREA 51

O QUE Terráqueos, sejam bem-vindos!
ONDE Área 51, Nevada
NÍVEL DE ORGULHO Baixo
PROBABILIDADE DE MORRER Baixa
MELHOR ÉPOCA PARA IR De maio a julho
NÍVEL DE DIFICULDADE FÍSICA Baixo
CUSTO Grátis

O caminho para a Área 51 serpenteia quilômetros por uma paisagem árida do deserto. É tranquilo. É isolado. É sinistro. E é fácil entender por que essa antiga base militar ultrassecreta se tornou sinônimo de OVNIs e teorias conspiratórias. A Área 51 é um verdadeiro mistério envolvido em um enigma extraterrestre.

Por anos, a Área 51 não existiu oficialmente. O governo dos Estados Unidos negou a existência de uma instalação militar ultrassecreta no remoto deserto de Nevada, 129 quilômetros a noroeste de Las Vegas. O governo também negou a existência do avião espião U-2, desenvolvido e testado na Área 51 nas décadas de 1950 e 1960. O quê? Você viu estranhas luzes piscando à noite no céu a velocidades supersônicas? Não. Aqui não. Você deve estar vendo coisas, o governo sugeriu.

Não foi surpresa, então, quando um público desconfiado tirou suas próprias conclusões sobre o misterioso lugar. Existem várias hipóteses: Obviamente, a Área 51 é o lugar para onde as espaçonaves extraterrestres que caem são enviadas para exame. De forma clara, é para onde os pilotos estrangeiros são enviados para interrogatório pelos agentes federais. E, definitivamente, é onde o governo está escondendo seus malfeitores com botas militares em helicópteros pretos, preparando-se para tirar nossos direitos constitucionais, arrombar nossas portas e apreender nossas armas.

Curiosamente, muitas pessoas que vivem à sombra da Área 51 acreditam nesses rumores. A verdade, dizem eles, está lá fora.

O BÁSICO

A Área 51, escondida nas profundezas da Base Aérea de Nellis, não é aberta ao público. A Rodovia Extraterrestre (Rota Estadual 375) passa ao longo da fronteira norte de Nellis, perto de um salar conhecido como Lago Groom e por trechos com vista para a Área 51. Você pode parar ao longo da rodovia e fazer o seu melhor para fotografar os prédios baixos e hangares a distância.

Outra opção é ir direto para o pequeno posto avançado de Rachel, em Nevada, e seu infame Little A'Le'Inn, um bar, uma mercearia e um hotel básico reunidos em um local muito estranho onde se reúnem caçadores de OVNIs, teóricos da conspiração e turistas confusos, comprando várias camisetas e adesivos para carro com temática alienígena.

O alto deserto é frio no inverno e quente no verão. Os turistas vêm durante o ano inteiro, mas o final da primavera e início do outono são as melhores épocas para visitar.

SAIBA MAIS

✗ A Área 51 foi oficialmente desmascarada em 2013, graças aos documentos da CIA que se tornaram públicos e reconhecem que o local de Nevada abrigava o programa secreto de aviões espiões dos Estados Unidos a partir de 1955. Coincidentemente ou não, é nesse mesmo momento que civis começam a informar sobre objetos voadores não identificados (OVNIs) à polícia local.

✗ Durante a Guerra Fria, o governo dos Estados Unidos enviou aeronaves soviéticas capturadas para a Área 51 para estudo e testes de combate. Na década de 1960 e início dos anos 1970, você poderia olhar para cima e ver aeronaves soviéticas MiG em combates simulados com caças a jato dos Estados Unidos.

✗ Embora não seja mais um segredo, a Área 51 e o adjacente Lago Groom continuam desempenhando o papel de base de testes para tecnologias militares secretas. E os negócios estão crescendo! Tanto que o governo tem um jato secreto que transporta trabalhadores da construção civil diretamente de Las Vegas para a Área 51 todos os dias.

VERDADEIRO OU FALSO? Alienígenas existem.

Verdadeiro com 99,9999% de precisão. Considerando que o universo abriga bilhões e bilhões de planetas, é matematicamente inevitável que exista vida além da Terra. Só não está escondida na Área 51.

ARRASE COM UMA GUITARRA IMAGINÁRIA

O QUE Para aqueles que estão prontos para o agito...
ONDE Oulu, Finlândia
NÍVEL DE ORGULHO Onze
PROBABILIDADE DE MORRER Apenas de constrangimento
MELHOR ÉPOCA PARA IR Agosto
NÍVEL DE DIFICULDADE FÍSICA Médio
CUSTO $$

Sapatos plataforma? Ok. Seis cordas invisíveis? Ok.

Ria o quanto quiser, mas tocar *air guitar* (guitarra imaginária) é um esporte ultracompetitivo e tem seus próprios campeonatos mundiais realizados anualmente na Finlândia desde 1996. O objetivo do Campeonato Mundial de Air Guitar é promover a paz mundial. Segundo os fundadores do evento, "as guerras terminariam, as mudanças climáticas cessariam e todas as coisas ruins desapareceriam se todas as pessoas do mundo tocassem air guitar".

A cada agosto, mais de oito mil fãs se reúnem em Oulu, no norte da Finlândia, para assistir aos competidores tocando shred, solo e power jam ao vivo no palco. Para se juntar à diversão, você deve entrar e ganhar um evento de qualificação organizado por sua autoridade local de air guitar. A US Air Guitar é a associação oficial dos Estados Unidos e organiza eventos regionais de qualificação para o Campeonato Mundial anual.

O BÁSICO

Os competidores individuais são pontuados em duas apresentações de um minuto, sendo a primeira para uma música de sua escolha e a segunda para uma música aleatória selecionada no local. Guitarras elétricas e acústicas reais são permitidas como acessórios, assim como figurinos e coreografia exagerados.

Os pontos são concedidos em quatro categorias: mérito técnico, mimesmanship ("manuseabilidade mímica"), presença de palco e airness (uma categoria subjetiva semelhante à apresentação na patinação artística – por exemplo, o nível de atitude que o competidor demonstra).

Nos últimos anos, as músicas vencedoras incluíram "Let There Be Rock", do AC/DC, "Hot for Teacher", do Van Halen, e "What I Like About You", do The Romantics.

SAIBA MAIS

✘ Atualmente, Bélgica, Bulgária, Canadá, França, Alemanha, Japão, Cazaquistão, Rússia, Holanda e Estados Unidos sancionaram associações de air guitar e enviaram competidores para o Campeonato Mundial anual.

✘ Simplesmente não faça isto: air drumming (bateria imaginária) ou air synthesizing (produção de som no ar) resultam em desqualificação imediata nas competições de air guitar mais sérias.

✘ A medalha de ouro de 2011 foi concedida a uma mulher pela primeira vez (sim, garotos, mulheres tocam air guitar).

O que a guitarrista imaginária Taryn Kapronica (também conhecida como Bettie B. Goode) perdeu a caminho de ganhar a competição regional de 2008 da US Air Guitar em Brooklyn, Nova York?

O dedo do pé. Ela pulou e caiu com tudo em uma cadeira de metal durante a apresentação de "Rock You Like a Hurricane", do The Scorpions. Os médicos mais tarde amputaram o dedo esmagado.

PLANEJE UM FERIADO RADIOATIVO

O QUE Conheça uma babushka nuclear
ONDE Chernobyl, Ucrânia
NÍVEL DE ORGULHO Alto
PROBABILIDADE DE MORRER Baixa (embora provavelmente aumente suas chances de câncer de tireoide)
MELHOR ÉPOCA PARA IR O ano inteiro
NÍVEL DE DIFICULDADE FÍSICA Baixo
CUSTO $

Já se passaram mais de trinta anos desde que o reator 4 da Usina Nuclear de Chernobyl, na Ucrânia, explodiu. De imediato, esse se tornou o pior acidente nuclear do mundo, lançando detritos radioativos no céu por nove dias seguidos, cobrindo partes da Ucrânia e da vizinha Bielorrússia com poeira radioativa mortal. Mais de noventa vezes a quantidade de material radioativo foi liberada em Chernobyl em comparação com a bomba de Hiroshima, no Japão, em 1945.

Desde o acidente de 1986, pelo menos seis mil pessoas que moram na vizinhança morreram prematuramente, a maioria por câncer. Os efeitos para a saúde no longo prazo são desconhecidos, mas cientistas atribuem um excedente de 27 mil mortes por câncer em todo o mundo às partículas radioativas mortais de Chernobyl.

Uma zona de exclusão com um raio de 30 quilômetros em torno de Chernobyl foi estabelecida imediatamente após a explosão de 1986. A zona existe hoje, mas os níveis de radiação são seguros o suficiente para permitir visitas curtas.

Alguns passeios incluem o acesso à chamada zona morta dentro de algumas dezenas de metros do reator 4. O obrigatório contador Geiger (medidor do nível de radiação) do seu guia emitirá um sinal sonoro e piscará acima da média, mas, aparentemente, você absorverá menos radiação em uma curta visita à zona morta do que em voos internacionais sobre o Atlântico. Vai entender.

O BÁSICO

Várias empresas de turismo organizam passeios diurnos pela zona de exclusão de Chernobyl e pela cidade adjacente de Pripyat, que já abrigou os trabalhadores nucleares de Chernobyl e suas famílias, mas hoje é um lugar sinistro e sem vida, com prédios residenciais de vários andares abandonados e ruas vazias cobertas de árvores.

O governo controla com rigor o acesso à zona de exclusão. Você passa por pontos de verificação de segurança e mede os níveis de radiação antes e depois de fazer uma excursão por Chernobyl. Todos os passeios são preaprovados com itinerários bastante rígidos. Isso provavelmente é algo bom, já que muitos "points" radioativos permanecem na zona de exclusão. Não saia do caminho!

Excursões de um dia e pernoite partem regularmente de Kiev e custam entre US$ 150 e US$ 200 por pessoa. A viagem de carro para chegar à zona de exclusão de Chernobyl leva uma hora.

SAIBA MAIS

✘ Quase cinquenta mil pessoas viviam em Pripyat quando o reator 4 de Chernobyl explodiu (ironicamente, durante um teste de segurança que deu muito, muito errado). O governo soviético levou cerca de quarenta horas para ordenar a evacuação de Pripyat; a maioria dos residentes fugiu e nunca mais voltou. Hoje a população oficial de Pripyat é zero.

✗ Sendo assim, você pode encontrar humanos vivendo dentro da zona de exclusão. Não entre em pânico, não são zumbis nucleares. Eles são conhecidos como "autocolonizadores", geralmente babushkas idosas que – apesar de todos os perigos – se recusam a sair.

✗ Nem tudo é ruína e desolação em Chernobyl. Hoje a zona de exclusão se une à vida animal: javalis, ratazanas, cervos, alces, lobos e até ursos-pardos. Em qualquer caso, as populações de grandes mamíferos são mais saudáveis dentro da zona de exclusão livre de humanos do que em muitas das reservas naturais oficiais da Rússia.

VERDADEIRO OU FALSO? Episódios de *Os Simpsons* com conspirações de desastre nuclear foram proibidos na Áustria e na Alemanha.

Verdadeiro. E na Suíça também! Aparentemente os colapsos nucleares são considerados "indugados." – até mesmo os desenhos – em países europeus, que tentam convencer seus cidadãos de que a energia nuclear é uma força do bem.

Habilidade em aventuras
COMO SOBREVIVER A UMA EXPLOSÃO NUCLEAR

BÁSICO

Uma explosão nuclear é precedida por um lampejo, que viaja mais rápido que a onda de pressão mortal da explosão (chega a 965 quilômetros por hora). Use esse tempo de dez a quinze segundos para procurar abrigo.

Mantenha a boca aberta para evitar que seus tímpanos explodam com a pressão. Supondo que você sobreviva à explosão inicial, mantenha-se protegido para evitar as cinzas altamente radioativas e as partículas de poeira.

Estruturas de madeira fornecem proteção mínima contra a precipitação. Os melhores abrigos são feitos de tijolo ou concreto e não têm janelas (pense em porões de prédios altos).

Coma apenas alimentos secos enlatados ou armazenados. Evite comer plantas ou animais que possam ter sido expostos à radiação (plantas com raízes comestíveis, como cenouras e batatas, geralmente são seguras para se comer).

Ouça o rádio ou assista à televisão para receber notícias sobre o que fazer, aonde ir e lugares a evitar.

AVANÇADO

Se você sobreviver à explosão inicial, terá de quinze a vinte minutos para pegar suprimentos e encontrar um abrigo melhor antes que a precipitação radioativa da nuvem de cogumelo atinja o solo.

Se você não puder sair da zona de precipitação, não deixe o abrigo por nenhum motivo nas primeiras quarenta e oito horas. Se possível, permaneça protegido por nove dias ou até que os níveis de radiação externa baixem para níveis de sobrevivência.

Você precisa de aproximadamente quatro litros de água por dia. Poços subterrâneos, em geral, são seguros. Você também pode beber água armazenada em reservatórios térmicos dentro de residências e edifícios comerciais. A água em garrafas plásticas é aceitável desde que o recipiente não esteja perfurado.

Use luvas. A precipitação contaminará qualquer coisa que ela tocar, incluindo você.

Contadores Geiger? Há um aplicativo para isso. Usando uma câmera de smartphone, os aplicativos para celulares Apple e Google Android podem calcular os níveis de radiação no ambiente. Os contadores Geiger reais são muito mais precisos. Mas, pense, um aplicativo é melhor que nada.

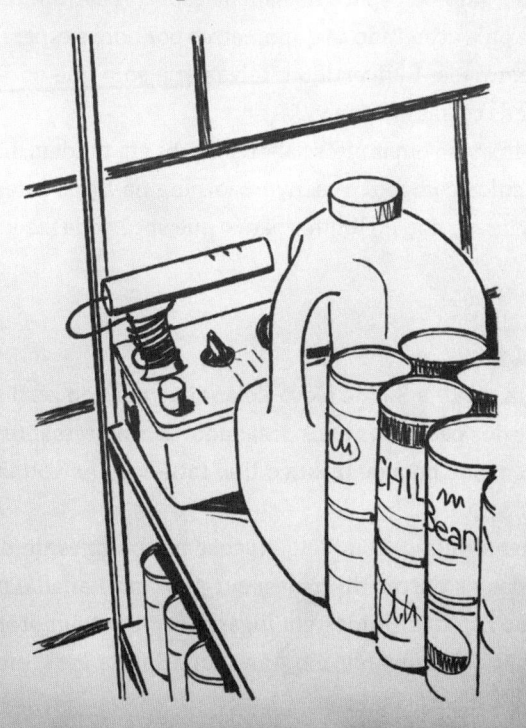

PRATIQUE ZORBING

O QUE Liberte o hamster que existe em você
ONDE Rotorua, Nova Zelândia
NÍVEL DE ORGULHO Baixo
PROBABILIDADE DE MORRER Baixa
MELHOR ÉPOCA PARA IR O ano inteiro
NÍVEL DE DIFICULDADE FÍSICA Médio
CUSTO $

A ideia por trás do zorbing é simples: entre em uma bola inflável com parede de plástico dupla, prenda-se e role. Morro abaixo. Na velocidade máxima.

O que poderia dar errado?

O zorbing foi inventado na Nova Zelândia na década de 1990. Desde então, ganhou espaço na lista de esportes estranhos e extremos. Role e pule atingindo 48 quilômetros por hora e esperemos que não bata em nada. É divertido e talvez seja só o que você precisa para agitar as coisas em sua vida.

O zorbing vem em muitos sabores: zorbs em tandem, percursos com obstáculos competitivos, hydrozorbing na água, futebol zorb, zorbing na neve... não há limites para o que você pode fazer em uma bola zorb.

O BÁSICO

Rotorua, na Ilha Sul da Nova Zelândia, é o lar do zorbing e oferece alguns dos percursos mais desafiadores e interessantes para se enfrentar em sua bola de plástico tipo tatu-bola. As voltas custam cerca de US$ 30.

"Parques orbitais" completos (pense em parques de diversões tirando todas as outras diversões) surgiram no Canadá, no Reino Unido e nos Estados Unidos em lugares como o Roundtop Mountain Resort, na Pensilvânia, e o Amesbury Sports Park, em Massachusetts.

SAIBA MAIS

✂ O Guinness World Records dá crédito a Steve Camp pelo mais longo rolamento contínuo em uma bola zorb a 570 metros.

✂ Zorbs fizeram uma breve aparição na cerimônia de encerramento dos Jogos Olímpicos de Inverno de Vancouver em 2010 e claramente chamaram a atenção do comitê olímpico russo. O zorb era uma parte oficial do logotipo dos Jogos Olímpicos de Inverno de 2014 em Sochi, na Rússia.

✂ A reputação do zorbing foi afetada em 2013 com um acidente bastante divulgado. Os praticantes de zorbing em um resort de montanha na Rússia perderam o controle e colidiram de forma fatal com árvores e rochas e, por fim, com um lago congelado.

Qual o maior zorbing já realizado?

O chamado CarZorb, criado pela Nissan em 2014 como um golpe publicitário para comercializar o Versa Note hatchback. O CarZorb da Nissan media 18 metros de diâmetro e pesava mais de novecentos quilos (incluindo o carro, embutido no interior). E, sim, a Nissan fez com que ele rolasse colina abaixo.

APRENDA BOXE-XADREZ

O QUE Cavaleiro para E5 e gancho de esquerda
ONDE Londres, Inglaterra
NÍVEL DE ORGULHO Médio
PROBABILIDADE DE MORRER Baixa
MELHOR ÉPOCA PARA IR O ano inteiro
NÍVEL DE DIFICULDADE FÍSICA Médio
CUSTO $

A ideia é maravilhosamente simples: pegue o melhor esporte de combate do mundo e combine-o com o jogo de estratégia mais competitivo do mundo. É isso mesmo, o boxe encontra o xadrez por onze rounds no ringue.

Os competidores se alternam entre as rodadas de três minutos do xadrez rápido e os rounds de três minutos de um boxe honesto. O primeiro jogador de boxe-xadrez a fazer um xeque-mate ou nocautear ganha. Isso soa completamente bobo, mas o esporte tem fãs apaixonados e é levado a sério pelos participantes.

O BÁSICO

Os clubes de boxe-xadrez existem na Alemanha, Rússia, Itália, Espanha, Inglaterra e nos Estados Unidos, sendo que muitos deles são sancionados pela Organização Mundial de Boxe-Xadrez (em inglês, World Chess Boxing Organization – WCBO). As lutas são organizadas pela WCBO e pela Associação Mundial de Boxe-Xadrez (em inglês, World Chess Boxing Association – WCBA).

O Boxe-Xadrez é aberto para homens e mulheres de todas as idades. Noites amadoras frequentes significam que é possível testar sua coragem no tabuleiro e no ringue. Entre em uma academia de boxe-xadrez e treine para se tornar um profissional (como Rocky Balboa, mas muito mais inteligente).

SAIBA MAIS

✘ De acordo com a WCBO, o boxe-xadrez foi inventado pelo artista performático holandês Iepe Rubingh e a primeira competição aconteceu em Berlim, em 2003.

✘ Vamos com calma! De acordo com a WCBA, localizada em Londres, o boxe-xadrez foi inventado em 1978 pelo boxeador amador britânico James Robinson.

✘ O boxeador Mike Tyson lutando contra o grande mestre de xadrez Garry Kasparov? Não, nunca vai acontecer. O boxe-xadrez usa classes de peso e rankings de xadrez (de iniciantes a pessoas ranqueadas internacionalmente) para garantir combinações justas em ambas as disciplinas.

Que música de hip-hop de 1993 é o hino não oficial do boxe-xadrez?

"Da Mystery of Chessboxin'", de Wu-Tang Clan, do álbum de estreia do grupo. A música é uma homenagem ao filme de kung fu *Mystery of Chessboxing* [O mistério do boxe-xadrez], de 1979. Bônus: Ghostface Killah, membro do Wu-Tang Clan, tirou seu nome artístico do vilão do filme.

FÉRIAS EM UMA MICRONAÇÃO

O QUE Não procure num mapa
ONDE Principado de Sealand
NÍVEL DE ORGULHO Alto
PROBABILIDADE DE MORRER Baixa
MELHOR ÉPOCA PARA IR O ano inteiro (convite obrigatório)
NÍVEL DE DIFICULDADE FÍSICA Baixo
CUSTO $

Antes de tudo, vamos esclarecer o que as micronações *não* são.

As micronações não são microestados, como Liechtenstein, Cidade do Vaticano ou Mônaco – todos reconhecidos internacionalmente. As micronações também não são Estados não reconhecidos, como a República da China (também conhecida como Taiwan), o Estado da Palestina ou a República Turca do Chipre do Norte – que funcionam como entidades políticas legítimas, mas não são reconhecidos internacionalmente.

Então, o que é uma micronação? Elas são sempre pequenas e sempre um pouco excêntricas. As micronações podem ser governadas por reis ou rainhas autoproclamados, artistas, exilados políticos ou mutantes do espaço sideral. Tudo de que você realmente precisa é coragem para se levantar e proclamar: "Esta terra é a minha terra".

O Principado de Sealand com frequência é chamado de a menor nação do mundo e fica em um forte naval da Segunda Guerra Mundial, localizado na costa sudeste da Inglaterra. O forte está ocupado quase continuamente desde 1967 pela família e amigos de Paddy Roy Bates (Paddy morreu em 2013). Hoje Sealand é governado pelo filho de Paddy, Michael, o príncipe regente.

Bates originalmente tomou o forte de um grupo de radiodifusores piratas e depois declarou uma nação independente. Curiosamente, em 1968, um tribunal inglês declarou que Sealand está fora das águas territoriais da Grã-Bretanha e não sob jurisdição britânica. Desde então, mais de 150 mil passaportes de Sealand foram emitidos, apesar de nenhum país reconhecer Sealand de forma oficial.

O BÁSICO

Embora o príncipe regente de Sealand, Michael, more atualmente na Inglaterra, ele e seus assessores às vezes convidam pessoas para visitarem Sealand. Leve o seu passaporte caso tenha sorte suficiente para ser convidado: os carimbos de passaporte do Principado de Sealand costumam ser emitidos para visitantes estrangeiros.

SAIBA MAIS

X Você pode solicitar a cidadania de Sealand por 25 libras esterlinas; isso inclui um certificado oficial e um cartão de identidade de Sealand (os passaportes não são mais emitidos).

X Sealand também vende seus próprios títulos aristocráticos vitalícios, incluindo Lorde, Lady, Conde e Condessa de Sealand.

X Se não puder visitar Sealand, considere uma visita ao Kingdom of Lovely [Reino dos Adoráveis]. O nome vice-campeão para este país foi Kingdom of Home [Reino do Lar], o que explica muita coisa. O país foi fundado em 2005 por Danny Wallace. Ele foi apresentador do documentário *Como Começar Seu Próprio País*, da BBC. Wallace levou o assunto a sério e fundou um país na sala de seu apartamento na região de East London. Mais de 58 mil pessoas se registraram on-line para se tornarem cidadãos do Kingdom of Lovely. Wallace ganhou uma boa notoriedade quando tentou entrar no Eurovision Song Contest de 2006 com seu hino sincero, "Stop the Muggin', Start the Huggin'" [Pare de assaltar, comece a abraçar]. Sua inscrição não foi aceita.

✂ Outra opção de férias em uma micronação é o State of Sabotage [Estado de Sabotagem], que não tem território definido. De acordo com seus fundadores – Robert Jelinek, H. R. Giger e um coro gritante de 25 homens da Finlândia –, o Estado pode surgir em qualquer lugar, geograficamente. O SoS é um movimento de arte, selo musical, grupo de arte performática e coletivo profano-político que provoca o pensamento ao intervir no discurso oficial.

VERDADEIRO OU FALSO? Sealand tem uma equipe oficial de esgrima.

Verdadeiro. Por mais estranho que pareça, a equipe fica na Universidade da Califórnia, em Irvine. Sealand também tem um time de futebol, que jogou uma partida de caridade contra o Fulham Football Club da Inglaterra em 2013 (o Sealand perdeu por sete a cinco).

JUNTE-SE À LEGIÃO ESTRANGEIRA FRANCESA

O QUE Marche ou morra
ONDE França
NÍVEL DE ORGULHO Alto
PROBABILIDADE DE MORRER Média
MELHOR ÉPOCA PARA IR O ano inteiro
NÍVEL DE DIFICULDADE FÍSICA Alto
CUSTO $

Nenhuma força de combate do mundo se organizou e se preparou com tanta constância quanto os combatentes legionários. Nos últimos vinte e cinco anos, os legionários lutaram nos seguintes países:

Bósnia, Camboja, Chade, Congo (nos dois!), Djibuti, Guiana Francesa, Gabão, Iraque, Costa do Marfim, Kuwait, Ruanda e Somália.

Na verdade, a Legião Estrangeira Francesa tem lutado quase continuamente desde que a força foi formada na colônia francesa da Argélia em 1831.

A Legião Estrangeira é única por aceitar a maioria das pessoas; cidadãos de todos os países são bem-vindos, não é necessário saber a língua francesa. Tudo de que você precisa é um passaporte e uma passagem para a França.

Esse critério flexível de aceitação há muito tempo atrai homens (mulheres não são admitidas) com passados questionáveis. Fugitivos da lei internacional? Sim. Veteranos dispensados com desonra de outros países que ainda anseiam por batalhas? Quase certeza. A força de cerca de nove mil pessoas está cheia de homens rudes com passados muitas vezes sombrios, dispostos a lutar e morrer em qualquer lugar. E é disso que a Legião Estrangeira Francesa gosta.

Como a maioria dos legionários não são cidadãos franceses, ganhar um passaporte francês é um dos principais benefícios ao se alistar. Você ganha cidadania francesa após três anos de serviço ou depois de se ferir em batalha, o que ocorrer primeiro. Este último caminho para a cidadania é conhecido como *Français par le sang versé*, que basicamente significa tornar-se francês ao derramar o próprio sangue.

O BÁSICO

Você pode se juntar à Legião Estrangeira Francesa se for um homem razoavelmente saudável entre dezessete e quarenta anos e tiver um passaporte válido (não importa de que país). Não há outros requisitos para se alistar.

A Legião realiza o recrutamento em onze locais na França. Apareça e, se você passar nos testes psicológicos e de saúde básicos, seu tempo de serviço de cinco anos começará imediatamente.

O treinamento é brutal. Os novos recrutas passam por semanas de "endurecimento" físico e psicológico no infame centro de treinamento *La Ferme* (A Fazenda). Há também o rigoroso *Marche Képi*

Blanc, uma marcha de 48 quilômetros com duração de dois dias, seguida, no fim do treinamento básico, pela *Raid Marche* de 120 quilômetros, outra marcha bastante árdua que precisa ser concluída em menos de três dias.

SAIBA MAIS

✗ Não sabe francês? Não tem problema, porque as aulas de idioma diárias são obrigatórias. É a única forma de administrar uma força com cidadãos de mais de cento e cinquenta países.

✗ Não é chapéu, capacete nem boina. O distinto boné branco e circular com aba usado pelo legionário é chamado de *képi* e você o recebe no treinamento básico, depois de completar com sucesso a *Marche Képi Blanc*.

✗ Não se aliste à Legião Estrangeira Francesa pelo dinheiro. Seu potencial de ganho nos primeiros dois a quatro anos (até obter o posto de cabo) é de aproximadamente US$ 1.350 por mês. Vendo pelo lado positivo, sua alimentação e acomodações são gratuitas. E sendo esta uma instituição francesa, suas generosas férias são de 45 dias por ano.

✗ Houve apenas uma mulher admitida na Legião Estrangeira Francesa. Susan Travers, uma cidadã britânica, alistou-se em 1943, no auge da Segunda Guerra Mundial. Ela lutou no norte da África contra o governo francês, que colaborava com o nazismo durante a guerra.

VERDADEIRO OU FALSO? O compositor americano Cole Porter foi membro da Legião Estrangeira Francesa.

Verdadeiro. O compositor de canções famosas como "I Get a Kick Out of You" e "I've Got You Under My Skin" alistou-se na Primeira Guerra Mundial e serviu com a Legião no Norte da África.

Habilidade em aventuras

COMO FUGIR DE UM CAMPO DE PRISIONEIROS

BÁSICO

Mantenha-se saudável. Coma bem e faça exercícios. Você deve permanecer focado para planejar e executar uma fuga.

Voluntarie-se para tarefas de trabalho em oficinas de costura, lavanderias, cozinhas e outras áreas com acesso a ferramentas.

Não importa como você pretende fugir, adquira (e esconda) ferramentas básicas para escavar (colheres, pedaços de metal), fazer disfarces e/ou encobrir seus rastros.

Suborne um guarda. Em troca de dinheiro ou amor/sexo, os guardas são conhecidos por ajudar a planejar e executar as fugas dos presos.

É possível escavar a partir de celas de tijolos ou blocos de cimento. Primeiro remova o material de um único tijolo em pequenos fragmentos. Acoberte seus rastros até que esteja pronto para fugir preenchendo as rachaduras com uma mistura de cuspe e fragmentos de tijolo removido.

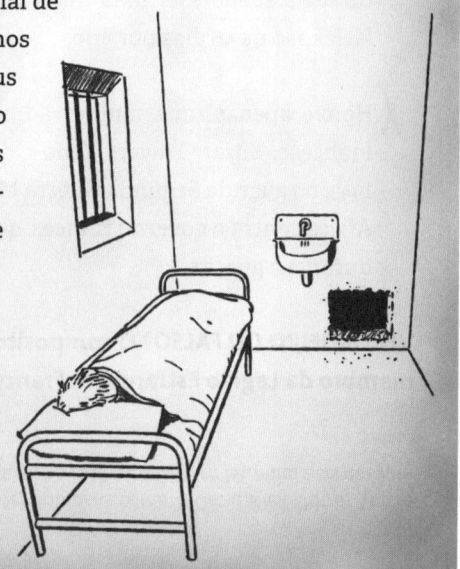

Faça um boneco de agasalhos ou travesseiros e coloque-o em sua cama. É surpreendentemente eficaz em retardar a descoberta da fuga durante verificações feitas por guardas nas celas durante a noite.

Use uma jaqueta ou cobertor para cobrir qualquer arame farpado ou laminado quando precisar escalá-lo.

Tenha um plano para quando estiver fora dos muros da prisão. A maioria das tentativas falha devido à falta de preparo após a fuga inicial.

AVANÇADO

Roube ou faça um uniforme de guarda e saia. Isso é audacioso, mas muitas vezes funciona em feriados e durante eventos, quando os guardas da prisão podem estar menos atentos.

Doença falsa. Isso pode levá-lo a ser transferido para um prédio menos seguro. Considere também fugir com qualquer veículo usado para transporte.

Conte com alguém do lado de fora. Embora as cartas e as visitas (se permitido) sejam monitoradas, é útil ter alguém que providencie um carro de fuga. Aprenda a falar em código.

Se você estiver fugindo a pé e provavelmente com perseguidores humanos em seu encalço, caminhe para trás e deixe sinais confusos (faça uma fogueira a céu aberto, volte repetidamente) para retardar o progresso de seus perseguidores.

Esteja preparado para os piores cenários. Em alguns casos, a morte pode ser preferível a ser capturado e devolvido à prisão. Saiba o que é correto para você e tenha um plano.

DESCUBRA UMA CIDADE PERDIDA

O QUE Medo de cobras? Não é problema
ONDE Desconhecido e não descoberto
NÍVEL DE ORGULHO Médio
PROBABILIDADE DE MORRER Baixa
MELHOR ÉPOCA PARA IR O ano inteiro
NÍVEL DE DIFICULDADE FÍSICA Baixo
CUSTO Grátis

Ainda há ruínas arqueológicas para descobrir no século XXI? A resposta é um enfático sim.

É verdade que a era de ouro da exploração passou. Túmulos egípcios e cidades perdidas são mais difíceis de ser encontrados hoje em dia. E, claro, não há lugares não mapeados na superfície da Terra graças aos satélites.

No entanto, nada disso é empecilho para a arqueóloga Sarah Parcak. Ela construiu uma plataforma on-line para buscar por tumbas, pirâmides, cidades e templos escondidos ou perdidos no planeta. Até agora suas técnicas localizaram dezessete pirâmides em potencial, mais de três mil povoados antigos e mais de mil tumbas perdidas em potencial no Peru e no Egito. Ela está ajudando a proteger esses possíveis sítios arqueológicos de saqueadores e invasores de tumbas. O título de "Indiana Jones moderna" é perfeito para ela, menos o chapéu de feltro e o chicote.

Qualquer pessoa conectada à internet pode participar da caçada como cientista cidadão. Talvez você descubra a próxima tumba do faraó ou tesouros perdidos da antiga Roma.

O BÁSICO

Sarah Parcak desenvolveu um sistema on-line para angariar imagens de satélite, aproveitando o poder dos usuários da internet em todos os lugares, para examinar pequenos "azulejos" da Terra rapidamente, em busca de sítios arqueológicos potencialmente interessantes.

O sistema foi aplicado pela primeira vez em terrenos remotos no Peru. Os resultados foram sólidos o suficiente para lhe render o Prêmio TED de 2016; ela reinvestiu o prêmio de US$ 1 milhão no site GlobalXplorer°, que funciona mais como um jogo do que como um tutorial chato da faculdade. Comece como explorador iniciante (novice explorer), esquadrinhando 10 quilômetros quadrados de "azulejos" da Terra à procura de sinais de saques, então vá subindo na hierarquia. Depois de quinhentos azulejos esquadrinhados, você se torna um Desbravador (Pathfinder); depois de cinco mil azulejos, um Voyager (Viajante); faça todo o caminho até chegar a arqueólogo espacial (Space Archaeologist), com cinquenta mil azulejos.

A equipe de Parcak é notificada quando um número suficiente de pessoas identifica os mesmos alvos em potencial. O método permite rever a vasta quantidade de imagens de satélite disponíveis para arqueólogos.

SAIBA MAIS

✗ Se você encontrar uma tumba esquecida, provavelmente não fará ideia de onde ela está. Essa informação é mantida em sigilo para proteger os sítios dos caçadores de tesouros modernos.

✗ Até hoje, mais de onze milhões de azulejos foram analisados por mais de 45 exploradores on-line.

✗ Além de revolucionar a busca por tesouros novos ou negligenciados, novas tecnologias também estão sendo usadas para reexaminar sítios já existentes, como a tumba do faraó egípcio Tutancâmon. Em 2015, uma varredura a laser do sítio revelou duas câmaras ocultas negligenciadas por Howard Carter quando ele fez a escavação pela primeira vez na década de 1920. Graças à tecnologia que não existia há dez anos, a tumba da rainha egípcia Nefertiti pôde ser encontrada, oculta à vista de todos, logo atrás da câmara funerária de Tutancâmon.

VERDADEIRO OU FALSO? Não existe um mapa preciso.

Verdadeiro. Os mapas contêm vários vieses e muitas vezes distorcem a realidade geográfica. É por isso que os mapas-múndi que usam uma projeção tradicional de Mercator podem mostrar paralelos e meridianos como linhas retas. No entanto, ao fazer isso, distorcem a forma e o tamanho de países mais distantes do equador. A África é percebida como relativamente pequena na maioria dos mapas-múndi quando, na verdade, é grande o suficiente para cobrir a China, os Estados Unidos e grande parte da Europa.

CORRA A MARATONA HOMEM CONTRA CAVALO

O QUE Há muitas formas mais fáceis de ganhar 500 libras esterlinas
ONDE Llanwrtyd Wells, País de Gales
NÍVEL DE ORGULHO Médio
PROBABILIDADE DE MORRER Baixa
MELHOR ÉPOCA PARA IR Junho
NÍVEL DE DIFICULDADE FÍSICA Alto
CUSTO $

Todos os anos Llanwrtyd Wells (a mesma cidade galesa que hospeda o Campeonato Anual de Snorkeling no Pântano – mais adiante neste capítulo) recebe a mundialmente famosa Maratona Homem contra Cavalo em junho. A corrida é realizada por mais de 35 quilômetros (quase uma maratona oficial) e coloca cerca de trezentos corredores de cross country contra quarenta a cinquenta cavaleiros.

A ideia original (fermentada em um pub, é claro) era testar a suposição de que os cavalos são mais rápidos que os humanos em longas distâncias. A primeira corrida foi disputada em 1980 e o cavalo venceu. Em 2004 um corredor humano finalmente venceu o cavalo.

O BÁSICO

A linha de partida está localizada na praça central da adorável vila de Llanwrtyd Wells. Os corredores geralmente começam às 11 horas da manhã; quinze minutos depois, os cavalos e seus cavaleiros partem (o início escalonado minimiza as lesões em animais e humanos na linha de partida congestionada). Um máximo de sessenta pares de cavalos-cavaleiros competem na corrida. Não há limite para o número de corredores humanos.

Corredores mais rápidos levam pouco mais de duas horas para completar o percurso de 35 quilômetros.

Não há requisitos para participar da corrida a pé, exceto a idade mínima (os corredores devem ter dezesseis anos ou mais), no entanto, as vagas são definidas por sorteio e são preenchidas rapidamente.

SAIBA MAIS

✘ Os humanos ganharam a corrida apenas duas vezes desde 1980.

✘ Nós, humanos, temos várias adaptações físicas que nos permitem permanecer com o corpo resfriado enquanto corremos longas distâncias; nós apenas suamos e continuamos. Por outro lado, os cavalos e a maioria dos outros quadrúpedes devem desacelerar para se resfriar.

✘ Então deseje um dia quente se estiver correndo: temperaturas quentes são a chave para ultrapassar um cavalo em uma corrida de resistência de longa distância.

Qual é o nome mais longo de qualquer lugar na Terra?

Llanfairpwllgwyngyll, no país de Gales. Se isso não for suficiente, o nome oficial menos usado da cidade é Llanfairpwllgwyngyllgogerychwyrndrobwllllantysiliogogogoch. Bônus: o domínio de internet mais longo do mundo é www.llanfairpwllgwyngyllgogerychwyrndrobwllllantysiliogogogochuchaf.org.uk

ESQUIE NO DESERTO

O QUE Um país das maravilhas num inverno de 41ºC
ONDE Dubai, Emirados Árabes Unidos
NÍVEL DE ORGULHO Baixo
PROBABILIDADE DE MORRER Baixa (certamente não por congelamento)
MELHOR ÉPOCA PARA IR O ano inteiro
NÍVEL DE DIFICULDADE FÍSICA Baixo
CUSTO $

Esqui em Dubai... deixe a ficha cair.

Dubai é famosa por suas paisagens desérticas, repletas de dunas de areia e camelos. Os verões são quentes e úmidos, com temperaturas diurnas que chegam a 41ºC. Então, claro, é o lugar perfeito para arrasar nas pistas de esqui!

O Ski Dubai, a primeira estação de esqui *indoor* do Oriente Médio, também é o maior parque de neve coberto do mundo, localizado em um dos maiores shopping centers do mundo, o Mall of the Emirates. Os superlativos não param por aí! O Ski Dubai ostenta a primeira corrida *indoor* do tipo Black Diamond (avançada) do mundo, ou seja, em uma pista muito difícil, e possui o recorde de pista de esqui coberta mais longa (mais de 390 metros, com queda vertical de sessenta metros).

Há cordas de reboque para ajudar na subida e um teleférico com assentos para quatro pessoas, colinas de tobogã, cavernas de gelo e pinguins-rei que aparecem ao longo do dia. Se tudo isso parece difícil de acreditar, seja bem-vindo ao reino do deserto de Ski Dubai.

O BÁSICO

A estação de esqui *indoor* foi inaugurada em 2005, com cinco pistas com extensões e declives variáveis, de iniciante a avançado. Iniciantes também podem contratar instrutores para aulas particulares. Os praticantes de snowboard têm uma Área de Estilo Livre com obstáculos e anteparos.

A neve aqui é real, o que significa que a temperatura é mantida a -1ºC. Não é preciso trazer sua calça de esqui para Dubai: roupas de inverno e equipamento de esqui estão inclusos no ingresso. Passes de duas horas começam em US$ 65 por pessoa. Nadar (sim, nadar) com pinguins-rei residentes custará US$ 350 por pessoa.

SAIBA MAIS

✗ É uma experiência surreal usar roupas de esqui da cabeça aos pés enquanto pede um chocolate quente no Avalanche Café, localizado no meio da estação. Só para lembrar, provavelmente a temperatura lá fora é de 41ºC.

✗ O Ski Dubai produz 30 toneladas de neve fresca todos os dias em um espaço que abrange mais de três campos de futebol americano (apenas para se ter ideia, cada campo mede aproximadamente 110 x 49 metros). É preciso muito esforço – e água fresca e limpa – para manter um resort de esqui no deserto.

✗ Cansado de neve? Vá ao Aquário de Dubai e Zoológico Subaquático, ali perto. É o maior aquário *indoor* do mundo.

VERDADEIRO OU FALSO? O edifício mais alto do mundo fica em Dubai.

Verdadeiro. O Burj Khalifa é atualmente o edifício mais alto do mundo, com 830 metros. Ele supera os detentores de recordes anteriores, incluindo a Willis Tower de Chicago (527 metros) e a CN Tower de Toronto (553 metros).

PRATIQUE SNORKELING NO PÂNTANO

O QUE Llanwrtyd Wells por aqui de novo
ONDE Llanwrtyd Wells, País de Gales
NÍVEL DE ORGULHO Médio
PROBABILIDADE DE MORRER Baixa
MELHOR ÉPOCA PARA IR Agosto
NÍVEL DE DIFICULDADE FÍSICA Baixo
CUSTO $

A ideia é simples: cavar uma vala de 55 metros de comprimento, 1,2 metro de largura e 1,5 metro de profundidade em um pântano de turfa e forçar os competidores a usar nadadeiras, máscara e snorkel para completar duas voltas. Estilos de natação padrão não são permitidos. Em vez disso, os competidores se arrastam ao longo do fundo do pântano ou nadam em estilo cachorrinho. Você acha que estamos inventando isso, mas não estamos.

O Campeonato Mundial de Snorkeling no Pântano, realizado pela primeira vez em 1985, acontece anualmente em agosto, perto do vilarejo galês de Llanwrtyd Wells (sim, o mesmo Llanwrtyd Wells que promove a Maratona Homem contra Cavalo anual).

O BÁSICO

A ação ocorre nas águas frias, escuras e turvas do pântano de turfa de Waen Rhydd. Como os estilos de natação tradicionais não são permitidos, a maioria dos competidores usa a força bruta (correndo de forma árdua em suas nadadeiras) para nadar-correr o percurso.

A competição é dividida por categorias: homens, mulheres, jovens (menores de 14 anos), locais e novidades (fantasias são permitidas). Os tempos dos vencedores são inferiores a dois minutos e centenas de competidores vêm de lugares bem distantes como Austrália e África do Sul. Inscrições on-line se encerram sete dias antes do evento e são preenchidas com meses de antecedência. Não entre em pânico: é possível se inscrever pessoalmente no dia da corrida.

SAIBA MAIS

✕ É um pântano em uma área úmida, então espere por chuva. A competição de 1995 foi cancelada devido à seca.

✕ Você é um praticante experiente de snorkeling no pântano em busca do seu próximo desafio? Considere o Triatlo do Pântano anual. Este evento combina uma volta de snorkeling no pântano com uma corrida de treze quilômetros e um percurso de mountain bike de vinte quilômetros. O Triatlo do Pântano acontece um dia antes do Snorkeling no Pântano tradicional.

✕ Boas notícias se você não está a fim de praticar snorkeling nem triatlo de pântano: comida e bebida, artesanato, um castelo inflável e música ao vivo estão lá para entreter as centenas de fãs e espectadores apaixonados pelo esporte. Llanwrtyd Wells sabe como dar uma festa!

✕ Embora o snorkeling de pântano tenha sido inventado em Llanwrtyd Wells, o esporte já deu origem a competições internacionais em países como Irlanda, Suécia e Austrália. O atual recordista mundial, o irlandês Paddy Lambe, terminou a competição de 2016 em um minuto e dezenove segundos.

VERDADEIRO OU FALSO? Pântanos e pântanos de turfa cobrem menos de 3% da superfície terrestre, mas contêm o dobro de carbono de todas as florestas do mundo juntas.

Verdadeiro. Isso explica por que os governos no norte da Europa estão reduzindo rapidamente a quantidade de turfa colhida a cada ano (a turfa é usada para combustível e compostagem).

ASSISTA A UM CHUKKA DE POLO SOBRE ELEFANTE

O QUE Um espetáculo improvável, lento e absolutamente hipnotizante
ONDE Bangcoc, Tailândia
NÍVEL DE ORGULHO Médio
PROBABILIDADE DE MORRER Baixa
MELHOR ÉPOCA PARA IR Março
NÍVEL DE DIFICULDADE FÍSICA Baixo
CUSTO $

A capital da Tailândia, Bangcoc, tem muitos atrativos para viajantes: templos antigos, mercados noturnos movimentados, barracas de comida tentadoras e, a cada ano, em março, a Copa do Rei de Polo sobre Elefante.

O evento é exatamente o que parece, com o polo jogado com elefantes asiáticos de seis toneladas no lugar dos cavalos mais tradicionais.

As regras do polo sobre elefantes são quase idênticas ao polo padrão. Os jogadores tentam bater uma pequena bola para o gol do oponente usando tacos. Na versão elefantina do jogo, cada equipe é composta por pelo menos três elefantes e seis jogadores. Os elefantes são montados por um *mahout* ou "motorista" experiente, que atua como um jóquei, guiando o elefante pelo campo; e por um segundo jogador que empunha um taco de três metros de comprimento para golpear a bola. Os jogos são divididos em dois "chukkas" ou metades de tempo.

A Copa do Rei de Polo sobre Elefante é um dos maiores eventos anuais da Tailândia em termos de participação. Isso ocorre principalmente porque os elefantes, na cultura e na história tailandesas, são criaturas reverenciadas e atraem multidões de espectadores curiosos.

O esporte tem alguma associação oficial? Sim, óbvio. Conheça a Associação Mundial de Polo Elefante (WEPA), que tem a sólida reputação de priorizar o bem-estar dos elefantes acima de tudo. Os rendimentos de todos os jogos sancionados vão para programas de preservação de elefantes em todo o sudeste da Ásia.

O BÁSICO

O polo sobre elefante foi uma ideia de dois expatriados britânicos que viviam no Nepal no início dos anos 1980. Eles ajudaram a estabelecer a WEPA e as regras que regulam o esporte. Por muitos anos a Copa do Rei de Polo sobre Elefante, realizada anualmente entre Nepal, Sri Lanka, Índia e Tailândia, aconteceu no Parque Nacional de Chitwan, no Nepal; o torneio não tem sido realizado desde 2014 devido a protestos de grupos de direitos dos animais.

A Copa do Rei de Polo sobre Elefante, jogada pela primeira vez em 2001, acontece na maioria dos anos no rio Chao Phraya, no centro de Bangcoc.

SAIBA MAIS

X Qual é a regra mais importante no polo sobre elefantes? A regra proibindo os elefantes de se deitarem na frente da boca do gol. É uma falta clara e ganha uma tacada livre para o time adversário.

X Qual é a segunda regra mais importante? Aquela sobre os elefantes não pegarem a bola com a tromba durante o jogo.

X Os elefantes da Copa do Rei são sempre guiados e alugados pelos *mahouts* locais da Tailândia. É controverso, mas os *mahouts*, com frequência, são forçados a alugar seus elefantes para acampamentos madeireiros ou usá-los para mendigar nas ruas. O torneio de polo é uma oportunidade de *mahouts* ganharem um dinheiro digno e terem seus elefantes examinados por veterinários do torneio.

✘ Sendo assim, qualquer esporte envolvendo elefantes é impopular com ativistas animais. Alegações de tratamento cruel de elefantes de polo levaram a cancelamentos de partidas e retiradas de patrocínio. Isso também levou o Guinness World Records a remover todas as referências ao polo sobre elefante a partir de 2011.

VERDADEIRO OU FALSO? O polo sobre elefante nunca deve ser jogado com bolas de futebol.

Verdadeiro. Nos primórdios do esporte, as bolas de futebol eram comumente usadas, até ficar claro que os elefantes gostavam de pisar e estourar bolas de futebol. Hoje são usadas bolas duras de polo e duras e pequenas.

TORNE-SE UM COMEDOR COMPETITIVO

O QUE Sonhe. Ouse. Coma.
ONDE Coney Island, New York
NÍVEL DE ORGULHO Médio
PROBABILIDADE DE MORRER Baixa (probabilidade de vomitar: alta)
MELHOR ÉPOCA PARA IR Julho
NÍVEL DE DIFICULDADE FÍSICA Médio
CUSTO Grátis

Não importa o tipo de comida, o objetivo das competições de comilança é sempre o mesmo: coma o máximo possível, o mais rápido possível.

Indiscutivelmente, o evento mais famoso na alimentação competitiva é o Nathan's Famous International Hot Dog Eating Contest (Famoso Concurso Internacional de Comilança de Cachorro-Quente do Nathan), que acontece anualmente no dia 4 de julho para celebrar o Dia da Independência dos Estados Unidos. O evento acontece na barraca original de cachorro-quente do Nathan, em Coney Island.

O objetivo, como sempre, é comer o máximo possível de cachorros-quentes (com pão!) em dez minutos. O recorde mundial atual é de 73 cachorros-quentes – uma salsicha mais um pão a cada 8,2 segundos! – do comedor multipremiado Joey Chestnut. O recorde atual das mulheres é de 38½ cachorros-quentes em dez minutos, alcançado por Miki Sudo.

Como os comedores que competem fazem isso? O truque é aumentar a capacidade do estômago, porque 73 cachorros-quentes simplesmente não cabem dentro de um estômago humano normal. Você pode praticar bebendo água para alargar o estômago. Você está focado se puder beber 3,8 litros de água em menos de um minuto. Apenas lembre: sem vomitar. Isso irá desqualificá-lo imediatamente de qualquer competição séria de comida.

O BÁSICO

O concurso de cachorros-quentes do Nathan é gerenciado pela Major League Eating (MLE), um órgão quase oficial dedicado a marketing e patrocínios corporativos. Somente competidores sancionados pela MLE podem participar do concurso do Nathan.

Para entrar, você precisa ganhar um dos eventos de qualificação regionais realizados nos Estados Unidos. Ao final, cerca de vinte competidores chegam ao evento principal em Coney Island, competindo por orgulho pessoal e uma parte do prêmio em dinheiro de cerca de US$ 50 mil.

SAIBA MAIS

✗ Oficialmente, cachorros-quentes são medidos em unidades de um oitavo. Cabe ao juiz determinar quantas oitavas de um cachorro-quente parcial você consumiu. Tenha em mente que ainda contam cachorros-quentes na boca quando o tempo acaba, contanto que você engula tudo.

✗ Não é coincidência que a empresa de antiácidos Pepto-Bismol seja uma das principais patrocinadoras da Major League Eating.

✗ Nos anos 1990 e início dos anos 2000, o concurso do Nathan foi dominado por competidores japoneses, incluindo o seis vezes campeão Takeru Kobayashi. Ele introduziu o chamado Método de Salomão, dividindo o cachorro-quente ao meio, mergulhando o pão na água e consumindo tudo de uma só vez. Ele também mexe o corpo, aparentemente para forçar os cachorros-quentes a descer pelo esôfago.

✗ Não gosta de cachorro-quente? Não tem problema! Competições de comilança são realizadas em dezenas de categorias: aspargos (recorde: 5,8 quilos em dez minutos por Joey Chestnut), nuggets de frango (recorde: 80 unidades em cinco minutos por Sonya Thomas), donuts (recorde: 49 glaceados em oito minutos por Eric Booker) e ostras (recorde: 47 dúzias em dez minutos por Sonya Thomas), para citar apenas alguns.

VERDADEIRO OU FALSO? As transmissões ao vivo da ESPN do concurso anual de cachorros-quentes do Nathan são vistas em pelo menos 1,7 milhão de domicílios e geram uma receita estimada em US$ 300 milhões em publicidade.

Verdadeiro. A comilança competitiva é um grande negócio.

PARTICIPE DE UMA PEDALADA PELADA

O QUE Tire a roupa e ouse
ONDE Portland, Oregon
NÍVEL DE ORGULHO Médio
PROBABILIDADE DE MORRER Baixa
MELHOR ÉPOCA PARA IR Junho
NÍVEL DE DIFICULDADE FÍSICA Baixo
CUSTO $

A organização sem fins lucrativos World Naked Bike Ride (WNBR), que no Brasil também é conhecida por Pedalada Pelada, acredita que a exposição indecente a automóveis é a melhor maneira de defender a dignidade dos ciclistas.

Hmmm. OK!

Mais de setenta cidades em todo o mundo promovem passeios de bicicleta com ciclistas nus afiliados à WNBR como protestos por imagem corporal positiva, pela segurança do ciclismo e contra a dependência do petróleo. De longe, o maior evento é realizado a cada junho em Portland, Oregon. O que faz sentido, porque Portland é estranha e profundamente apaixonada por ciclismo e bicicletas em todos os formatos (bicicletinhas, bicicletas altas, bicicletas flutuantes, bicicletas reclinadas... seja o que for, Portland pedala).

Em 2015, o passeio de Portland atraiu mais de dez mil ciclistas quase nus, enfeitados com arte corporal, além do ocasional chapéu engraçado. Tenha em mente que este é um passeio de bicicleta muito nu. Não é uma corrida. Não há prêmios. Não é para puritanos que não conseguem lidar com o agitado desfile de genitálias percorrendo lentamente as ruas residenciais de Portland.

O BÁSICO

O Naked Bike Ride de Portland é realizado em junho e a entrada é gratuita. O passeio começa por volta das 21 horas e o percurso geralmente é de seis a oito quilômetros de distância pelas ruas da cidade.

Os organizadores e a polícia local têm um entendimento não oficial: as datas do passeio são preanunciadas, mas o ponto de partida e o percurso, não. O primeiro é divulgado uma semana antes do evento, enquanto o segundo é mantido em sigilo até o dia da corrida. Todo esse segredo é para minimizar o número de ciclistas e curiosos.

Se você quiser participar da diversão, fique atento ao anúncio (normalmente em fevereiro ou março) das datas do passeio e leve a si mesmo e uma bicicleta para Portland. Não se esqueça de colocar o farol para bicicleta na bagagem.

SAIBA MAIS

✘ A Naked Bike Ride de Portland faz parte de um festival anual de duas semanas chamado Pedalpalooza, que celebra as bicicletas e as pessoas que as usam. Centenas de eventos e passeios temáticos relacionados à bicicleta, música ao vivo e desfiles são realizados em toda a cidade.

✘ Misturar álcool e passeios de bicicleta? Meio isso. Embora não seja ilegal beber e pedalar, o álcool não é permitido no ponto de partida ou em torno dele. De qualquer forma, a polícia de Portland concede ingressos para passeios de bicicleta para pessoas embriagadas.

✘ Nem todas as pessoas de Portland se empolgam quando milhares de pessoas nuas andam de bicicleta por sua rua residencial. Em 2008, um participante do Naked Bike Ride foi acusado de exposição indecente e levado a um juiz de Portland. Inocente! O juiz decidiu a favor do ciclista, alegando que o ciclismo sem roupas se tornou uma tradição estabelecida em Portland e é protegido como forma de protesto sob a Primeira Emenda da Constituição.

VERDADEIRO OU FALSO? O atual recorde de ciclismo ao redor do mundo é de 123 dias e 43 minutos.

Verdadeiro. O recorde foi estabelecido em 2015 por um neozelandês que percorreu a distância mínima exigida de 28.968 quilômetros e a distância total percorrida (incluindo voos, balsas etc.) de 40.073 quilômetros, o equivalente à circunferência da Terra no equador.

ESCREVA UM ROMANCE EM TRINTA DIAS

O QUE Sem enredo? Sem problema!
ONDE "Justamente no meio da sua vida", como dizem
NÍVEL DE ORGULHO Médio
PROBABILIDADE DE MORRER Baixa (e apenas de tédio)
MELHOR ÉPOCA PARA IR Novembro
NÍVEL DE DIFICULDADE FÍSICA Baixo
CUSTO $

Acontece à meia-noite de 1 de novembro, quando literalmente milhares de aspirantes a autores escrevem a primeira palavra de seu novo romance.

Todos os anos, o pontapé inicial do National Novel Writing Month (Mês Nacional de Escrita de Romances), ou NaNoWriMo, é algo para se celebrar ou temer, dependendo do seu atual estado de bloqueio de escritor. Você está à frente do jogo se, até novembro, seu livro tiver um título e um breve esboço. Ao longo dos trinta dias seguintes (para ser preciso, até 23:59 de 30 de novembro, o prazo final), você tem apenas um objetivo: escrever 50.000 palavras.

Não é de se surpreender que quantidade conte mais que qualidade. Você "ganha" simplesmente por finalizar um primeiro rascunho de 50.000 palavras, com defeitos e tudo, em trinta dias.

A única coisa que importa é colocar suas ideias no papel. Você precisa escrever 1.666 palavras por dia para manter o ritmo. Não pense demais no enredo. Não pense demais nos personagens. Não se estresse com o diálogo nem – suspiro! – retrabalhe e aperfeiçoe o título inevitavelmente elaborado de seu romance.

Ser escritor significa *escrever*. Precisa ser um hábito diário. O NaNoWriMo existe para ensinar aos escritores aspirantes o hábito inestimável da escrita diária. Você pode revisar e editar depois.

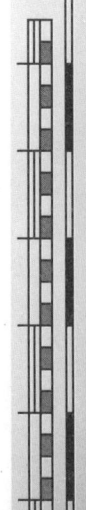

O BÁSICO

O NaNoWriMo começou em São Francisco e Oakland em 1999. No primeiro ano, 21 pessoas participaram. Em 2015, mais de 350 mil pessoas se cadastraram e mais de quarenta mil manuscritos apresentaram ou superaram o mínimo de cinquenta mil palavras.

O mundo pode não estar pronto para quarenta mil romances escritos rapidamente por ano, mas é grátis se inscrever e não há dúvidas de que o NaNoWriMo fará de você um escritor melhor, mesmo que você não alcance cinquenta mil palavras.

SAIBA MAIS

⚔ Não chame isso de novela. Você está escrevendo um romance, ok?!

⚔ O NaNoWriMo usa uma meta de cinquenta mil palavras porque acham que isso é possível, mesmo se você tiver filhos ou um emprego em tempo integral ou simplesmente for preguiçoso. Essa também é a contagem aproximada de palavras de *O grande Gatsby*, de F. Scott Fitzgerald.

⚔ O primeiro rascunho de *Água para elefantes*, o premiado romance de Sara Gruen (e mais tarde um blockbuster de Hollywood, estrelado por Reese Witherspoon e Robert Pattinson), foi escrito como parte do NaNoWriMo.

Qual é considerado o primeiro romance escrito em inglês: *Le Morte d'Arthur*, **de Sir Thomas Malory (1485),** *Robinson Crusoé*, **de Daniel Defoe (1719), ou** *Viagens de Gulliver*, **de Jonathan Swift (1726)?**

Pergunta ardilosa. Estudiosos não concordam sobre a definição de romance. Os três são considerados os primeiros exemplos do formato.

JUNTE-SE A UM CIRCO

O QUE Liberte a bala de canhão humana que há dentro de você
ONDE Montreal, Canadá
NÍVEL DE ORGULHO Alto
PROBABILIDADE DE MORRER Média
MELHOR ÉPOCA PARA IR O ano inteiro
NÍVEL DE DIFICULDADE FÍSICA Alto
CUSTO $-$$$$$

É a era de ouro dos circos, em grande parte graças a organizações como o Cirque du Soleil. Leões e elefantes treinados estão de saída, substituídos por shows altamente coreografados com acrobatas, aerialistas, trapezistas, trampolinistas, andadores de perna de pau, monociclistas, malabaristas, palhaços e artistas performáticos.

E o melhor de tudo: não há artistas suficientes para manter todos os circos funcionando! Uma escassez de talentos em todo o mundo significa que nunca houve momento melhor para deixar seu emprego e se juntar a um circo. Tudo de que você realmente precisa é dedicação, coragem e habilidade.

A dedicação é para o estilo de vida. A menos que você tenha a sorte de trabalhar para o chamado "circo estacionário" (pense num espetáculo do Cirque du Soleil sediado num cassino de Las Vegas), você deve abraçar uma vida na estrada. Você viaja até onze meses por ano de ônibus, trem e caminhão e dorme em acampamentos e hotéis baratos.

A coragem é para as exigências físicas. No circo, seu corpo é sua carreira. O trabalho é árduo e muitas vezes perigoso.

Habilidade tem a ver com encontrar sua paixão e exercitá-la. Você não se torna um artista de circo da noite para o dia. É preciso dedicação e prática.

O BÁSICO

Há duas maneiras de se juntar a um circo. A primeira é se matricular em uma escola de circo. O Circus Center, em São Francisco, a Cirque School, em Los Angeles, o Circus Juventas, em St. Paul, e o New England Center for Circus Arts, em Vermont, a Escola Nacional de Circo, no Rio de Janeiro, o Galpão do Circo, em São Paulo, e o Circo Girassol, em Porto Alegre, oferecem workshops e aulas para aspirantes a artistas.

A prestigiada National Circus School, em Montreal, no Canadá, oferece um Diploma de Estudos em Artes do Circo e, para os não canadenses, um Diploma de Estudos da Escola Nacional de Circo (DEE). Ambos os programas de três anos produzem alguns dos profissionais mais talentosos e altamente procurados do mundo. A anuidade é de cerca de US$ 6.000.

A segunda opção é simplesmente se inscrever. A maioria dos circos tem recrutadores de emprego e uma seção de carreiras em seu site. Você precisará de uma fita demo para mostrar suas habilidades. E esteja pronto para a audição pessoalmente. O Cirque du Soleil, por exemplo, realiza audições que podem durar dois ou três dias.

SAIBA MAIS

✗ As notícias boas: muitos empregos de circo em tempo integral incluem férias pagas, convênios médico e odontológico e planos de aposentadoria. A má notícia: os salários do circo não são bons. Os novos recrutas terão sorte se ganharem US$ 30.000 por ano.

✗ Não há limite de idade oficial para se apresentar em um circo. Apenas tenha em mente que organizações tradicionais como o Cirque du Soleil raramente contratam artistas com mais de 35 anos.

✗ Qual é o ato de circo mais perigoso? Estatisticamente falando, é a bala de canhão humana. Artistas precisam de habilidades de trapézio para voar graciosamente trinta metros pelo ar, combinadas com a capacidade de permanecer calmo e focado quando estão enfiados dentro de um canhão estreito de seis metros de comprimento e equipado com mola.

✕ Fãs de circo? Sim, eles existem. Pessoas (geralmente homens) obcecadas com a vida no circo, artistas específicos, lembrancinhas de circo ou a história do circo podem se juntar à Circus Fans Association of America (CFA). Se você puder ignorar a vibe stalker assustadora, organizações como CFA são muito ricas em informações sobre circo e agendas de circos de todos os tamanhos.

Quando e onde foi realizado o primeiro espetáculo do Cirque du Soleil?

Na pequena cidade de Gaspé, em Quebec, em 1984. O espetáculo, chamado Le Grand Tour, fazia parte da celebração do 450º aniversário da descoberta do Canadá por Jacques Cartier.

TENHA UMA AVENTURA URBANA

O QUE Percurso com obstáculos encontra caça ao tesouro encontra corrida de bicicleta
ONDE South Bend, Indiana
NÍVEL DE ORGULHO Baixo
PROBABILIDADE DE MORRER Baixa
MELHOR ÉPOCA PARA IR Julho
NÍVEL DE DIFICULDADE FÍSICA Médio
CUSTO $

Os organizadores chamam isso de "caçada por esteroides no lixo", mas isso dificilmente faz justiça ao evento.

Iniciada em 2009, a Urban Adventure Games tornou-se a maior corrida urbana multidisciplinar nos Estados Unidos. Pense que *The*

Amazing Race encontra uma corrida em escala urbana conectando mais de 26 pontos de verificação urbanos.

Duplas competem pelos melhores tempos. As disciplinas incluem corrida, ciclismo, remo, escalada e rolamento de cadeiras de escritório (geralmente há uma disciplina misteriosa ou duas jogadas, além das outras disciplinas).

O amplo percurso abrange ruas – e canais, delegacias de polícia, edifícios de escritórios, paredes de escalada, piscinas urbanas e percursos com obstáculo! – da South Bend e da vizinha Mishawaka, incluindo partes do campus da Universidade de Notre Dame.

O evento é legal, com total apoio de empresas locais e autoridades municipais. Este espírito de comunidade significa que os organizadores da corrida podem incluir algumas atividades malucas... como vestir o colete à prova de balas da polícia estando algemado ao seu parceiro e correr em direção ao estacionamento da delegacia.

O BÁSICO

A corrida, normalmente realizada em julho, começa às 8 horas da manhã, quando os mapas dos percursos são entregues às equipes. Esses mapas mostram cada ponto de verificação e instruções para navegar entre eles. Você pode passar pelos pontos de verificação em qualquer ordem, mas não se esqueça de nenhum (ou o tempo de penalidade será adicionado ao seu tempo total).

Você pode entrar em uma das três categorias, de divertido (iniciante) a elite (saia do meu caminho). Embora não haja um percurso estabelecido, o evento é estruturado para ser concluído em aproximadamente quatro horas. As equipes mais rápidas terminam em pouco mais de três horas.

Tênis de corrida, uma bicicleta e um traje de banho são obrigatórios. Você vai se molhar. A inscrição custa cerca de US$ 150 por equipe.

SAIBA MAIS

✗ Traga sua própria bicicleta e, sendo mais crítico, suas próprias peças de reposição. Pneus furados podem arruinar o dia da corrida.

✘ O East Race Waterway (Canal do Leste) de South Bend, construído em 1984, foi o primeiro curso de água branca artificial na América do Norte. Alerta de spoiler: você se tornará intimamente familiarizado com o East Race Waterway antes que a corrida termine.

✘ Durante a corrida, é permitido pedir informações a estranhos e espionar outras equipes. Entretanto, deixe seu celular em casa – dispositivos eletrônicos de qualquer tipo não são permitidos.

VERDADEIRO OU FALSO? A equipe de futebol da Universidade de Notre Dame já foi conhecida como os "católicos".

Verdadeiro, mas um pouco ofensivo. A universidade atualizou seu apelido para "Fighting Irish" (irlandeses lutadores) em 1927.

TRABALHE EM UM BARCO DE PESCA

O QUE Nascido para pescar, forçado a trabalhar
ONDE Alasca
NÍVEL DE ORGULHO Alto
PROBABILIDADE DE MORRER Razoavelmente alta (sendo mais preciso: 104 mortes anuais a cada 100 mil trabalhadores)
MELHOR ÉPOCA PARA IR De abril a julho
NÍVEL DE DIFICULDADE FÍSICA Extremamente alto
CUSTO Eles te pagam!

Procurando aventura? Precisa de dinheiro rápido? Ansioso para passar um verão ao ar livre?

Excelente. Então você está quase pronto para um trabalho de verão em um barco de pesca no Alasca... desde que você consiga aguentar longas horas (turnos de trinta dias sem folga), temperaturas frias (é congelante à noite, mesmo no verão) e acomodações apertadas (não é um navio de cruzeiro, é um navio de pesca comercial e você dormirá de forma compacta em cabines com dois ou três outros marujos).

Da baía de Bristol, no extremo norte, até Ketchikan, no sudeste do Alasca, a temporada comercial geralmente começa em abril com arenques e corridas de salmão-rei na primavera, chega à alta temporada de salmão e bacalhau em julho e fecha com caranguejos-real (king crab) e sapateiras-do-pacífico em agosto e setembro.

Você não precisa de experiência prévia em pesca comercial para conseguir um emprego em um barco de pesca do Alasca. O truque é estar no porto certo, na hora certa.

O Departamento de Pesca e Caça do Alasca publica um guia anual para as estações de pesca comercial, que variam de acordo com a espécie e a localização. Escolha um porto e chegue uma semana antes de uma das estações ser aberta. Sua melhor aposta é andar de barco em barco, pedindo trabalho de marujo. Os pagamentos são relativamente padronizados, então não se preocupe muito com a negociação.

O BÁSICO

Os navios comerciais do Alasca têm três variedades: trollers, de cerco e com redes de emalhe.

Enfatizando a qualidade em detrimento da quantidade, os trollers arrastam as linhas de aço inoxidável, cada uma com uma variedade de iscas e anzóis com ganchos, a partir de um barco que se move lentamente.

Os navios para pesca de cerco baixam redes enormes para o fundo do mar e puxam para cima vinte mil peixes de cada vez.

Os navios com redes de emalhe (principalmente para o salmão) soltam pequenas redes no caminho da migração de peixes e os emaranham pelas guelras.

A pesca de cerco é a opção mais lucrativa, especialmente para os novatos; as viagens tendem a ser mais curtas e as equipes tendem a ser maiores, o que se traduz em embarcações mais dispostas a arriscar a contratação de marujos inexperientes. O trabalho nos trollers é o mais árduo, com dezoito horas diárias e nenhum dia de folga durante um mês; como resultado, o pagamento é excelente. Nos navios com redes de emalhe, marinheiros novatos podem esperar ganhar 5% do total da pesca; você pode embolsar até 15% se tiver experiência. Se tudo correr bem, você poderá ganhar US$ 40.000 ou mais durante a temporada de pesca de verão, que dura aproximadamente vinte semanas.

SAIBA MAIS

✘ Em uma péssima temporada de pesca, os marinheiros (mesmo os experientes) ganham apenas o suficiente para pagar a alimentação e sua parte de combustível para o barco. Infelizmente não há muito que você possa fazer em relação a uma temporada de pesca ruim.

✘ Por outro lado, a pesca no Alasca é uma indústria durante o ano inteiro. É possível encontrar trabalho em qualquer época do ano para compensar alguns meses ruins.

✘ Prepare-se para o seu novo trabalho assistindo a episódios do reality show *Pesca Mortal*. Ele mostra a vida dos pescadores de caranguejo no Alasca. Se não aguentar o programa, não vai conseguir aguentar o trabalho.

✘ A melhor forma de remover o cheiro de peixe de suas mãos e corpo? Esfregue vigorosamente suco de limão fresco – ou pasta de dente – em suas mãos e sob as unhas, enxágue e repita.

VERDADEIRO OU FALSO? O corte de madeira é o trabalho mais perigoso nos Estados Unidos.

Falso. De acordo com o Departamento de Estatística do Trabalho dos Estados Unidos, a pesca comercial ganha do corte de madeira como profissão mais letal. Bônus: o afogamento é a causa mais comum de morte entre os pescadores comerciais.

Habilidade em aventuras
COMO SOBREVIVER AO CAIR NO MAR

BÁSICO
Ao cair de navios mais altos de carga e passageiros, entre na água primeiro com os pés para minimizar ossos quebrados e ferimentos na cabeça.

Em águas frias, especialmente, respire fundo antes do impacto. Você corre o risco de engolir água do mar e de se afogar se seus pulmões não estiverem cheios de ar. Ofegar involuntariamente é a resposta de choque do corpo quando a temperatura da pele cai abruptamente.

Não bata os braços rapidamente nem nade com os braços estendidos (isso esfria o corpo). Conserve seu calor e energia ficando o mais imóvel possível. Flutue se puder.

Mantenha uma atitude mental positiva e não desista.

Mesmo em águas de 4,4°C, a hipotermia não é um grande risco entre quinze a trinta minutos. Esse é o tempo que as equipes de resgate têm para encontrá-lo e tirá-lo da água.

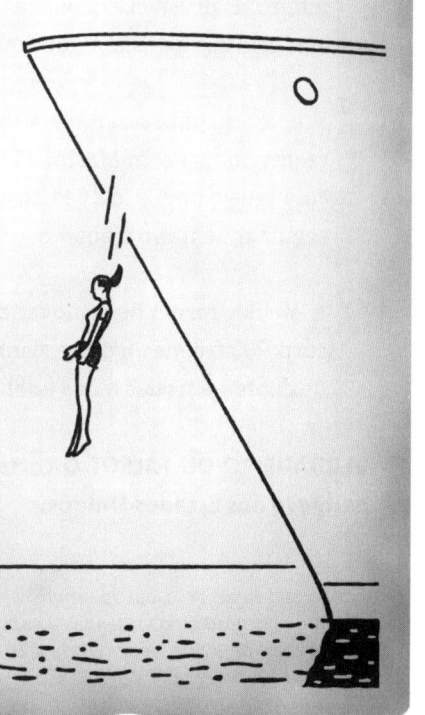

AVANÇADO

Os fatores de risco para pescadores comerciais incluem mar agitado, deques escorregadios e ficar emaranhado em apetrechos de pesca. Usar equipamentos de flutuação aumenta drasticamente suas chances de sobrevivência.

O pescador comercial pode usar botas de borracha como equipamento de flutuação improvisado. Tire e encha as botas com ar, segure-as sob seus braços e flutue ou abra caminho suavemente na água.

Não relaxe quando os socorristas se aproximarem. Mais de 20% das fatalidades ocorrem durante a fase de resgate devido aos efeitos da incapacidade de suportar o frio (a incapacidade de coordenar o movimento necessário para nadar ou pegar uma boia salva-vidas ou uma escada de resgate).

Se perder o seu navio de vista e puder ver qualquer tipo de costa, nade em direção a ela.

VOLUNTARIE-SE COMO VIGIA DE INCÊNDIOS

O QUE Só você pode evitar incêndios florestais
ONDE Florestas nacionais dos Estados Unidos
NÍVEL DE ORGULHO Médio
PROBABILIDADE DE MORRER Baixa
MELHOR ÉPOCA PARA IR De abril a setembro
NÍVEL DE DIFICULDADE FÍSICA Baixo
CUSTO $

Como o leiteiro e o limpador de chaminés, o trabalho de vigia de incêndio parece levemente ultrapassado.

No entanto, todos os anos, o Serviço Florestal dos Estados Unidos anuncia dezenas de vagas para vigias de incêndio em florestas em todo o país. Em um aceno à modernidade, o papel é hoje conhecido como "técnico florestal", mas não se deixe enganar. Seu trabalho é o mesmo de sempre, observar os horizontes em busca de fumaça.

O trabalho é simples: das 9 às 17 horas, todos os dias, você procura por fumaça (os binóculos são úteis) e estima seu azimute, a distância e a localização, bem como seu volume e cor. Tudo isso ajuda o Serviço Florestal a determinar se e quando chamar os bombeiros, no caso de um grande incêndio.

A verdadeira aventura é o trajeto diário: em geral, você dá alguns passos a partir da sua barraca e fogueira e, em seguida, sobe alguns degraus até o topo de sua plataforma de observação particular. A perspectiva de 360º sobre a extensa floresta é, de longe, a melhor parte do seu trabalho.

O BÁSICO

Os vigias de incêndio desempenham um papel importante e o Serviço Florestal não contrata ninguém. Há um processo de seleção e, se você for selecionado, é necessário um treinamento básico. Você também precisa ter diploma de segundo grau mais dois anos de faculdade, faculdade comunitária ou experiência educacional semelhante.

A organização sem fins lucrativos Forest Fire Lookout Association (FFLA) mantém uma extensa lista de empregos para vigias de incêndio. Alguns cargos para observação de incêndio são pagos, mas a maioria é voluntária. Dependendo da localização, os cargos duram continuamente do fim do inverno e início da primavera até o início do outono.

Às vezes você tem permissão para levar convidados às torres de observação de incêndio, às vezes não. Em locais remotos, você pode ter pouca companhia além de animais e de algum mochileiro ocasional.

SAIBA MAIS

- Apesar de muitos vigias de incêndio trabalharem como voluntários não remunerados, alguns cargos são pagos de US$ 13 a US$ 17 por hora. Mesmo assim, vigiar incêndios não é uma carreira, apenas uma aventura paga de verão.

- Os incêndios em terras florestais públicas já foram temidos e, como resultado, suprimidos de forma agressiva pelo governo – daí a rede de mais de 1.500 vigias de incêndios mantidos nos Estados Unidos.

- Mais recentemente, o Serviço Florestal reconheceu os benefícios do fogo para os ecossistemas florestais e é cada vez mais tolerante em permitir que certas queimadas causadas por raios não sofram intervenção.

- Embora grandes áreas da floresta nacional sejam consumidas anualmente por incêndios, os vigias podem passar semanas sem avistar o mínimo sinal de fumaça. Durante essas calmarias, você vai querer ler um bom livro, ter um machado para cortar lenha e talvez um hobby criativo. Os vigias de incêndio são aspirantes a poetas, dramaturgos e pintores.

Habilidade em aventuras
COMO SOBREVIVER A UM INCÊNDIO FLORESTAL

BÁSICO

Se puder deixar a área ao redor de um incêndio, com segurança, faça isso. A evacuação é sempre preferível ao abrigo no local.

Sempre se afaste para longe e contra o vento (encarando o vento) de um incêndio. Olhe para cima e observe para onde a fumaça está indo. Mova-se na direção contrária.

Sempre recue para uma posição mais baixa em relação a um incêndio florestal. As chamas vão para cima, junto com o ar superaquecido mortal criado pelo fogo.

Conforme você se move contra o vento e para baixo, procure por aceiros naturais, como estradas, rios, lagos ou clareiras livres de árvores. Quanto menos material combustível ao seu redor, melhor.

AVANÇADO

Não cubra a boca com uma bandana ou pano molhado. Nenhum material é bom o suficiente para filtrar as partículas de fumaça. E qualquer umidade pode ferver e formar bolhas em sua pele.

Não tente fugir de um incêndio que se alastra rapidamente. Uma parede de chamas pode se mover de 48 a 64 quilômetros por hora e logo alcançá-lo.

Se precisar correr, siga em direção a córregos ou áreas baixas. Como último recurso, corra pela borda principal de um incêndio em áreas que já foram queimadas.

Se houver chamas em você, respire fundo e prenda o ar. Inalar o ar superaquecido vai matá-lo. Procure abrigo em uma vala ou qualquer terreno baixo para permitir que o ar superaquecido passe por cima.

No pior caso: cave. Faça uma trincheira em terreno baixo e deite-se com os pés voltados para a direção do incêndio. Cubra-se com sujeira e espere o fogo passar.

VERDADEIRO OU FALSO? O romancista Jack Kerouac era um vigia de incêndio pago.

Verdadeiro. No início dos anos 1950, Kerouac passou dois meses em Desolation Wilderness, no estado de Washington, como vigia de incêndio. Ele escreveu sobre a experiência em seus livros Viajante solitário e Os vagabundos iluminados.

SIMULE SEU PRÓPRIO SEQUESTRO

O QUE O presente perfeito para amigos difíceis de agradar com presentes comuns
ONDE Um porão anônimo
NÍVEL DE ORGULHO Alto
PROBABILIDADE DE MORRER Baixa
MELHOR ÉPOCA PARA IR Na calada da noite
NÍVEL DE DIFICULDADE FÍSICA Alto
CUSTO $$-$$$

Algumas pessoas sonham em relaxar na praia nas férias. Outros sonham em ser sequestrados à força. Talvez ser sequestrado seja o ideal para o seu próximo programa de fim de semana.

O conceito é controverso. Os sequestros simulados não agradam a todos. Mesmo assim, empresas nos Estados Unidos e na Europa oferecem vários pacotes de sequestro. Os sequestros de primeira viagem incluem sequestro forçado em um local público (em geral, um estacionamento de supermercado), ser algemado e amordaçado e depois trancado em um porão onde você estará sujeito ao estresse e às pressões psicológicas de um sequestro da vida real por até quatro horas.

"Sequestros reais" de dez horas podem ser personalizados e incluir bilhetes de resgate e abuso físico, como simulação de afogamento, ser preso a uma parede com fita adesiva, suspenso no teto, enfiado em um armário, atingido por uma arma de choque, espancado com um peixe morto... literalmente, não há limite para o que o dinheiro pode comprar quando se trata de cenários de sequestro simulado.

O BÁSICO

Várias empresas fornecem legalmente serviços "entretenimento" de sequestro simulado. O processo geralmente começa com um questionário investigando sua tolerância a vários estressores físicos e mentais, suas alergias e quaisquer condições médicas preexistentes. A maioria das pessoas também pede uma palavra de segurança que, se falada, acaba de imediato com o sequestro. Você também pode concordar com uma história de fundo para dar ao seu sequestro uma narrativa.

Os novatos pagam cerca de US$ 500 a US$ 700 e geralmente viajam para o local do sequestrador, fazem check-in em um hotel barato e esperam que os sequestradores façam o trabalho deles. Você será levado a um local seguro e amarrado, sofrerá abuso mental e possivelmente será fisicamente torturado. Depois de quatro horas, você é libertado e volta ao seu hotel.

Cenários mais desenvolvidos – ou seja, mais realistas – duram dez horas ou mais e custam mais de US$ 1.500.

SAIBA MAIS

✘ A Extreme Kidnapping, administrada pelo falsário e ex-condenado Adam Thicke, foi a primeira empresa dos Estados Unidos a organizar sequestros simulados por uma taxa. Thicke não sequestra mais o público em geral. Agora ele trabalha para o mercado de sequestros mais lucrativo como uma equipe corporativa.

✘ A pior parte de ser sequestrado? De acordo com um jornalista da revista *Gentlemen's Quarterly*, sequestrado pela Extreme Kidnapping, foi ser forçado a ouvir a música "Sweet Dreams", da banda Eurythmics, repetidas vezes.

✘ É um falso sequestro legalizado? Na maioria das vezes, sim. Você pode fingir um sequestro nos Estados Unidos desde que a polícia não seja acionada nem que um relatório policial seja registrado, e desde que seus sequestradores não o defraudem ou o ameacem para obter dinheiro (além da "taxa de entretenimento" que você já pagou).

⚔ Deseja algo mais, além de um sequestro básico? A Ultime Réalité, uma empresa de "reality adventure" com sede em Paris, oferece sequestros com mira de arma, caçada humana (rastrear humanos em áreas urbanas ou de selva), pernoites em necrotérios e aventuras "Go Fast", que incluem o transporte e descarregamento de drogas falsas de um helicóptero ou lancha na calada da noite.

Que parte do corpo os sequestradores de John Paul Getty III, de dezesseis anos, filho do homem mais rico do mundo na época, cortaram e enviaram como prova de vida e um sinal de que estavam falando sério sobre um resgate de US$ 17 milhões?

A orelha dele. O pai de Getty, originalmente, recusou-se a pagar qualquer resgate por seu filho distante. Três meses após o sequestro de Getty, os sequestradores enviaram sua orelha para um jornal italiano. O resgate foi negociado até chegar a US$ 3 milhões e, então, pago.

Habilidade em aventuras
COMO FUGIR DE UMA TENTATIVA DE SEQUESTRO

BÁSICO

Alguns sequestradores patrulham áreas ricas e buscam alvos fáceis e óbvios. Misture-se. Não use joias chamativas nem uma câmera ou equipamento de vídeo caro. Não use caixas eletrônicos em lugares desertos à noite.

Se estiver dirigindo, mantenha as portas trancadas e as janelas fechadas. Não dê oportunidade para sequestradores entrarem no seu veículo.

Quando não estiver dirigindo, use transporte público ou traslado oferecido pelo hotel ou caminhe. Você fica mais vulnerável em um táxi.

Resista de forma ativa. Suponha o pior e faça todo o possível – morda, chute, grite – para chamar atenção e frustrar seus sequestradores. Lute sujo.

Se você estiver fisicamente sobrecarregado ou em uma situação de risco de vida, finja se render e reserve suas forças. Fique calmo e procure a primeira oportunidade para fugir.

AVANÇADO

Sempre deixe uma distância aproximada de um carro entre você e o veículo à frente, especialmente em tráfego pesado e semáforos. Se os sequestradores tentarem prendê-lo, você terá espaço para manobrar e possivelmente fugir.

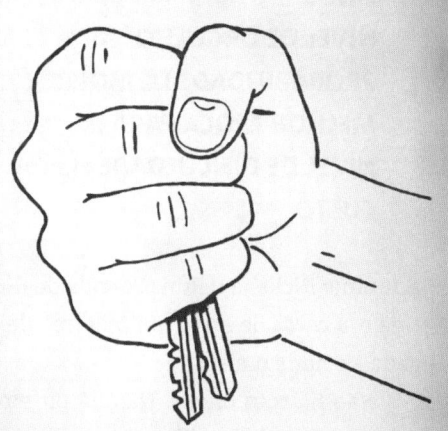

Leve uma carteira com apenas um cartão de crédito e dinheiro limitado em um bolso ou bolsa óbvia. Esconda a maior parte do seu dinheiro e cartões de crédito e seu passaporte em seu hotel ou em seu corpo.

Se você sentir o perigo se aproximando, no Brasil, ligue para 190 e esconda o celular em seu corpo (se possível) e prepare-se para lutar. Use suas chaves como arma improvisada, inserindo-as entre os dedos para cortar o rosto e os olhos de um agressor.

Se seu sequestrador usar formas de contenção, coloque espontaneamente as mãos na frente do corpo (e não atrás das costas). Abra os dedos e as pernas para criar folga nas contenções.

Se for raptado e colocado em um veículo, preste atenção em que direção você está se movendo e em quaisquer pontos de referência que puder identificar. Se estiver vendado, ouça trens, rios, fábricas ou outros sons altos e nítidos que possam indicar sua localização.

CORRA COM UM RIQUIXÁ POR TODA A ÍNDIA

O QUE A coisa menos sensata que você pode fazer com duas semanas
ONDE De Jaisalmer para Kochi, Índia
NÍVEL DE ORGULHO Alto
PROBABILIDADE DE MORRER Média
MELHOR ÉPOCA PARA IR Janeiro, abril ou agosto
NÍVEL DE DIFICULDADE FÍSICA Alto
CUSTO $$$-$$$$

A infame Rickshaw Run (Corrida de Riquixá) tem uma linha de partida e, a cerca de 2.900 quilômetros de distância, uma linha de chegada – e nada mais.

Não há rota oficial. Não há pit stops ou pontos de verificação ou requisitos de corrida além de dirigir seu riquixá de Jaisalmer, no norte da Índia, até Kochi, no sul da Índia.

Esta não é uma corrida no sentido tradicional. Pense nisso mais como a forma mais estranha possível de experimentar as maravilhas da Índia, tudo em um riquixá motorizado lento, que chacoalha e sacoleja, quebra e cospe fumaça em estradas esburacadas repletas de vacas, ônibus, motocicletas e caminhões.

Para algumas pessoas, a experiência é o inferno na Terra; para outras, é a maior diversão que podem ter em três rodas.

Os anfitriões da Rickshaw Run a chamam de "un-race" ("não corrida"), já que, na verdade, qualquer pessoa viajando pela extensão da Índia de riquixá não vai a lugar nenhum de forma rápida. As corridas de riquixá são realizadas duas ou três vezes por ano e duram de duas a três semanas (pessoas normais em carros normais levam cerca de quatro dias para percorrer a mesma distância; em trens expressos, a mesma jornada dura dois dias).

O BÁSICO

As taxas de inscrição (até o máximo de três pessoas) são de US$ 2.100 e incluem o uso do seu próprio riquixá com motor de dois cilindros, curso único, durante a corrida.

As corridas começam com dois dias obrigatórios de test driving e familiarização com o riquixá. Ao longo de duas semanas, é certo que seu riquixá vai quebrar, o pneu vai furar, o veículo vai tombar e assim por diante, então é aconselhável saber como fazer reparos simples durante a viagem.

O seguro está incluído na taxa da corrida. Você só precisa de dinheiro para alimentação, alojamento, peças de reposição, combustível e subornos para policiais indianos desconfortáveis com a ideia de você dirigir um riquixá de Jaisalmer até Kochi sem ganhar nada com isso. Mais US$ 2.000 devem cobrir suas despesas.

SAIBA MAIS

✗ Os riquixás motorizados existem desde os anos 1930. O modelo icônico produzido pela empresa indiana Bajaj – o mesmo modelo usado nas Rickshaw Runs – foi inventado em 1947 pelo engenheiro aeroespacial italiano Corradino D'Ascanio.

✗ Outra reivindicação de d'Ascanio à fama? Ele inventou a motocicleta Vespa.

✗ Mais de 85 equipes de riquixás concluem cada circuito de Jaisalmer até Kochi e o espaço é limitado. Para poder se divertir, você precisa se inscrever com pelo menos seis meses de antecedência.

✗ Prepare-se para a corrida assistindo ao filme *Amal*, de 2007, sobre um humilde motorista de riquixá de Nova Délhi.

Qual a velocidade máxima recomendada para um riquixá motorizado Bajaj, de acordo com o fabricante?

Cerca de 35 quilômetros por hora (presumivelmente um pouco mais rápido na descida).

COMECE UMA GUERRA DE TOMATES

O QUE 25 mil pessoas e muitos tomates
ONDE Buñol, Espanha
NÍVEL DE ORGULHO Encharcado
PROBABILIDADE DE MORRER Baixa
MELHOR ÉPOCA PARA IR Agosto
NÍVEL DE DIFICULDADE FÍSICA Baixo
CUSTO $

Ela é anunciada como a maior guerra de comida do mundo. Em agosto, mais de 25 mil pessoas chegam à cidade espanhola de Buñol para celebrar o festival La Tomatina. A ideia é lindamente simples. A cidade inteira joga tomates uns nos outros, mais de trezentos mil quilos de tomates, sem parar, por uma hora inteira.

Tomates na cara, tomates no cabelo, tomates rolando na parte de trás da camisa, tomates nos sapatos...

Quando o festival acaba, as ruas de Buñol estão profundamente impregnadas de tomates em vários estágios de decomposição, desde amassados e esmagados até empastados e em forma de molho. No fim, o corpo de bombeiros da cidade desenrola as mangueiras para fazer uma limpeza profunda e muito necessária em toda a cidade.

La Tomatina é um daqueles raros festivais que acontece sem motivo. Não é um evento religioso. Não comemora um momento comovente na história espanhola nem marca um dia culturalmente significativo. Os locais acham que os primeiros tomates foram atirados na década de 1940, mas, de novo, ninguém sabe realmente.

O BÁSICO

O festival La Tomatina é realizado anualmente na última quarta-feira de agosto. A cidade é palco de desfiles e fogos de artifício na semana que antecede a guerra de tomates. Grandes quantidades de tomates maduros são transportadas para a cidade vindas do sudeste da Espanha.

Na manhã da grande batalha, um presunto é colocado no topo de um mastro alto e lubrificado (o Palo Jabón) e La Tomatina começa oficialmente quando alguém bate no topo e derruba o presunto.

Os próximos sessenta minutos são um borrão caótico de tomates polpudos voando em todas as direções. Usar óculos de proteção e luvas é altamente recomendado. E, correndo o risco de afirmar o óbvio, cada parte de você vai acabar encharcada de gosma de tomate pegajosa. Deixe de lado as roupas elegantes e sapatos caros.

Por causa das grandes multidões, agora ingressos são obrigatórios para se entrar na cidade no dia do evento. Eles podem (e devem) ser comprados on-line com antecedência por uma pequena taxa. Buñol é uma cidade pequena e não pode acomodar as multidões que chegam para La Tomatina. Reserve um quarto com muita antecedência ou, melhor ainda, durma nas proximidades de Valência e vá de ônibus para Buñol, com milhares de companheiros atiradores de tomate.

SAIBA MAIS

✗ Não é preciso levar seus próprios tomates para La Tomatina. Para evitar lesões, os organizadores só permitem tomates muito maduros que foram preamassados. Todos os outros tomates serão confiscados!

✗ La Tomatina teve uma história difícil: durante a era totalitária da Espanha, comandada pelo ditador Francisco Franco, o evento foi cancelado inúmeras vezes pelos líderes da cidade, que temiam que a guerra de tomates pudesse facilmente se transformar em um protesto político em toda a cidade. Ditadores impopulares são compreensivelmente cautelosos com festivais envolvendo tomates podres.

✗ Cientificamente falando, tomates não são vegetais. Como todas as frutas verdadeiras, os tomates contêm as sementes da planta, como mirtilos e laranjas. A confusão "vegetal ou fruta" provavelmente deriva do fato de os tomates serem tipicamente cozidos em pratos salgados e raramente servidos em pratos doces.

VERDADEIRO OU FALSO? Tomates são venenosos para cães.

Principalmente verdade. Tomates verdes novos, pés e caules de tomate têm altas concentrações de tomatina, que podem matar cães se consumidos em grandes quantidades. Tomates maduros geralmente são considerados seguros para cães.

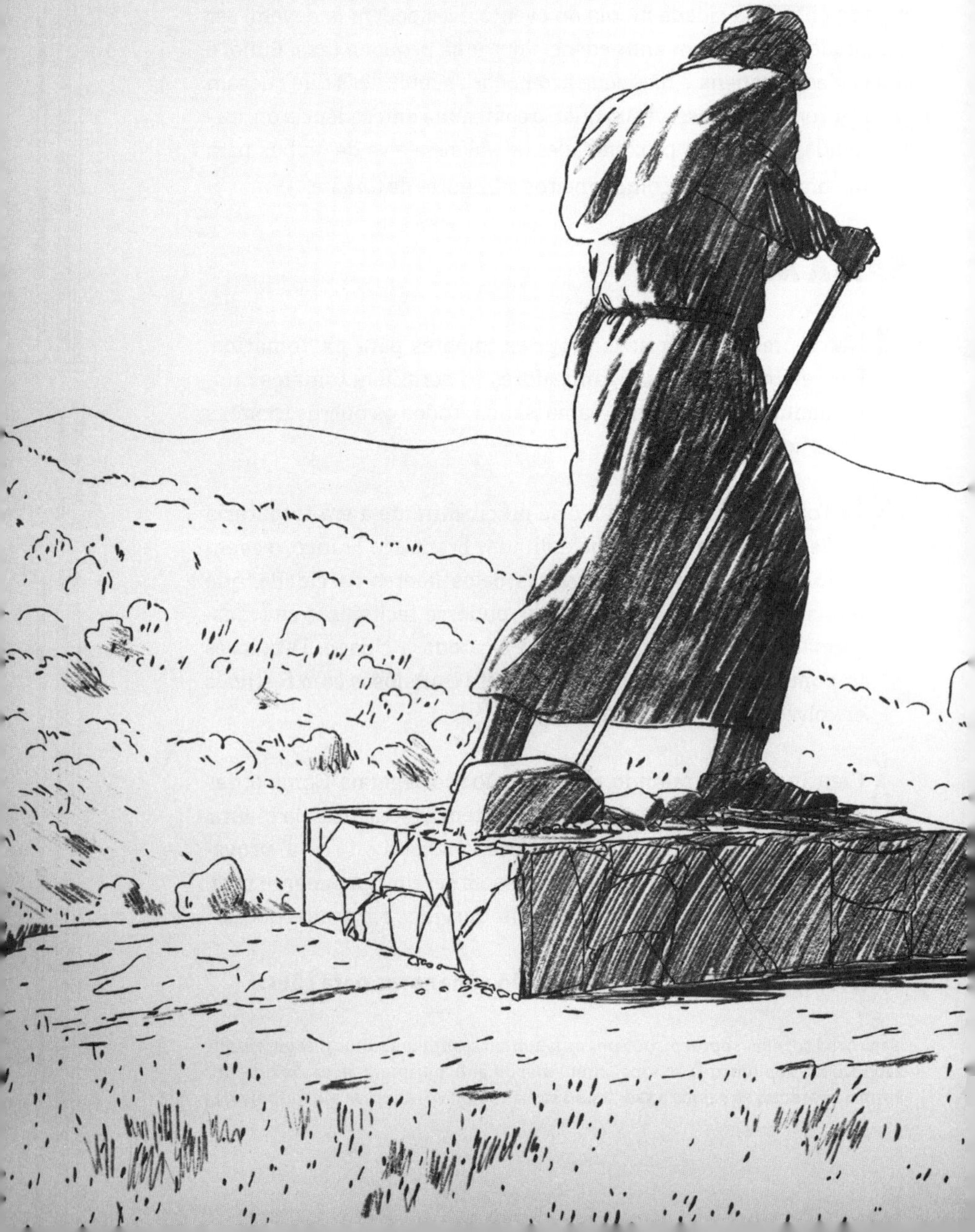

4

AVENTURAS PARA MENTE, CORPO E ESPÍRITO

Faça uma autoatualização – ou se perca. Essas vinte e duas aventuras são para pessoas que buscam algumas emoções no caminho da autodescoberta e da iluminação.

ENVIE UM BILHETE PARA DEUS

O QUE Enviado do Muro das Lamentações. Por favor, desculpe por qualquer erro de digitação.
ONDE Jerusalém, Israel
NÍVEL DE ORGULHO Para os judeus observantes, esse é o nível mais sagrado de orgulho
PROBABILIDADE DE MORRER Baixa
MELHOR ÉPOCA PARA IR O ano inteiro
NÍVEL DE DIFICULDADE FÍSICA Baixo
CUSTO Grátis

Não importa a denominação, Muro Ocidental, Muro das Lamentações ou Kotel, trata-se de um dos lugares mais sagrados de Israel e uma base literal da fé judaica.

O muro em si, um trecho exposto de calcário no centro da cidade velha de Jerusalém, não é algo que chame muito a atenção. No entanto, é o último remanescente do Segundo Templo construído por Herodes por volta de 19 a.C., no topo da colina sagrada conhecida como Monte do Templo. A área inteira foi considerada o centro da espiritualidade judaica durante séculos até que o templo foi destruído em 70 d.C. pelos romanos.

Líderes espirituais judaicos dizem que, mesmo após a destruição do templo, a divina presença de Deus nunca deixará o Muro das Lamentações, e ele jamais será destruído.

Hoje, peregrinos judeus de todo o mundo visitam o muro para orar e, de forma mais visível, lamentar a queda do templo. As pessoas beijam as pedras e colocam bilhetes manuscritos para Deus nas fendas e frestas do muro. Embora o Muro das Lamentações seja considerado o lugar mais sagrado do judaísmo, pessoas de todas as religiões podem deixar (e deixam) bilhetes no muro quando passam pela cidade velha de Jerusalém. Mais de um milhão de bilhetes e orações são colocados no muro a cada ano.

O BÁSICO

O muro se estende por mais de 488 metros, mas a maior parte é inacessível. O trecho que as pessoas visitam tem 57 metros e faz face a uma grande praça ao ar livre que acomoda milhares de fiéis. Até recentemente, homens e mulheres não podiam rezar juntos na parede – um ponto importante de discórdia para os judeus não ortodoxos. Em 2016, a Suprema Corte de Israel aprovou a criação de um espaço misto onde homens e mulheres agora podem rezar juntos.

O acesso ao muro é controlado com rigor por razões religiosas e de segurança. Vista-se respeitosamente, ou seja, chapéus ou yarmulkes (quipás) para homens, xales cobrindo a cabeça e saias longas ou calças para mulheres.

Não há restrições quanto ao tamanho ou estilo dos bilhetes deixados na parede, apenas seja respeitoso e evite exibicionismo ostentatório (diga não a canetas com glitter e papel colorido).

SAIBA MAIS

✘ Os não judeus às vezes o chamam de Muro das Lamentações, porque as orações oferecidas no muro eram sentidas de forma profunda e, com frequência, eram demonstrações de fé verbais e lacrimosas. Entretanto, os judeus não usam a denominação Muro das Lamentações e consideram isso um pequeno insulto.

✘ O Muro Ocidental é bastante firme. É fácil acreditar que somente a divina presença de Deus o manteve seguro por mais de três mil anos, durante os quais Jerusalém foi destruída e reconstruída não menos que nove vezes.

✘ Quer deixar um bilhete para Deus, mas não pode viajar pessoalmente para Jerusalém? Não tem problema. O costume de inserir orações manuscritas no Muro das Lamentações é tão difundido que você pode contratar serviços on-line que inserem bilhetes em seu nome.

VERDADEIRO OU FALSO? Jerusalém é considerada a cidade mais sagrada da Terra por judeus, cristãos e muçulmanos.

Parcialmente verdadeiro. Para os judeus, Jerusalém foi sua primeira capital e abriga o Monte do Templo, local mais sagrado dos sagrados templos judeus. Para os cristãos, é o local da Última Ceia e onde Jesus foi crucificado e sepultado. Para os muçulmanos, enquanto Jerusalém é uma cidade importante (onde o profeta Maomé subiu ao céu), Meca e Medina são consideradas mais sagradas.

VISITE AS LINHAS DE NAZCA

O QUE Mensagem entregue, significado obscuro
ONDE Nazca, Peru
NÍVEL DE ORGULHO Médio
PROBABILIDADE DE MORRER Baixa
MELHOR ÉPOCA PARA IR O ano inteiro
NÍVEL DE DIFICULDADE FÍSICA Médio
CUSTO $-$$

Sem dúvida, você os viu em revistas e programas de televisão sobre natureza: desenhos intricados de lhamas, leopardos, aranhas e os ocasionais humanos espalhados pelas altas planícies desérticas do Peru. São as mundialmente famosas linhas de Nazca, que cobrem mais de 440 quilômetros quadrados, com alguns dos desenhos se estendendo por mais de 305 metros de cima para baixo.

Criadas de forma meticulosa, pedra por pedra, há mais de dois mil anos, por razões obscuras por uma civilização antiga sobre a qual não sabemos muito, as linhas de Nazca são o enigma quintessencial envolvido em um mistério, inspirando especulação extraordinária sobre seu propósito.

Elas eram um antigo observatório astronômico? Foram oferecidas aos deuses do céu? Serviram como canais de irrigação? Sinalização de navegação para civilizações alienígenas?

É provável que nunca saberemos. A falta de respostas é o que impulsiona pequenos grupos de místicos e profetas a visitar o local todos os anos. Quer seja visto de pé em um sopé próximo ou – melhor de tudo – do ar, as linhas de Nazca parecem importantes e significativas. São uma mensagem desenhada de forma elegante vinda do alvorecer da civilização humana. Nós só não sabemos o que a mensagem diz.

O BÁSICO

Os geoglifos de Nazca – esse é o termo técnico para recursos de paisagem duráveis, como rochas, que podem ser usados como sua tela de arte – foram criados pela remoção de pedras marrom-avermelhadas para expor o solo de cor mais clara abaixo delas. É um processo de baixa tecnologia que, quando aplicado aos desenhos geométricos engenhosos de Nazca, produz resultados surpreendentes: centenas de desenhos geométricos e mais de setenta imagens em grande escala de pássaros e animais gravadas nas planícies áridas do deserto.

Nazca foi reconhecida como Patrimônio da Humanidade pela UNESCO em 1994, o que impulsionou os esforços para preservar e proteger os geoglifos. Infelizmente, o deserto de Nazca está em risco devido ao aquecimento global e mudanças nos padrões climáticos. Cientistas temem que uma única chuva forte possa lavar grandes partes do local.

Dada a fragilidade de Nazca, o acesso aos geoglifos é estritamente proibido. Até cientistas são obrigados a usar calçados especiais quando estudam o local.

Nazca fica aproximadamente 322 quilômetros ao sul de Lima, capital do Peru. A maneira mais simples de ver os geoglifos de Nazca é a pé. Trilhas sinalizadas cruzam os sopés ao redor, oferecendo apenas elevação suficiente para admirar adequadamente muitos dos desenhos mais famosos. Você também pode organizar um sobrevoo saindo de Nazca (US$ 150 ou mais) ou do porto de navios de cruzeiro em Paracas (US$ 450 ou mais).

SAIBA MAIS

✗ Quem eram os Nazca? Eles precederam os incas em até dois mil anos. Eram provavelmente agricultores que se instalaram no sopé da cordilheira dos Andes. Além dos geoglifos, os Nazca são conhecidos por sua sofisticada cerâmica e aquedutos subterrâneos. Eles morreram no século VIII d.C. por razões que permanecem obscuras.

✗ As linhas de Nazca foram esquecidas por mais de mil anos até 1927, quando um arqueólogo peruano as localizou em uma caminhada. Na década de 1930, quando os primeiros aviões sobrevoaram a região remota, a grande escala e a beleza dos geoglifos foram totalmente compreendidas.

✗ Acredita-se que o clima seco de Nazca tenha preservado os desenhos inalterados por muitos séculos. A precipitação média é inferior a 0,38 centímetro por ano.

Além do clima, qual o responsável pelo maior dano aos geoglifos de Nazca nos últimos anos?

Greenpeace. O grupo pró-ambiental colocou uma faixa de protesto no solo, ao lado do famoso geoglifo do beija-flor. Infelizmente, os cerca de vinte ou mais ativistas também esculpiram um novo e semipermanente caminho, de ida e volta, visível do ar, para o local proibido. Ops.

REFAÇA A TRILHA HIPPIE

O QUE Reviva o rito de passagem final para esquisitos e beatniks
ONDE De Istambul para Katmandu
NÍVEL DE ORGULHO Médio
PROBABILIDADE DE MORRER Média
MELHOR ÉPOCA PARA IR De março a outubro
NÍVEL DE DIFICULDADE FÍSICA Médio
CUSTO $$$

Se você tiver pais com mais de sessenta anos, pergunte a eles sobre a "trilha hippie". Eles provavelmente vão saber sobre isso, porque viajar pela trilha hippie era um ritual de passagem no final dos anos 1960 e 1970, como forma de provar que se era um beatnik inconformista alternativo.

Você pode culpar os Beatles. O "leste místico" atraiu viajantes ocidentais por séculos, mas desenvolveu uma nova urgência no resplendor da bastante divulgada viagem dos Beatles em 1968 na Índia. O Fab Four inspirou uma geração de milhares de britânicos, americanos, canadenses, australianos e neozelandezes de vinte e poucos anos a pegar a estrada e viajar.

A trilha hippie tinha muitas rotas (sim, há muitos caminhos para a autodescoberta). A mais icônica começou em Istambul e esculpiu um caminho árduo através do Irã (Teerã), Afeganistão (Herat, Kandahar, Cabul), Paquistão (Karachi, Peshawar, Lahore), Índia (Nova Délhi, Varanasi) e Nepal (Katmandu) antes de desviar para as selvas do Sudeste Asiático.

O objetivo era sempre viajar o mais barato possível, para viajar o maior tempo possível. O transporte aéreo estava começando e era proibitivamente caro, de modo que as viagens terrestres de ônibus, carro, Kombi ou mesmo de moto eram a norma na trilha hippie. Uma geração inteira descobriu o amor pela viagem, só pelo bem de viajar, ao longo do caminho.

O BÁSICO

Irã, Afeganistão, Paquistão... não são países no topo da lista de desejos de viagem de hoje. Mas não se intimide. Sim, o Afeganistão parece fechado para os ocidentais no futuro próximo. No entanto, a Turquia, a Índia e o Nepal são destinos relativamente fáceis de enfrentar. Você pode refazer toda a trilha hippie nesses países sem nenhum problema.

Até mesmo o Irã não está fora de alcance. O truque é ter dinheiro. Agências de viagem preparam vistos individuais e desobstrução de papelada no Irã, mas isso custa caro. Como alternativa, organize uma excursão em grupo. É tão "não hippie" quanto possível, mas é a maneira mais simples de manter o Irã em seu itinerário.

SAIBA MAIS

✗ Não é coincidência que a trilha hippie passe pelas principais regiões produtoras de haxixe do mundo. Ficar chapado fazia parte da vida na trilha hippie e era algo aceito.

✗ Katmandu era famosa por suas lojas de maconha legalizadas. O haxixe permaneceu legal no Nepal até 1973.

✗ A trilha hippie era popular em uma era antes dos guias da *Lonely Planet* e antes – suspiro! – do Facebook e da internet. Então como os viajantes compartilhavam informações? Eles faziam isso usando quadros de avisos físicos. A Pudding Shop de Istambul, um café que ficava perto da Mesquita Azul, mas que há muito tempo já não existe, possivelmente foi o ponto de encontro e compartilhamento de informações mais famoso em toda a trilha hippie.

✗ Todas as coisas boas chegam ao fim. O fim da trilha hippie aconteceu abruptamente em 1979, após a revolução islâmica no Irã e a invasão soviética do Afeganistão. A trilha terrestre fechou... esperamos que não para sempre.

VERDADEIRO OU FALSO? A empresa de viagens Lonely Planet foi originalmente chamada de Lovely Planet.

Parcialmente verdadeiro. Os fundadores Tony e Maureen Wheeler deram o nome de Lonely Planet à sua empresa com base na corruptela de um verso da canção de Joe Cocker "Space Captain": Joe Cocker cantou as palavras "planeta adorável" (lovely planet), Tony Wheeler ouviu "planeta solitário" e o resto é história.

FAÇA UM HAJE

O QUE Junte-se ao maior encontro anual de pessoas do mundo
ONDE Meca, Arábia Saudita
NÍVEL DE ORGULHO Para os muçulmanos, não há responsabilidade religiosa mais importante
PROBABILIDADE DE MORRER Média
MELHOR ÉPOCA PARA IR Último mês do ano islâmico (varia)
NÍVEL DE DIFICULDADE FÍSICA Médio
CUSTO $-$$

Em seu pico anual – mais de cinco dias no último mês do ano islâmico –, Meca acolhe o maior grupo de pessoas do planeta: mais de dois milhões de muçulmanos devotos buscando que Deus perdoe seus pecados e abençoe sua jornada única.

O Haje, ato de fazer uma peregrinação a Meca, não é só uma boa ideia para os muçulmanos, é uma exigência religiosa. Todos os muçulmanos adultos devem peregrinar a Meca pelo menos uma vez na vida, supondo que tenham condições financeiras e físicas para fazê-lo. Essa última é fundamental: o Haje pode exigir bastante física e mentalmente.

Comprometer-se com o Haje significa realizar uma série de rituais religiosos. Também significa, enquanto durar sua estadia em Meca, usar roupas modestas, não falar palavrões, não cuspir, não fumar, não fazer a barba e não fazer sexo. Os peregrinos começam entrando em *ihram*, um estado de santidade indicado pelo uso de dois panos brancos, um ao redor da cintura e outro na parte superior do corpo, além de sandálias simples.

Em seguida, caminha-se sete vezes, no sentido anti-horário, ao redor da Caaba, o prédio negro em forma de cubo no coração de Meca. Depois disso, caminha-se de um lado para o outro sete vezes entre as colinas de Safa e Marwah, uma distância menor do que parece (todo o caminho é cercado por uma longa passarela).

Antes que o Haje termine, os peregrinos realizarão um ritual de apedrejamento do demônio (jogando pedras em uma série de pilares de rocha), raspando as cabeças (as mulheres podem tirar uma pequena mecha de cabelo) e oferecendo um sacrifício animal a Deus (os chamados comprovantes de sacrifício facilitam a compra de cotas de um cordeiro ou camelo a ser abatido por outra pessoa).

O BÁSICO

Se você é um não muçulmano interessado no Haje, esqueça isso.

Não só Meca é proibida para os não muçulmanos, mas o próprio Haje não pode ser realizado por não muçulmanos; fazer isso já foi um crime punível com a morte. Esse não é mais o caso, ainda assim, não tente fazer o Haje se você não for um muçulmano sério.

Meca fica na Arábia Saudita, que não é um país fácil de ser visitado por estrangeiros. Muçulmanos americanos podem solicitar vistos especiais para o Haje do governo da Arábia Saudita, desde que não tenham feito a peregrinação nos cinco anos anteriores.

SAIBA MAIS

✘ O calendário islâmico é lunar, ou seja, o ano islâmico é cerca de onze dias mais curto que o ano gregoriano familiar aos cristãos. Isso também significa que as datas de Haje variam de ano para ano no calendário gregoriano.

✗ O Haje é realizado uma vez por ano. Em outras vezes, os peregrinos visitam Meca e realizam uma peregrinação menor, conhecida como umrah. No entanto, a umrah não substitui o Haje, por isso esses peregrinos devem retornar a Meca em algum momento da vida para realizar a peregrinação maior.

✗ As mulheres muçulmanas devem viajar na companhia do marido ou parente próximo do sexo masculino. Somente mulheres com mais de 45 anos podem viajar sozinhas e, mesmo assim, devem levar uma carta de consentimento assinada pelo marido ou pai.

Qual é a maior fonte de renda anual da Arábia Saudita, depois do petróleo e do gás?

O Haje. O governo da Arábia Saudita recebe mais de US$ 9 bilhões por ano de peregrinos que chegam para realizar o Haje.

APRENDA A CAMINHAR SOBRE O FOGO

O QUE Todo mundo está fazendo isso
ONDE Vários locais
NÍVEL DE ORGULHO Alto ("Andei sobre o fogo!!")
PROBABILIDADE DE MORRER Baixa
MELHOR ÉPOCA PARA IR O ano inteiro
NÍVEL DE DIFICULDADE FÍSICA Baixo
NÍVEL DE ESTRESSE Alto ("Estou andando sobre o fogo?!")
CUSTO $

Caminhar sobre o fogo é uma prática antiga, usada durante séculos como rito de passagem para jovens guerreiros e para demonstrar a fé religiosa. Hoje em dia, também é uma indústria lucrativa e crescente.

É mais provável que você encontre caminhadas sobre o fogo em sites que ofereçam capacitação pessoal e esclarecimento espiritual – para não mencionar a formação de equipes, seminários motivacionais e entretenimento para despedida de solteiro.

Além do fervo e do marketing corporativo, a caminhada sobre o fogo é uma experiência poderosa e muitas vezes transformadora, especialmente para os iniciantes. Não há nada como pisar literalmente no fogo e dar o primeiro passo. E não se preocupe se você desistir no último minuto: só de estar presente e testemunhar os outros caminhando sobre o fogo também pode ser uma experiência poderosa.

O BÁSICO

Caminhar sobre o fogo é real, não há artifícios nem truques. Isso é possível por dois motivos (alerta de spoiler!). Primeiro, as brasas não são boas condutoras de calor. E, segundo, supondo que você ande rapidamente, seus pés não estão em contato com as brasas por tempo suficiente para causar queimaduras ou bolhas.

Apenas tenha em mente a regra de ouro da caminhada sobre o fogo: ande, não corra.

Correr afunda seus pés nas brasas e, como resultado, pode causar queimaduras na parte de cima de seus pés. Tudo de que você precisa é uma supervisão adequada e algum treinamento básico. Exceto em casos raros, é improvável que você se machuque.

Caminhar sobre o fogo não é uma estrada para a iluminação a ser percorrida por conta própria. Você precisa de um treinador experiente. Empresas em todo o mundo oferecem seminários com duração de meio dia que normalmente custam menos de US$ 150 e incluem aulas de autoempoderamento (quer você queira a lição ou não).

Cursos mais caros com duração de vários dias inevitavelmente incluem retiros ao ar livre, palestrantes motivacionais, meditação dinâmica... bastante espiritualidade em todas as suas formas.

SAIBA MAIS

❌ Existe uma carreira na área de caminhada sobre o fogo? Claro! Torne-se um instrutor de caminhada certificado em uma das poucas escolas nos Estados Unidos que oferecem o serviço. (No Brasil não existem escolas que disponibilizam esse tipo de certificação, mas há vários locais que oferecem a experiência de caminhar sobre o fogo). O curso típico dura de três a quatro dias e custa mais de US$ 2.000. Fica ótimo em um cartão de visita: palestrante motivacional, coach, instrutor de caminhada sobre fogo.

❌ A caminhada sobre o fogo perdeu a emoção? Não se preocupe. Muitos dos seminários e escolas que oferecem caminhadas sobre o fogo também oferecem caminhada sobre cacos de vidro, dobra de vergalhões, corte de lenha e quebra de tábuas.

De que forma o guru de autoajuda Tony Robbins culpou trinta praticantes de caminhada sobre o fogo novatos quando eles relataram terem sido queimados no seminário "Liberte o Poder Interior" de 2016, em Dallas, Texas?

A falta de foco dos participantes. (Boa jogada, Tony, culpar as vítimas inocentes.)

EXERCITE O ESPÍRITO

O QUE Om Shanti encontra uma incrível pausa à esquerda
ONDE Península Nicoya, Costa Rica
NÍVEL DE ORGULHO Médio
PROBABILIDADE DE MORRER Baixa
MELHOR ÉPOCA PARA IR De dezembro a abril
NÍVEL DE DIFICULDADE FÍSICA Baixo
CUSTO $$-$$$

Pura vida significa literalmente "vida pura" em espanhol. Na Costa Rica, a vida pura está em toda parte – em camisetas, bugigangas turísticas e espalhada em outdoors nas margens das rodovias. Ela incorpora a filosofia costa-riquenha de aproveitar a vida devagar, manter a simplicidade e apreciar o ambiente natural.

Surfe e ioga incorporam essa filosofia. Ambos valorizam a força física e mental e o respeito pela natureza e pelo corpo. As pessoas viajam de todo o mundo para a Costa Rica para experimentar a vida pura através do exercício da mente e do corpo juntos, em harmonia com a alma, em retiros de surfe e ioga.

A península de Nicoya, na costa do Pacífico da Costa Rica, é um trecho encantador de montanhas escarpadas que descem abruptamente para o oceano Pacífico, escavando centenas de praias perfeitas para cartões-postais onde a montanha encontra o mar.

A maioria das estradas não é pavimentada. De forma intencional ou não, a falta de infraestrutura de Nicoya a protege dos piores excessos do turismo de massa. Claro, há pizzarias e lojas turísticas ao longo da costa de 112 quilômetros de Nicoya. Mas, por enquanto, Nicoya é o lugar para onde surfistas tranquilos vão para pegar ondas consistentes e onde os retiros contemplativos de ioga atraem as pessoas com estúdios à beira-mar e cabanas ecologicamente aninhadas na selva.

O BÁSICO

Os retiros de ioga e os acampamentos de surfe são oferecidos em resorts discretos, subindo e descendo a península de Nicoya. Embora nem todo aspirante a iogue seja um surfista, e nem todo surfista pratique ioga, os programas costumam ser combinados em pacotes de vários dias ou de várias semanas. Espere gastar US$ 1.200 ou mais por uma semana inteira (incluindo acomodação, alimentação e ioga/surfe).

Estabelecidos há muito tempo, os resorts da península de Nicoya incluem o Nosara Yoga Institute, em Nosara; Blue Spirit e Harmony, em Playa Guiones; Pranamar e Florblanca, em Santa Teresa; e Anamaya e Ylang Ylang, em Montezuma.

Existem poucas estradas asfaltadas na costa sudoeste de Nicoya. O caminho é irregular e lento. Você pode viajar de avião para Nicoya a partir dos aeroportos internacionais de San Jose e de Liberia, com voos diários chegando a um pequeno aeroporto em Tambor. A estação seca de Nicoya vai de dezembro até o final de abril. Espere muito sol e céu limpo. Uma temporada semiúmida vai de maio a agosto. Muitos turistas ficam longe e os moradores locais se preparam para permanecer ali por um longo período durante a estação das chuvas, de setembro até o começo de novembro.

SAIBA MAIS

✗ A península de Nicoya é uma das quatro únicas Zonas Azuis do mundo, onde as pessoas vivem mais e são, estatisticamente falando, mais felizes. Outras Zonas Azuis incluem Sardenha (Itália), Okinawa (Japão) e Icaria (Grécia).

✗ Os cientistas não sabem dizer exatamente por que os moradores de Nicoya estão entre as pessoas mais longevas e mais saudáveis da Terra, mas todas as Zonas Azuis compartilham algumas características: baixas taxas de tabagismo, dietas semivegetarianas, alto consumo de legumes, atividade física moderada constante e forte envolvimento familiar e social.

VERDADEIRO OU FALSO? A Costa Rica é o único país da América Central sem um exército.

Verdadeiro. A Costa Rica não tem exército, marinha ou força aérea. Existem forças policiais locais, mas nenhuma força de defesa nacional. Os militares foram abolidos por um presidente de esquerda e com uma ampla visão da Costa Rica em 1948.

FAÇA A PEREGRINAÇÃO DE SHIKOKU

O QUE Oitenta e oito paradas no caminho para a iluminação
ONDE Shikoku, Japão
NÍVEL DE ORGULHO Médio
PROBABILIDADE DE MORRER Baixa
MELHOR ÉPOCA PARA IR De outubro a novembro
NÍVEL DE DIFICULDADE FÍSICA Alta (se você visitar todos os 88 templos de uma só vez)
NÍVEL DE ESTRESSE Baixo
CUSTO $$-$$$

Os peregrinos vêm a Shikoku, a menor das quatro principais ilhas do Japão, para seguir os passos de Kōbō Daishi, o monge do século IX que fundou a seita Shingon do budismo. A peregrinação completa consiste em um circuito de 88 templos, principalmente ao redor do perímetro de Shikoku. Os peregrinos tradicionais vestem túnicas brancas e chapéus de palha em forma de cone e carregam uma bengala que os identifica como peregrinos.

O circuito do templo Shikoku é uma das rotas de peregrinação mais antigas e famosas do Japão; a pé, leva mais de um mês para ser concluída. A rota passa por cidades congestionadas e campos costeiros intocados, por estradas urbanas movimentadas e caminhos montanhosos vazios e campos abertos.

Cada templo ao longo do caminho tem seus próprios costumes e rituais para os peregrinos seguirem, aumentando a aventura espiritual. Casas de hóspedes e acampamentos ao longo da rota oferecem oportunidades fáceis de encontrar outros viajantes em busca de respostas para as abundantes questões da vida.

O BÁSICO

Todos os anos, mais de 125 mil peregrinos encaram o circuito do templo de Shikoku, geralmente de carro e ônibus. Uma pequena minoria ainda se dispõe a fazer isso à moda antiga, a pé, uma viagem de quase 1.210 quilômetros, que leva cerca de seis semanas para ser concluída.

Felizmente, não há necessidade de visitar todos os templos de uma só vez, ou de visitá-los em uma determinada ordem. O objetivo é visitar cada templo, independentemente de quanto tempo demore ou em quantas etapas você divide a peregrinação. Também é importante realizar o ritual apropriado em cada templo. Ao fazer isso, você literalmente recebe um selo de aprovação (em troca de uma pequena taxa) em seu livreto de templo semelhante a um passaporte.

Outubro é o melhor mês para caminhar em Shikoku, antes das fortes chuvas e tufões ocasionais. Tempo ruim e cobras venenosas – em particular, a *mamushi* ("víbora japonesa") e a *yamakagashi* ("serpente tigrada") – são os únicos perigos reais do circuito para os peregrinos.

SAIBA MAIS

✘ Além das cobras, Shikoku também é famosa por suas centopeias (surpreendentemente grandes!) de patas laranja, a *mukade*. Elas são venenosas e aparecem do nada em braços e pernas. Se elas o picarem, procure ajuda médica. Embora seja improvável que você morra, as picadas são dolorosas e incham.

✘ Poucos não japoneses completam o circuito de 88 templos a pé. Aqueles que tentarem serão recebidos calorosamente pelos locais – especialmente se você estiver usando trajes tradicionais e chapéu e tiver uma proficiência, ainda que rústica, em japonês.

✘ É uma tradição de longa data para os moradores locais oferecerem pequenos presentes aos peregrinos que fazem o circuito a pé. Se oferecido, um presente deve sempre ser aceito (é rude não aceitar).

✘ O ramo Shingon do budismo se concentra na sabedoria não falada do Buda, não nos ensinamentos que ele transmitiu em público. Sendo assim, é altamente esotérico. A iluminação para os budistas Shingon vem através das práticas de meditação e ioga ao longo da vida, além da repetição de frases místicas.

VERDADEIRO OU FALSO? Buda era uma pessoa real e viva.

Verdadeiro. Siddhartha Gautama foi um monge do século V a.C. Foi também um professor iluminado e a figura fundadora do budismo global. Bônus: de acordo com Buda, desejo e apego são a causa de todo sofrimento mundano.

Habilidade em aventuras
COMO LIDAR COM UMA PICADA DE COBRA VENENOSA

BÁSICO

Obtenha assistência médica. Você precisa de ajuda profissional se for picado por uma espécie altamente venenosa, como cascavel (Estados Unidos), cobra da morte (Austrália), víbora (no mundo inteiro), mamba-negra (África) ou tigre (no mundo inteiro).

Anote a aparência da cobra para ajudar na identificação. Não cace nem vá atrás da cobra, mas preserve a carcaça se já estiver morta.

Fique calmo. O pânico aumenta a frequência cardíaca e acelera a difusão do veneno através do corpo.

Não beba álcool ou cafeína. Bebidas com essas substâncias também aumentam o seu ritmo cardíaco.

Tire qualquer roupa apertada e todas as joias. Picadas de cobra causam inchaço rápido. Itens constritivos podem causar mais problemas do que a própria mordida.

Mantenha a área da picada abaixo do nível do coração. Isso retarda o fluxo de sangue para o coração e limita que o veneno se espalhe para outras partes do corpo.

AVANÇADO

Não aplique um torniquete, mas faça todo o possível para restringir o movimento da área picada. Forme uma tala com varetas e envolva-a em um pedaço de pano ou de roupa para mantê-la no lugar.

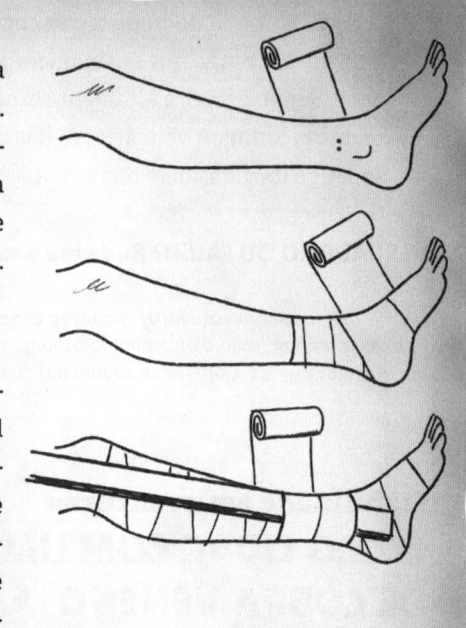

Não use gelo na ferida. O frio reduz a circulação saudável do sangue para a área picada.

Não aplique um extrator de veneno na ferida. Embora seja uma prática comum, os extratores não são mais considerados eficazes (eles removem não mais de um terço do veneno do corpo) e, quando usados de forma inadequada, podem danificar permanentemente o tecido e causar infecção.

Espere. A maioria das cobras não injeta veneno suficiente de modo a ser fatal para um ser humano adulto. Fique calmo e espere o veneno sair do seu sistema.

Se estiver no deserto e não tiver nenhuma ajuda médica, mova-se o mínimo possível e mantenha sua frequência cardíaca o mais baixo possível.

DOMINE A ARTE DO SILÊNCIO

O QUE Coragem para olhar para si mesmo de forma honesta e gentil
ONDE Dharamsala, Índia
NÍVEL DE ORGULHO Médio
PROBABILIDADE DE MORRER Baixa
MELHOR ÉPOCA PARA IR O ano inteiro
NÍVEL DE DIFICULDADE FÍSICA Média
CUSTO $

Pare por um momento e pergunte a si mesmo: qual foi o período mais longo que você permaneceu em silêncio, realmente em silêncio, nos últimos dez anos?

É difícil ficar em silêncio, mesmo por alguns momentos preciosos. Amigos, pais, pessoas aleatórias nas ruas – as pessoas falam o tempo todo. Não há como esconder a torrente de palavras fluindo em torno de nós o dia todo e todos os dias.

Agora imagine ficar sem falar... por dez dias inteiros! Sem palavras, sem conversas, sem perguntas. Apenas o lindo e alegre silêncio por dez dias. Esse é o objetivo de um curso de meditação Vipassana. Vipassana é uma antiga forma de meditação budista. Os praticantes se esforçam para ver as coisas como realmente são e alcançam a autotransformação através de intensos períodos de auto-observação.

O regime Vipassana não é fácil. Você vive em um retiro simples, comendo apenas duas refeições e meditando por até dez horas por dia. Você não pronuncia uma única palavra. A maioria das pessoas diz que é uma das experiências mais desafiadoras de suas vidas, física, emocional e mentalmente. Dez dias depois você emerge, tendo aquietado sua voz interior, grato, consciente, positivo e gentil.

O BÁSICO

Embora o treinamento Vipassana seja oferecido por inúmeros professores em todo o mundo, a rede global de centros Vipassana fundada pelo guru Satya Narayan Goenka é a mais proeminente e bastante popular. O guru faleceu em 2013, mas seu legado continua em mais de 175 locais.

A cidade de Dharamsala, lar de Dalai Lama durante o exílio, está escondida nas montanhas repletas de florestas no norte da Índia e é um excelente lugar para ter uma experiência Vipassana. Cada dia inclui dez horas de meditação. No quarto dia, a sua mente está calma e concentrada. Você aprende a aceitar a dor (sentado de pernas cruzadas durante dez horas) e a silenciar vozes de insegurança em sua cabeça, que reclama de fome ou fadiga. No décimo e último dia, você aprende a se contentar com sua situação, seja ela qual for, e parte com uma profunda sensação de boa vontade para com todos.

O curso típico dura doze dias: um dia para orientação, dez dias de meditação silenciosa e um dia de encerramento. Não há custo direto; todas as refeições e acomodações são gratuitas. Os centros Vipassana trabalham com o modelo "pague para o próximo". Se ficar satisfeito com a experiência, você é estimulado a fazer uma doação para cobrir os custos do próximo aluno.

SAIBA MAIS

✘ Por que os cursos sempre duram dez dias? Aparentemente, dez dias é o período *mínimo* de tempo que a mente moderna leva para se estabilizar e se concentrar.

✘ Vipassana é uma prática não sectária, o que significa que não é afiliada a nenhuma religião específica. Hindus, cristãos, judeus, muçulmanos, jainistas – pessoas de todas as religiões são bem-vindas para praticar.

✘ As pessoas desistem antes de os dez dias terminarem? Isso acontece. Embora você não seja marginalizado por sair antes, o objetivo da experiência é passar dez dias em meditação silenciosa.

VERDADEIRO OU FALSO? O ator Richard Gere é budista e seu professor é o Dalai Lama.

Verdadeiro. Gere considera o Dalai Lama seu "guru raiz". Às vezes, eles são vistos juntos nas ruas de Dharamsala.

EXPERIMENTE O PURO VAZIO

O QUE Sem informações sensoriais, sem problemas!
ONDE Os esconderijos escuros da sua mente
NÍVEL DE ORGULHO Médio
PROBABILIDADE DE MORRER Baixa
MELHOR ÉPOCA PARA IR O ano inteiro
NÍVEL DE DIFICULDADE FÍSICA Baixo
CUSTO $

Para a maioria das pessoas, a privação sensorial soa como um método de tortura da CIA. Por que alguém, por escolha própria, privaria os próprios sentidos – todos os sentidos – de informações? Não há visão, sons, cheiros ou gostos, e também não há a sensação de tato. Desprovido de informações sensoriais, você basicamente se transforma em um tagarela consciente flutuando sozinho no escuro.

No entanto, acontece que períodos curtos em tanques e piscinas de privação sensorial podem ser altamente terapêuticos.

Sim, a exposição no longo prazo leva à ansiedade e à depressão. No entanto, nas quantidades certas (geralmente menos de noventa minutos) pode ser profundamente relaxante. Seu batimento cardíaco diminui, sua respiração é profunda e uniforme e suas ondas cerebrais começam a imitar as de um iogue em meditação profunda.

Você inevitavelmente lutará contra a experiência nos primeiros quinze minutos. "O que estou fazendo aqui? Isso está funcionando? Oi, tem alguém aí fora?!". Então a mágica acontece. Seu cérebro muda de marcha e você começa a relaxar. Você pode até alucinar. Próxima parada: Terra da Criatividade.

O BÁSICO

Os tanques de privação sensorial, desenvolvidos pela primeira vez no final dos anos 1950, voltaram a estar na moda em spas sofisticados e até mesmo em "centros de flutuação" exclusivos em cidades de mente aberta como Portland e São Francisco.

Os tanques de privação sensorial modernos não lembram em nada seus desajeitados predecessores. Os de hoje são, na verdade, câmaras elegantes, grandes o suficiente para qualquer adulto flutuar livremente na água saturada com sais de Epsom (simultaneamente para fazê-lo flutuar e evitar afogamentos). Coloque tampões de ouvido, feche a porta e mergulhe seu eu nu na escuridão total. A água é mantida à temperatura média da pele (cerca de 34ºC).

O custo geralmente é inferior a US$ 100 para uma sessão de noventa minutos.

SAIBA MAIS

✗ Experiências mostram que suas ondas cerebrais mudam dentro de um tanque de flutuação. As ondas alfa e beta de uma mente saudável e consciente dão lugar às ondas teta, experimentadas logo antes de adormecer. Seu córtex visual também se torna mais ativo.

✗ A privação sensorial pode estimular a criatividade e melhorar o desempenho em tarefas que exigem altos níveis de concentração. Em um estudo, músicos de jazz melhoraram suas habilidades motoras e técnicas depois de apenas sessenta minutos em um tanque de flutuação.

✗ Estudantes que passam tempo em um tanque de flutuação também se saem melhor nas provas, de acordo com estudos.

No filme *Viagens alucinantes*, de 1980, dirigido por Ken Russell e estrelado por William Hurt, o que acontece quando um cientista de Harvard começa a usar drogas alucinógenas pesadas dentro de seu tanque de isolamento? *Nada de bom. O personagem de William Hurt consegue acessar uma realidade alternativa, transforma-se em um gorila, depois em um ser humano primordial, em seguida, em uma bola amorfa de energia, antes de quase se evaporar em uma dimensão alternativa do espaço. Felizmente, o amor de uma boa mulher o salva.*

CONECTE-SE COM O TEMPO DO SONHO

O QUE Somos todos visitantes deste tempo, deste lugar. Estamos apenas de passagem.
ONDE Uluru, Austrália
NÍVEL DE ORGULHO Baixo
PROBABILIDADE DE MORRER Baixa
MELHOR ÉPOCA PARA IR De maio a setembro
NÍVEL DE DIFICULDADE FÍSICA Médio
CUSTO $-$$$

Para os habitantes aborígenes da Austrália, Uluru é mais que apenas um afloramento maciço de arenito vermelho. Os australianos aborígenes acreditam no conceito de tempo do sonho, quando o mundo não tinha características e quando os deuses e todos os seres vivos se misturavam. Antigos ancestrais emergiram do vazio do tempo do sonho e criaram as paisagens e as pessoas da Terra.

Dos muitos locais aborígenes sagrados na Austrália, poucos são tão importantes quanto Uluru – ele é uma evidência viva das atividades dos ancestrais durante o período de criação dos sonhos.

Os moradores locais de Yankunytjatjara e Pitjantjatjara acreditam no registro de vidas do tempo do sonho na própria rocha: afloramentos específicos representam a encarnação literal dos espíritos ancestrais. Tocar as rochas invoca esses espíritos e abre uma linha direta de comunicação e comunhão com o tempo do sonho.

Além de seu lado espiritual, Uluru também é visualmente impressionante, elevando-se mais de 305 metros acima de uma paisagem árida do deserto. O local tem uma tonalidade vermelho-brilhante no nascer e no pôr do sol e fica roxo quando chove (devido a uma reação química com o arenito).

É também o principal destino turístico em meio a literalmente centenas de quilômetros em todas as direções. Sem Uluru e as formações rochosas próximas em Kata Tjuta, é certo que a maioria dos turistas não enfrentaria a árdua jornada para a Austrália central.

O BÁSICO

A história do Uluru é controversa. Por muitos anos, os australianos brancos chamaram-na de Ayers Rock e deram pouca atenção às suscetibilidades culturais dos aborígenes locais. O governo do estado permitiu que as pessoas escalassem Ayers Rock (um ponto sensível para os aborígenes). Fotografias foram permitidas (outro ponto sensível). E apenas esforços mínimos foram feitos para preservar artefatos e pinturas rupestres.

Pelo lado positivo, o governo australiano devolveu a propriedade de Uluru aos aborígenes locais em 1985 (está arrendada de volta aos parques nacionais da Austrália até 2084). A escalada agora é oficialmente desencorajada, pelo menos nas partes mais suscetíveis de Uluru. A fotografia é proibida em muitas áreas. E as agências de turismo fazem esforços para envolver (e frequentemente empregam) aborígenes locais para que eles compartilhem suas histórias e cerimônias do tempo do sonho.

O Parque Nacional Uluru-Kata Tjuta foi declarado Patrimônio da Humanidade pela UNESCO em 1987. Os visitantes chegam por Alice Springs, a cidade mais próxima (embora "próxima" seja um equívoco – fica a mais de 450 quilômetros do parque) ou de avião diretamente para o aeroporto de Ayers Rock, a vinte minutos de carro para o parque nacional.

A melhor época para visitar é de maio a setembro, quando o clima é mais frio e há chances de pegar uma ou duas cachoeiras sazonais.

SAIBA MAIS

✗ Uluru é como um iceberg – a maior parte de seu volume está no subsolo e fora de vista. Geologicamente, é conhecido como inselberg, formado há milhões de anos, quando uma antiga cordilheira foi lentamente erodida ao longo de eras.

✗ Kata Tjuta, Uluru e a cidade vizinha de Ayers Rock têm muito a oferecer aos viajantes: paraquedismo, voos de helicóptero, passeios de camelo, trilhas guiadas – e até um restaurante ao ar livre onde você pode jantar sob as estrelas, à sombra do Uluru.

✗ Você pode conhecer o Homem Lagarto de Língua Azul se tiver a sorte de passar um tempo com os aborígenes em Uluru ou observar uma cerimônia de tempo do sonho. Homem Lagarto de Língua Azul é um feiticeiro mítico que invocou um fogo mágico para perseguir seus filhos, que mataram um canguru sagrado por engano. Hoje, o espírito do Homem Lagarto da Língua Azul é reavivado em cerimônias de fogo, quando jovens guerreiros aborígenes emergem das trevas para o brilho de um fogo cerimonial.

VERDADEIRO OU FALSO? Há mais de 750 mil camelos selvagens perambulando pelo Outback da Austrália.

Verdadeiro. Camelos foram importados da Índia no século XIX para transportar mercadorias pelas regiões desérticas da Austrália. Hoje em dia, são um enorme problema ecológico, principalmente porque consomem grandes quantidades de água e não têm predadores naturais.

REVERENCIE O NASCER DO SOL

O QUE Levante-se e saúde a madrugada
ONDE Amesbury, Inglaterra
NÍVEL DE ORGULHO Baixo
PROBABILIDADE DE MORRER Baixa
MELHOR ÉPOCA PARA IR Solstícios de verão e inverno
NÍVEL DE DIFICULDADE FÍSICA Baixo
CUSTO $-$$

As rochas permanentes em Stonehenge são, sem dúvida, o monumento astronômico mais famoso do mundo.

O fato de Stonehenge ser dramaticamente fotogênico também ajuda. Rochas imponentes – com mais de quatro metros de altura e 1,8 metro de largura – formam um anel concêntrico massivo e se alinham perfeitamente com o sol nascente nos solstícios de inverno e verão. Nessas ocasiões, centenas (às vezes milhares) de pessoas se reúnem para cantar, dançar, rezar, festejar e realizar o estranho ritual druida ou o feitiço da bruxa.

Poucas pessoas têm o privilégio de observar um solstício de dentro do monumento de Stonehenge, com o sol nascendo bem acima da chamada Heel Stone (Pedra do Calcanhar), que fica logo atrás do círculo interno. Os sortudos se maravilham com a precisão dos antigos – e misteriosos – construtores de Stonehenge. Claramente, Stonehenge é um lugar para observar e honrar o doador de toda a vida, o sol.

Stonehenge foi construído em fases entre 3000 e 2000 a.C. O local abrange muito mais que as famosas pedras concêntricas. É cercado por túmulos e uma rede de estradas e vilarejos neolíticos usados por aqueles que construíram o monumento. Eles vieram de toda a Grã-Bretanha antiga, de lugares distantes como as Terras Altas da Escócia, de acordo com resquícios encontrados no local.

O BÁSICO

Por muitos anos, foi possível caminhar até as rochas e até escalá-las. As pedras foram amarradas no fim dos anos 1970 e, hoje, é estritamente proibido tocá-las. Ainda há muito espaço para caminhar entre as rochas e explorar o local por uma pequena taxa.

Passeios privados que o levam para dentro das áreas isoladas estão disponíveis (geralmente em uma viagem de um dia de Londres) por menos de US$ 150 por pessoa.

SAIBA MAIS

✘ Templo druida? Local de pouso alienígena? Antigo cemitério? O verdadeiro propósito de Stonehenge pode nunca ser descoberto. Entre os cientistas, a principal teoria atual é que Stonehenge foi o ponto final de uma antiga rota funerária, um lugar para levar os mortos em sua jornada final para o grande além.

✘ Há muito se pensa que as chamadas "bluestones", que formam o círculo mais interno de Stonehenge, são provenientes do País de Gales, mais de 225 quilômetros a noroeste, e foram transportadas para o local atual usando tecnologia primitiva da Idade da Pedra, possivelmente flutuando em balsas ou roladas sobre toras de madeira por um tipo de correia transportadora.

✘ Foram encontradas várias pedras do tamanho de uma bola de beisebol, polidas por mãos humanas, enterradas no local. Alguns arqueólogos acham que Stonehenge foi construído usando esses rolamentos primitivos em forma de esfera, sendo as pedras transportadas para o topo sobre uma almofada de pedras rolantes.

✘ Antes do megapopular festival de música de Glastonbury, havia o Stonehenge Free Festival. Ele foi realizado a cada junho de 1974 a 1984 nas terras de Stonehenge. O festival terminou no solstício de verão – que final!

De acordo com David St. Hubbins, vocalista da banda Spinal Tap, qual foi o problema com a réplica artesanal de Stonehenge usada durante a apresentação ao vivo de sua música homônima, "Stonehenge"?

A réplica corria o risco de ser esmagada por um anão.

DIMINUA O RITMO

O QUE Mindfulness em viagem
ONDE Suas próximas férias
NÍVEL DE ORGULHO Baixo
PROBABILIDADE DE MORRER Baixa
MELHOR ÉPOCA PARA IR O ano inteiro
NÍVEL DE DIFICULDADE FÍSICA Baixo
CUSTO Pense nos benefícios, não nos custos

A "slow travel" (viagem lenta) é um desdobramento do movimento slow food, que começou na Itália na década de 1980 como um protesto contra a abertura de um McDonald's em Roma. O fundador do movimento slow food, Carlo Petrini, argumenta que os humanos modernos acreditam que a vida é curta e que precisamos ir mais rápido para nos ajustarmos a tudo. Mas a vida é longa. Nosso problema é que nos esquecemos de como gastar nosso tempo com sabedoria.

A maneira mais fácil de ser um viajante lento? Em sua próxima viagem, reserve um alojamento local em um bairro não turístico, escolha cafés e restaurantes de proprietários locais, coma produtos regionais, use o transporte local e visite lugares não encontrados em nenhum guia.

Slow travel tem a ver com independência e não se sentir pressionado a "ver tudo". É sobre ficar em menos lugares por mais tempo, escolhendo acomodações locais em vez de hotéis de cadeia, ter datas de viagem flexíveis, acordar sem itinerário definido, pular aquela atração turística popular e ver quais aventuras acontecem naquele dia. Os viajantes lentos buscam culinária e entretenimento locais e fazem esforços sinceros para conhecer a população e vivenciar sua cultura.

O BÁSICO

Muitas pessoas estão confusas sobre a slow travel. Elas acham que isso significa viajar mais tempo, optar pelo desconforto, abandonar todos os confortos necessários ao bem-estar. Não.

Slow travel significa fazer escolhas conscientes. Trata-se de diminuir o ritmo em vez de acelerar. Tem a ver com se conectar a um lugar e à sua gente. A jornada em si se torna uma oportunidade para experimentar e se envolver, em vez de ser meramente tolerada. A slow travel é um estado mental que rejeita as ideias tradicionais do turismo.

Participar significa escolher experiências em vez de pontos turísticos e qualidade em vez de quantidade. A jornada não é um inconveniente. Saboreie as coisas que acontecem no caminho e aproveite o tempo para experimentar e aproveitar onde quer que esteja.

SAIBA MAIS

✗ Em 2016, estima-se que 3,6 bilhões de passageiros voaram em jatos comerciais. Isso significa quase 10 milhões de pessoas por dia nos céus acima da Terra, não viajando de forma lenta.

✗ Aviões são a ruína da slow travel. Culpa da Pan American World Airways. Ela foi a primeira a comprar e a colocar no ar o revolucionário avião a jato 707 da Boeing, que deu início à era dos jatos e tornou as viagens aéreas acessíveis às massas. O voo inaugural da Pan Am – de Nova York para Paris (com uma parada para reabastecimento em Newfoundland) – aconteceu em 26 de outubro de 1958 e custou US$ 248 ida e volta.

✗ O transporte ideal para um viajante lento? Possivelmente o burro. É mais rápido que um camelo e consegue carregar mais – e come menos – que um cavalo. Se os burros são bons o suficiente para Dom Quixote, eles são bons o suficiente para viajantes modernos e lentos.

Quanto tempo leva para caminhar pelo mundo?

Aproximadamente onze anos. Pelo menos esse foi o tempo que um canadense, Jean Béliveau, levou para caminhar a partir de Montreal e voltar, entre 2000 e 2011. Ele viajou por 64 países em uma rota cheia de voltas pelas Américas Central e do Sul, África, Europa Ocidental, Oriente Médio, todo o subcontinente indiano, China, Sudeste Asiático e Austrália antes de acabar na América do Norte. Ele usou 64 pares de sapatos em sua odisseia de 75.000 quilômetros.

ADORE O TEMPLO DA SELVA

O QUE Somos todos viajantes da selva neste mundo
ONDE Waretown, Nova Jersey
NÍVEL DE ORGULHO Médio
PROBABILIDADE DE MORRER Baixa
MELHOR ÉPOCA PARA IR O ano inteiro
NÍVEL DE DIFICULDADE FÍSICA Entre médio e alto
CUSTO $$

A televisão a cabo prestou um desserviço à sobrevivência na selva. Graças a programas como *Survivorman* [Sobrevivente], *Out of the Wild* [Na selva] e os realmente horríveis *Fat Guys in the Woods* [Caras gordos na floresta], a visão da cultura pop sobre a sobrevivência na selva está distorcida. Ela ensina como forçar seu caminho através da adversidade e empurrar seu corpo até o limite do que ele pode aguentar. É o programa de reality show com todos os músculos e sem cérebro.

Não é assim que Tom Brown Jr. faz sua abordagem na selva. Sua Tracker School concentra-se em três habilidades de sobrevivência essenciais: rastreamento, observação da natureza e conscientização. Brown acrescenta a mesma ênfase no lado espiritual da sobrevivência com base nos ensinamentos de Stalking Wolf, um ancião apache que ensinou ao jovem Brown suas habilidades de sobrevivência de "maluco".

A Tracker School não é única. Muitos programas de sobrevivência na selva ensinam espiritualidade ao lado do sobrevivencialismo hardcore. A abordagem de Brown é interessante, em grande parte porque ele próprio é tão incansavelmente interessante.

Depois que seu mentor, Stalking Wolf, morreu, Brown passou os dez anos seguintes morando na floresta, completamente fora do sistema (sem ferramentas fabricadas, nenhuma barraca pré-fabricada, nenhuma roupa, exceto o que a natureza oferecia). Brown ficou sem direção depois de sair sem camisa e descalço da floresta, até que um xerife local o chamou para rastrear uma pessoa desaparecida.

Desde então, Brown encontrou quarenta pessoas desaparecidas, ajudou a investigar quatro assassinatos, escreveu dezoito livros de sobrevivência e produziu dois filmes voltados para a sobrevivência.

O BÁSICO

A Tracker School fica em Nova Jersey e tem cursos ocasionais oferecidos na Califórnia. A maioria das pessoas começa com uma aula de sobrevivência básica de seis dias, aprendendo como construir um abrigo primitivo, encontrar água, fazer uma fogueira usando um arco e uma broca e encontrar comida. As aulas avançadas se concentram em construir uma casa em qualquer ambiente selvagem: morar em uma cabana de escombros, fazer tigelas e colheres em madeira queimada, fazer roupas a partir de plantas – esse tipo de coisa.

Outros cursos enfocam a cura, a observação e o acompanhamento de animais e pessoas. E, é claro, para experienciar ao máximo a espiritualidade selvagem, há cursos sobre profecias, buscas da visão xamânica, viagens ao passado, sondagem em relação ao futuro, preparação para o Êxodo, preparação para o fim dos dias, e como localizar lugares seguros em todo o mundo e escapar do Armagedom.

As aulas custam US$ 800 ou mais e incluem alimentação e vida difícil ao ar livre.

SAIBA MAIS

✗ Tom Brown Jr. é mais conhecido por suas habilidades de rastreamento usando pegadas e pistas deixadas em qualquer superfície da natureza. Dizem que ele consegue saber a altura, o sexo, o peso, a cor de cabelo de uma pessoa, se elas são destras ou canhotas, e seu estado emocional.

✗ Guerreiros urbanos são bem-vindos na Tracker School. Considere um curso de guerra psicológica, luta à la Wolverine e sobrevivência nos subúrbios.

✂ Brown e sua Tracker School não deixam de ter controvérsias. Um caso infame envolveu um processo de US$ 5 milhões contra Brown, por ele rastrear e identificar a pessoa errada em um caso de estupro. O incidente levou Brown a uma entrevista no *Today Show*.

Quanto tempo você consegue sobreviver sem ar, comida ou água?

74 dias.

Para o ar, o registro é de onze minutos; para a água, dezoito dias; para comida,

Habilidade em aventuras
COMO FAZER UMA FOGUEIRA EM CONDIÇÕES DIFÍCEIS

BÁSICO

Faça uma fogueira. Uma fogueira padrão tem cinco ingredientes. O primeiro é um "leito para o fogo", escavando poucos centímetros abaixo do solo (quando houver vento) ou em um pequeno monte de terra (quando não houver vento). O segundo é o material facilmente inflamável, como folhas secas, casca, grama ou fungos. O terceiro são gravetos, galhos secos ou pequenos galhos que queimam facilmente e por mais tempo que o material facilmente inflamável. O quarto são a lenha, os troncos secos ou ramos grandes para manter o fogo. O quinto é um iniciador de fogo, como fósforos.

Em condições úmidas, use uma faca para remover as camadas mais externas da casca de árvore e da lenha. Use vaselina, querosene ou álcool em gel como um acelerador para o fogo no material úmido.

Use uma furadeira manual para iniciar uma fogueira sem fósforos. Esculpa um entalhe em forma de V na borda de um pedaço de madeira seco e plano. Use uma vara comprida, fina e resistente como fuso; gire-a rapidamente em suas mãos, pressionando com força a madeira imediatamente próxima ao entalhe. O atrito acaba produzindo brasas que você sopra ou transfere suavemente para os materiais inflamáveis.

Como alternativa, use uma lente de aumento, óculos ou binóculos para concentrar a luz solar no material inflamável. Ou use uma garrafa plástica de água segurando-a de cabeça para baixo, movendo-a lentamente para longe do material inflamável e ajustando o ângulo da garrafa para aumentar a luz do sol.

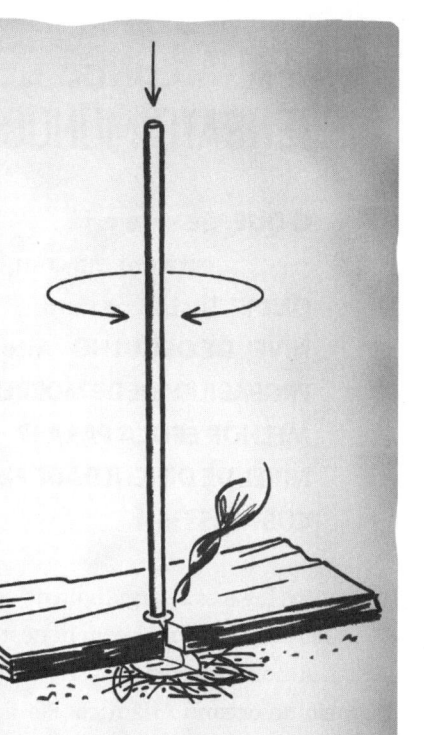

AVANÇADO

Esfregue pasta de dente ou chocolate no fundo de uma lata de refrigerante. Faça o polimento com um pano ou pedaço de fungo até brilhar. Aponte a parte inferior da lata para o sol e coloque o material inflamável no ponto focal da luz refletida.

Em condições congelantes, congele água limpa em um bloco de gelo com cinco centímetros de espessura. Use uma faca para moldá-lo em forma de lente rústica, mais grossa no meio e mais fina nas bordas. Enquanto o gelo estiver limpo (sem sujeira ou impurezas), ele funcionará exatamente como uma lente para concentrar a luz solar.

Use camisinha em emergências. Encha-a com água e amarre o final. Torne-a o mais esférico possível, ajustando a forma para criar o círculo mais nítido possível de luz solar concentrada. Funciona como uma lupa.

VÁ PARA LONGE DESTE INSENSATO MUNDO

O QUE Se você está solitário quando está sozinho, está em má companhia
ONDE Tristão da Cunha
NÍVEL DE ORGULHO Alto
PROBABILIDADE DE MORRER Baixa (sem contar o tédio)
MELHOR ÉPOCA PARA IR De novembro a março
NÍVEL DE DIFICULDADE FÍSICA Médio
CUSTO $$$$

Muitos lugares se orgulham de ser remotos. No entanto, poucos lugares podem afirmar com honestidade que são os mais remotos.

A honra pertence a Tristão da Cunha, um pedaço de terra no meio do oceano Atlântico. Ele fica a mais de 1.930 quilômetros da terra habitada mais próxima (a ilha de Santa Helena) e mais de 2.410 quilômetros da África continental. Não há transporte aéreo para Tristão. De navio, são necessários pelo menos sete dias, em águas frequentemente traiçoeiras, do principal porto mais próximo da Cidade do Cabo, na África do Sul.

Quando dizem "remoto", não estão brincando.

O recenseamento mais recente da ilha totalizou 260 pessoas, além de um punhado de gado, ovelhas e porcos. O solo rochoso é improdutivo; batatas (alimento básico de Tristão) são a única plantação que cresce de forma confiável. Infelizmente, há poucos agricultores na ilha para garantir a autossuficiência. O governo da ilha anunciou uma vaga para consultor agrícola em jornais britânicos em 2016, na esperança de atrair um agricultor experiente para uma missão de dois anos. Nenhum candidato qualificado se inscreveu.

Pelo lado positivo, a paisagem é excelente, há muito tempo para longas caminhadas ao redor do núcleo vulcânico da ilha, a vida selvagem (albatrozes-de-nariz-amarelo e pinguins-saltadores-da-rocha) é abundante, os amigáveis habitantes locais falam inglês e o vilarejo principal possui pub, café, salão de dança, piscina e museu. Além disso, há sempre um suprimento abundante de batatas à venda na única mercearia da ilha.

Tristão não é para todos. Mas é exatamente o que você deseja se quer um tempo longe... longe das multidões e das armadilhas barulhentas da vida moderna. Se puder cultivar batatas, algo seguro, talvez nunca queira ir embora.

O BÁSICO

Tristão da Cunha é o nome do arquipélago e de sua ilha principal. Desde 1816, é uma posse do Reino Unido. Foi anexado pelos britânicos especificamente para evitar que os franceses usassem Tristão como base para resgatar Napoleão Bonaparte da prisão em Santa Helena.

A influência britânica significa que os habitantes locais falam inglês, usam a libra esterlina como moeda e dirigem do lado esquerdo da estrada.

Viagens para a comunidade mais isolada da Terra devem ser bem planejadas. Por causa do mau tempo e do mar agitado, o porto de Tristão é acessível em apenas sessenta dias por ano. Muitos visitantes em potencial navegaram para Tristão, mas não conseguiram desembarcar. A maioria dos turistas reserva a passagem com os poucos navios de cruzeiro que visitam o local a cada ano.

SAIBA MAIS

✕ Nem um único navio visitou Tristão da Cunha por dez anos, entre 1909 e 1919. O isolamento absoluto da ilha só foi quebrado quando um navio britânico parou para informar os moradores sobre o resultado da Primeira Guerra Mundial (vencemos!).

✕ Tristão da Cunha tem serviço de internet, mas, até recentemente, as lojas on-line não entregavam pacotes. A localização remota não foi o problema. O problema foi a falta de um código postal. Os correios da Grã-Bretanha corrigiram a situação em 2005 e emitiram um código postal para a ilha, o TDCU 1ZZ.

VERDADEIRO OU FALSO? O primeiro colono permanente de Tristão da Cunha, em 1810, era de Salem, Massachusetts.

Verdadeiro. Os americanos usaram a ilha como base naval contra os britânicos durante a Guerra de 1812. Esse primeiro colono americano passou a reivindicar Tristão para si e, de forma otimista, renomeou o arquipélago para Islands of Refreshment [Ilhas do Descanso].

FIQUE CHAPADO COM UM XAMÃ

O QUE Vomitar, chorar e tornar-se uno com o universo
ONDE Vários locais
NÍVEL DE ORGULHO Médio
PROBABILIDADE DE MORRER Baixa (não zero)
MELHOR ÉPOCA PARA IR O ano inteiro
NÍVEL DE DIFICULDADE FÍSICA Alto
CUSTO $-$$$

A ayahuasca está na moda em Hollywood e no Vale do Silício. De acordo com seus incentivadores, a antiga bebida alucinógena da América do Sul tem inúmeros benefícios médicos: combater o alcoolismo, controlar os sintomas do autismo e da depressão e até suprimir as dores de cabeça da enxaqueca.

Os benefícios espirituais da ayahuasca também são lendários: compaixão, conexão, abertura ao divino em cada alma vivente. Pessoas que ingeriram a ayahuasca elogiam com entusiasmo e alegria a verdadeira natureza do universo. Frequentemente experienciam um despertar espiritual, um profundo sentimento de pertencimento e acesso a dimensões superiores e ao ocasional encontro com seres astrais extradimensionais.

A desvantagem? Depois de mais ou menos 45 minutos, assim que a ayahuasca começar a fazer efeito, você provavelmente vomitará incontrolavelmente. Você pode chorar. Você pode ter uma diarreia urgente. Seu coração vai bater mais rápido. Você pode sentir como se seu corpo estivesse sendo dolorosamente dilacerado... e então, olá, senso de unidade pacífica!

Para muitas pessoas, beber ayahuasca é uma experiência de vida transformadora. Cada viagem alucinógena é como uma década de terapia condensada em seis horas. A ayahuasca abre a porta para a autocura.

Na década de 1960, as pessoas tomavam ácido e embarcavam em "viagens" psicodélicas. As pessoas que tomam ayahuasca fazem isso em cerimônias lideradas por xamãs e curandeiros da fé. Ter um guia experiente é importante, especialmente para os iniciantes à ayahuasca, dado todo o vômito que a droga pode provocar.

O BÁSICO

A ayahuasca é um chá alucinógeno feito a partir da fervura do cipó de *Banisteriopsis caapi* e de folhas do arbusto da chacrona. É a pasta resultante da *dimetiltriptamina* (DMT) que acrescenta o efeito alucinógeno à bebida. A experiência da ayahuasca dura de seis a oito horas, dependendo da potência do chá.

Os ingredientes da ayahuasca (cipós de *Banisteriopsis caapi* e folhas de chacrona) são perfeitamente legais. No entanto, a DMT e seus derivados são uma droga Classe I nos Estados Unidos, o que significa que a ayahuasca é ilegal e considerada tão perigosa quanto a heroína.

Não há dados científicos sobre overdoses ou os efeitos de longo prazo da ayahuasca. Sendo assim, várias mortes – principalmente no circuito de mochileiros na América do Sul – têm sido relatadas na mídia internacional. É um lembrete sensato de que tomar drogas alucinógenas é perigoso e potencialmente letal.

Os retiros de ayahuasca agora estão na moda no Peru, no Equador e no Brasil; eles também estão surgindo nos Estados Unidos e na Europa, embora com bases legais menos sólidas. O retiro típico é uma experiência abrangente e dura vários dias; duas ou três cerimônias de ayahuasca ao longo de seis ou sete dias, misturadas com meditação e uma infinidade de exercícios de autocura. Os retiros com duração de vários dias custam cerca de US$ 1.000 ou mais.

Fica o alerta de que nem todos os retiros de ayahuasca são iguais. No Peru, por exemplo, cerca de vinte são licenciados por autoridades locais para receber estrangeiros, mas pelo menos cem estão funcionando ilegalmente.

SAIBA MAIS

✗ O principal ingrediente psicoativo da ayahuasca, a DMT, é produzido em folhas de chacrona. Mas apenas ingerir as folhas não dá barato, porque a DMT se degrada rapidamente no corpo humano. É necessária uma enzima do cipó *Banisteriopsis caapi* para inibir temporariamente o processamento da DMT, dando ao alucinógeno tempo suficiente para afetar o cérebro e o sistema nervoso.

✗ Alguns médicos respeitados nos Estados Unidos estão solicitando permissão à Food and Drug Administration (FDA) para realizar testes clínicos da ayahuasca. Alguns acreditam que ela poderia ser usada em tratamentos de câncer e da doença de Parkinson.

✗ Existe um lado positivo para o vômito incontrolável? Sim! Vômitos intensos e diarreia associados à ayahuasca podem limpar vermes e parasitas nocivos de seus intestinos.

✗ Graças ao endosso de celebridades do calibre de Sting, Susan Sarandon e Lindsay Lohan, a ayahuasca está super na moda. Existem encontros e grupos de apoio de ayahuasca em dezenas de cidades nos Estados Unidos.

Que filme de 2012, estrelado por Jennifer Aniston, trouxe a ayahuasca para a cultura *mainstream*?

Viajar é preciso. A droga também recebeu destaque nas séries de televisão Weeds e Nip/Tuck.

Habilidade em aventuras
COMO SOBREVIVER A UMA OVERDOSE DE DROGAS

BÁSICO

Chame uma ambulância ou procure urgentemente ajuda médica se houver algum risco de overdose. O mais importante é agir imediatamente.

Se a pessoa estiver consciente, ande com ela, mantenha-a acordada e monitore sua respiração. Você pode dar um banho frio para acordá-la, mas mantenha a água longe do nariz e da boca.

Se a pessoa estiver inconsciente, tente acordá-la. Nunca deixe que ela "durma", pois leva apenas alguns minutos para ela parar de respirar e morrer.

Nunca deixe uma pessoa inconsciente de costas. Minimize o risco de ela se engasgar caso vomite, virando-a para um lado.

Nunca dê banho em uma pessoa inconsciente. A água fria poderia causar choque, ou ela poderia se afogar.

Não misture drogas. Os antidepressivos e até mesmo remédios para resfriados vendidos sem receita médica, com efedrina ou cafeína, podem causar reações inesperadas quando misturados a drogas recreativas ilegais.

Comece com doses conservadoras se você for um usuário iniciante, quando estiver doente ou se tiver feito uma pausa no uso.

Use uma quantidade menor se não tiver certeza da pureza da droga. As drogas ilícitas com frequência são misturadas com drogas mais baratas ou substâncias que não são drogas que podem ser perigosas.

AVANÇADO

A heroína, os opiáceos e os chamados narcóticos afetam o sistema nervoso central. Os sinais de uma possível overdose com narcóticos incluem fala arrastada, pupilas contraídas, respiração lenta, baixa frequência cardíaca e temperatura corporal baixa. Por fim, a falta de oxigênio no cérebro leva à inconsciência, ao coma ou à morte.

Anfetamina, cocaína, ecstasy e outros estimulantes aumentam a frequência cardíaca, a pressão arterial, a temperatura corporal e a respiração. Em situações de overdose, essas condições podem levar a convulsões, ao derrame ou ao ataque cardíaco.

Alucinógenos como LSD, cogumelos psilocibinos e ayahuasca podem resultar em graves ataques de pânico e depressão. As overdoses em geral não são fatais, exceto quando a pessoa tem uma doença cardíaca subjacente ou pressão alta.

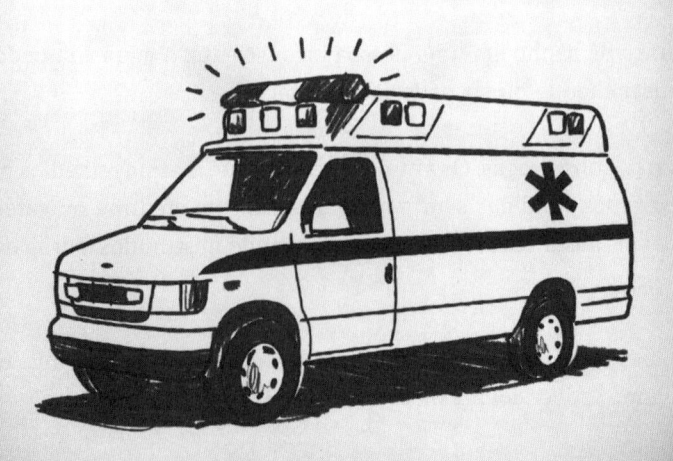

FAÇA O CAMINHO DE SANTIAGO

O QUE Não há turistas no Caminho, apenas peregrinos que ainda não encontraram seu próprio caminho
ONDE Santiago de Compostela, Espanha
NÍVEL DE ORGULHO Médio
PROBABILIDADE DE MORRER Baixa
MELHOR ÉPOCA PARA IR De junho a setembro
NÍVEL DE DIFICULDADE FÍSICA Médio
CUSTO $$-$$$

O Caminho de Santiago é uma rede de antigas rotas de peregrinação que se estende por toda a Espanha, França e Portugal, e todas convergem no noroeste da Espanha, na catedral da cidade de Santiago de Compostela.

Os primeiros registros de peregrinação datam do século IX. Naquela época, cristãos devotos simplesmente saíam pela porta da frente e caminhavam para Santiago de Compostela. A viagem poderia levar dias, semanas e até meses.

Hoje, centenas de milhares de peregrinos fazem a viagem a cada ano. A maioria viaja a pé, alguns de bicicleta e, ocasionalmente, poucos a cavalo ou em burro. Não há rota definida. Como os peregrinos medievais, a ideia é partir de sua casa ou pousada e percorrer seu caminho até Santiago de Compostela.

É uma jornada lenta e contemplativa. O cenário é lindo: muitos dos caminhos cortam os vilarejos nas montanhas, campos ondulados e terras agrícolas.

A peregrinação é, por natureza, um acontecimento religioso. A maior parte dos peregrinos partiu por motivos espirituais e participou de missas em igrejas e catedrais ao longo do caminho. No entanto, você não precisa ser cristão – ou mesmo religioso – para percorrer o Caminho de Santiago. Para muitos, uma ruptura prolongada das pressões do trabalho e da vida cotidiana é razão suficiente para fazer a peregrinação.

O BÁSICO

Não é difícil andar pelas principais rotas de peregrinação até Santiago de Compostela. Com apenas algumas exceções, a maioria dos trechos é razoavelmente plana em caminhos bem conservados.

A rota mais popular (esperam-se grandes multidões em julho e agosto) é o Caminho Francês, de 804 quilômetros, que começa na França, perto de Biarritz. A rota tem muitos espaços para os peregrinos e é bem sinalizada. Os caminhantes devem planejar de 32 a 35 dias de caminhada, e os ciclistas devem se dedicar de doze a quatorze dias.

O Caminho Português é a segunda rota mais popular. Começa em Lisboa ou, mais comumente, na cidade do Porto. O trecho do Porto a Santiago de Compostela é de 241 quilômetros e tem muitas pousadas e restaurantes no caminho.

O Caminho Primitivo ou Original é o caminho mais desafiador do ponto de vista físico, bem como o mais impressionante. Estende-se por 322 quilômetros de Oviedo a Santiago de Compostela. A trilha passa por campos rurais não desenvolvidos e por passagens nas montanhas antes de se juntar ao Caminho Francês. Planeje de treze a quinze dias de caminhada se sair de Oviedo.

A maioria dos peregrinos carrega uma *credencial*. Pense nisso como um passaporte de lembrança. Até o final da sua jornada, ela estará cheia de selos das cidades e albergues nos quais você parou. A credencial também permite que você se hospede com desconto (às vezes de graça) em acomodações para peregrinos e serve como prova de que sua jornada seguiu uma rota oficial. Isso é importante se você quiser ganhar a *compostela*, um certificado dado àqueles que completam pelo menos cem quilômetros a pé, ou 200 quilômetros de bicicleta, seguindo uma das rotas de peregrinação sancionadas.

SAIBA MAIS

✗ O maior risco de segurança para os caminhantes ao longo do Caminho de Santiago? Não, não são bandidos. São bolhas. Caminhar por trinta ou mais dias, dia após dia, leva a dores nos pés e bolhas desagradáveis. Use chinelos depois de um longo dia de caminhada – ele vai arejar seus pés. Inclua também dias de descanso no seu itinerário.

✗ Uma rede de hotéis e albergues oferece acomodações básicas nas principais rotas do Caminho de Santiago, normalmente por menos de US$ 20 por pessoa. Em Santiago de Compostela, a acomodação final da rota é o Hostal de los Reyes Católicos, bem em frente à catedral da cidade. Hoje, é um hotel de luxo com apenas algumas camas reservadas para os peregrinos. Reserve cedo!

✗ Multidões de verão são um problema, especialmente no Caminho Francês. As multidões são especialmente ruins nos chamados anos sagrados, quando 25 de julho, o dia da celebração do martírio de Santiago, cai em um domingo. O próximo ano sagrado é 2021.

Pelo que Santiago é mais conhecido?

Você pode escolher: um dos Doze Apóstolos originais, o primeiro apóstolo a ser martirizado, o irmão de João, o apóstolo, e o santo padroeiro da Espanha.

ABRACE A LUZ

O QUE Mil piscadas de luz no céu
ONDE Chiang Mai, Tailândia
NÍVEL DE ORGULHO Médio
PROBABILIDADE DE MORRER Baixa
MELHOR ÉPOCA PARA IR Novembro
NÍVEL DE DIFICULDADE FÍSICA Baixo
CUSTO $

Poucas experiências são tão poderosas quanto preencher a escuridão – tanto literal quanto figurativamente – com a luz. A promessa de um novo começo que acompanha a limpeza espiritual. Deixar de lado a negatividade. Refletir sobre a ação correta e a atenção plena. Essas são as inspirações budistas por trás do festival Loy Krathong.

Uma tradução aproximada de *krathong* é "cesta flutuante", em homenagem aos pequenos santuários flutuantes feitos de folhas de bananeira ou plantas de lírio-aranha e decorados com incenso, flores e velas. Esses símbolos de renovação espiritual mostram respeito ao Buda e são liberados aos milhões em rios e canais na Tailândia e em Laos. Esse evento acontece todos os anos na noite de lua cheia no décimo segundo mês do calendário lunar tailandês (geralmente novembro no calendário gregoriano).

Em Chiang Mai, no norte da Tailândia, Loy Krathong é comemorado com algo inesperado: não apenas com lanternas flutuantes, mas também com lanternas voadoras durante o que é conhecido como Yi Peng.

Na noite de lua cheia, lanternas do céu conhecidas como *khom loi* são liberadas simultaneamente aos milhares. Elas brilham como vastos exércitos de águas-vivas flutuando suavemente para cima e até a lua. As pessoas choram. Monges budistas cantam e rezam. As criancinhas sorriem e riem, maravilhadas. Por um período de quinze a vinte minutos, a escuridão de uma noite de novembro é atravessada por uma explosão de luz que movimenta o coração e a alma. É pura magia.

O BÁSICO

O Loy Krathong é comemorado em toda a Tailândia e geralmente ocorre durante um ou dois dias. Em Chiang Mai, o Loy Krathong e o festival de lanternas do céu Yi Peng são celebrados juntos durante três a quatro dias.

Para manter a multidão o mais local possível, a data exata da liberação das lanternas Yi Peng normalmente não é anunciada até um mês antes do evento.

A maior celebração de Yi Peng acontece fora de Chiang Mai, na Universidade de Maejo (chegue cedo – fica lotada). Outros eventos de Yi Peng acontecem por toda a cidade velha de Chiang Mai, onde quase todos os prédios estão decorados com flores, velas e lanternas.

SAIBA MAIS

✗ Se você estiver na Tailândia durante o Loy Krathong, solte seu próprio krathong em um rio. Os barcos de folhas de bananeira (às vezes feitos de pão) são vendidos em todos os lugares. Só não compre os de plástico. Decore o seu com flores, incenso e uma moeda para dar sorte.

✗ Se você soltar uma lanterna do céu, lembre-se de que o que sobe deve descer. Quando as velas ou células de combustível queimam, após cerca de quinze minutos, as lanternas flutuam de volta à terra. É um trabalho de limpeza massivo. Faça a sua parte comprando apenas lanternas do céu feitas de papel de arroz biodegradável.

✗ Não se esqueça de fazer um pedido quando soltar sua lanterna de água ou do céu.

VERDADEIRO OU FALSO? Funcionários na capital da Tailândia, Bangcoc, normalmente removem mais de um milhão de krathong das vias como parte dos esforços de limpeza do Loy Krathong.

Verdadeiro. A notícia boa? Mais de 90% são feitos de material vegetal ecologicamente correto – pão ou milho, e não de plástico e isopor.

SEJA BATIZADO NA ÍNDIA

O QUE Junte-se aos milhões que lavam o pecado
ONDE Haridwar, Índia
NÍVEL DE ORGULHO Médio
PROBABILIDADE DE MORRER Baixa
MELHOR ÉPOCA PARA IR As datas variam
NÍVEL DE DIFICULDADE FÍSICA Médio
CUSTO $-$$

O rio Ganges, que flui por mais de 2.400 quilômetros na Índia e Bangladesh, é sagrado para os hindus. Tomar banho no rio durante o festival duodecenário (a cada doze anos) Kumbh Mela é auspicioso com "A" maiúsculo.

Os hindus acreditam que os pecados acumulados em vidas passadas e na vida atual exigem que você continue o ciclo de vida e morte para sempre, até que você esteja limpo. Tomar banho no Ganges durante o Kumbh Mela pode quebrar o ciclo de renascimento e lavar todos os seus pecados.

O Kumbh Mela acontece em quatro locais na Índia, cada um em um ciclo de doze anos. Dizem que é o maior encontro isolado de pessoas na Terra. O último Kumbh Mela, realizado em 2016 na cidade de Ujjain, atraiu mais de 75 milhões de peregrinos durante os cinquenta e cinco dias de duração do festival.

O próximo Kumbh Mela, programado para a cidade de Haridwar em 2021, provavelmente atrairá mais de 110 milhões de pessoas.

O BÁSICO

Os festivais de Kumbh Mela acontecem em quatro locais, em ciclos escalonados de doze anos, o que significa que há um Kumbh Mela a cada três ou seis anos. O próximo Kumbh Mela completo no rio Ganges acontece em Haridwar no fim de 2021. O Kumbh Mela completo ocorre na confluência dos rios Ganges e Yamuna em Allahabad, em 2025; no rio Godavari, em Nashik, em 2027; e no rio Shipra, em Ujjain, em 2028.

Cada festival dura cinquenta e cinco dias, geralmente com um ou dois dias marcados como especialmente auspiciosos para o banho.

É a Índia, então o Kumbh Mela é caótico e esmagador no melhor sentido. Milhões de pessoas dormindo em barracas, homens santos e *sadhus* em desfile, celebrações e eventos religiosos sendo realizados o dia todo, todos os dias, exércitos de trabalhadores de limpeza sanitária e policiais mantendo as pessoas seguras, milhares de voluntários gerenciando a multidão de banhistas no rio. Além disso, há comida grátis oferecida a todos!

Nenhum convite é necessário para participar de um batismo no rio Kumbh Mela. Basta aparecer.

SAIBA MAIS

X De acordo com a mitologia hindu, Kumbh Mela celebra a vitória dos deuses sobre os demônios em uma batalha por um jarro cheio do néctar da imortalidade. Tendo capturado o jarro, os deuses derramaram quatro gotas de néctar que aterrissaram em Haridwar, Allahabad, Nasik e Ujjain.

X Não pode esperar outros doze anos para lavar seus pecados? Não se preocupe. Um Ardh Kumbh (Meio Kumbh) Mela menor ocorre entre os Kumbh Melas completos em Haridwar e Allahabad.

X Há também o altamente auspicioso Maha Kumbh Mela, que ocorre em cada uma das quatro cidades a cada 144 anos.

X Sim, o rio Ganges está sujo em muitas partes. Os hindus dizem que o rio tem limpado seus pecados por tanto tempo, o que é um pouco confuso. Para ver trechos imaculados do Ganges, suba o Himalaia até a nascente do rio.

VERDADEIRO OU FALSO? **Os hindus acreditam em muitos deuses diferentes.**

Falso. Hindus acreditam em um Deus que assume muitas formas diferentes.

Habilidade em aventuras
COMO SOBREVIVER A UMA DEBANDADA HUMANA

BÁSICO
Fique no perímetro. Evite o centro denso de uma multidão.

Não lute contra o movimento de uma multidão. Em vez disso, use o movimento, ou onda, para se mover diagonalmente entre bolsões de pessoas. Alguns passos para o lado, outra onda etc., até chegar à periferia.

Coloque obstáculos ou prédios entre você e o núcleo da multidão. Mova-se para um terreno elevado, se possível.

Evite muros, barricadas e ruas ou becos sem saída.

Mantenha os braços para cima e perto do peito. Isso cria um pequeno espaço para o seu corpo e protege o peito e os pulmões.

Se cair, levante-se rapidamente.

Se estiver com crianças, levante-as ou coloque-as nos ombros.

AVANÇADO
Não siga cegamente os outros. As pessoas tomam decisões ruins em situações de debandada, entupindo algumas saídas enquanto ignoram outras.

Se o esmagamento se tornar opressivo, assuma uma posição de lutador ou boxeador: braços para cima e para fora, pés estendidos, joelhos levemente dobrados. Dê um passo qualquer para se mover e manter o equilíbrio.

Se você não puder se mover, oriente seu corpo perpendicularmente ao aumento da multidão. O sufocamento é possível quando a pressão intensa é aplicada no sentido de frente para trás no peito. Vire para os lados e use a força natural da sua caixa torácica para minimizar o risco.

Se cair e não conseguir se levantar, assuma imediatamente a "posição de queda": ajoelhado, com braços protegendo a cabeça e o pescoço. Não fique deitado.

KORA NO MONTE KAILASH

O QUE Caminhada em círculos em torno dos picos mais sagrados do Tibete
ONDE Monte Kailash, Tibete
NÍVEL DE ORGULHO Alto
PROBABILIDADE DE MORRER Baixo (com a devida preparação)
MELHOR ÉPOCA PARA IR De maio a outubro
NÍVEL DE DIFICULDADE FÍSICA Alto
CUSTO $-$$$

O monte Kailash está entre os picos mais famosos do Tibete. Além de estar localizado na nascente de grandes rios, como o Indo, o Sutlej e o Karnali, o monte Kailash é também um dos raros lugares sagrados adorados em várias religiões. Budistas, hindus e jainistas consideram o monte Kailash um local sagrado.

Todos os anos, milhares de peregrinos, a maioria tibetanos, realizam uma *kora*, uma "circum-ambulação de um local sagrado", no monte Kailash. Não é um passeio tranquilo no parque. O monte Kailash está em um canto remoto e conhecidamente inóspito do planalto tibetano. Só para ter acesso ao ponto de partida da kora no vilarejo de Darchen leva dias viajando de ônibus ou de carro em estradas de terra batida.

Muitos peregrinos realizam uma única kora, um circuito de 51 quilômetros, em um dia longo, geralmente em quinze horas ou mais. Alguns fazem várias koras ao longo de alguns dias, muitas vezes três ou treze, números propícios para os tibetanos. Dizem que completar 108 circuitos remove os pecados de muitas vidas e traz a salvação do interminável ciclo de reencarnação. Alguns peregrinos até realizam prostrações corporais extenuantes (ficar de pé, ajoelhar-se, prostrar-se, repetir), o que pode demorar quase um mês ou mais para completar um único circuito.

Esteja preparado para a intensidade da experiência. A caminhada é exigente e, mesmo para os turistas, emotiva. Para os tibetanos, a peregrinação é uma jornada de ignorância e egocentrismo rumo à iluminação e a um profundo senso de interconectividade de todas as vidas. Para as poucas centenas de não tibetanos que fazem a kora no monte Kailash a cada ano, muitas vezes ela é considerada uma experiência real de mudança de vida.

O BÁSICO

A maioria das pessoas começa o circuito ao redor do monte Kailash a partir do pequeno vilarejo de Darchen, aninhado na base sul do monte Kailash a uma altitude de mais de 4.570 metros. Não há muito aqui além de pousadas simples e lojas básicas de vilarejos. De Lhasa ou Katmandu, Darchen é uma jornada terrestre de três ou quatro dias com poucas comodidades pelo caminho. Traga sua própria comida, água e equipamento de acampamento.

Partindo de Darchen, a caminhada geralmente leva três dias em torno do monte Kailash. O segundo dia é o mais difícil, pois você deve atravessar a passagem de Drolma La (5.630 metros); até o final de abril essa passagem pode ser bloqueada pela neve. Mesmo no verão, o clima no monte Kailash é frio e está sujeito a extremos (claro e ensolarado, chuva torrencial, tempestades de neve extremas).

As caminhadas guiadas são a forma mais fácil de turistas experimentarem a kora no monte Kailash. Os itinerários padrão duram duas semanas (US$ 1.800 ou mais) ou três semanas (US$ 2.200 ou mais) e partem de Lhasa.

SAIBA MAIS

- O monte Kailash mede 6.713 metros, mas nunca foi escalado. Todas as religiões que classificam o monte Kailash como um local sagrado também consideram um sacrilégio colocar os pés em seu cume.

✘ Na kora, é fácil distinguir budistas e hindus de jainistas; os primeiros andam no sentido horário, enquanto os jainistas andam no sentido anti-horário.

✘ Bön, uma religião budista nativa do Tibete, também considera o monte Kailash sagrado. Como os jainistas, os peregrinos da religião Bön andam no sentido anti-horário.

✘ O governo chinês vem "aperfeiçoando" o Tibete, oficialmente conhecido como Região Autônoma do Tibete, há muitos anos, construindo infraestrutura e encorajando a migração em grande escala de chineses étnicos para Lhasa. Há rumores de que o governo chinês está trabalhando nos planos de desenvolvimento do turismo para a área de monte Kailash, o que, inevitavelmente, mudará a experiência. Visite enquanto puder.

VERDADEIRO OU FALSO? O atual Dalai Lama, líder religioso do Tibete e líder no exílio, acredita igualmente na meditação, no espiritualismo budista e na ciência.

Verdadeiro. O Dalai Lama apoia a pesquisa sobre como a meditação afeta o cérebro. Ele também acredita que, se a ciência provar que uma crença budista está errada, o budismo deve mudar. É a rara religião em busca de verdade científica.

EXPONHA SEU VERDADEIRO EU

O QUE Estar em completa harmonia com a natureza
ONDE Cap d'Agde, França
NÍVEL DE ORGULHO Poderia ir de qualquer forma
PROBABILIDADE DE MORRER Baixa
MELHOR ÉPOCA PARA IR O ano inteiro
NÍVEL DE DIFICULDADE FÍSICA Baixo
CUSTO $-$$

Ok, primeiro as prioridades: Cap d'Agde é o maior resort naturista do mundo. E por naturista queremos dizer nu, nu, nu. Totalmente nu. Assim como mais de quarenta mil pessoas em cafés, mercearias, esperando na fila de uma loja, jantando em restaurantes, andando de bicicleta ou simplesmente relaxando na praia – todas totalmente despidas, completamente nuas, desnudando tudo.

É uma quantidade enorme de pessoas fazendo coisas normais sem roupa nenhuma.

Definitivamente, é preciso se acostumar. E esse é o ponto principal de Cap d'Agde: acostumar-se consigo mesmo. Os naturistas acreditam que as roupas são uma espécie de armadura e uma barreira física que as pessoas colocam entre o mundo e seus eus verdadeiros – curvas desajeitadas, pedaços irregulares e tudo mais. Naturismo é a liberdade de estar confortável com seu próprio corpo. Liberdade do corpo e libertação das normas sociais. Todos no Cap d'Agde estão nus e iguais.

Claro, a experiência não é para todos. O naturismo requer um alto grau de tolerância. Também requer coragem: todos aqui têm uma história sobre a primeira vez que se despiram e caminharam nus pela rua. É universalmente esquisito e simplesmente faz parte do processo de encontrar seu verdadeiro eu.

E, quem sabe, talvez o seu verdadeiro eu se sinta bem com ioga sem roupa na praia ou fazendo compras de mantimentos despido. Coisas mais estranhas já aconteceram, certo?

O BÁSICO

O Village Naturiste (Vilarejo Naturista) em Cap d'Agde, na costa mediterrânea da França, é um complexo cercado de hotéis, lojas e casas noturnas, com uma extensão de 1,5 quilômetro de praia com areia em frente ao mar. A entrada no vilarejo custa menos de US$ 10 e você pode ficar por um dia, uma semana ou a vida inteira. As acomodações incluem um acampamento, apartamentos e três hotéis. A regra é "nu em todos os momentos" dentro do vilarejo.

Curiosamente, o vilarejo é um destino familiar, excluindo algumas casas noturnas que não permitem crianças. Pessoas de todas as idades se misturam na cidade, na praia, nas lojas. É uma pequena cidade praiana onde todos estão nus.

É fácil chegar a Cap d'Agde de trem a partir de todas as principais cidades da França. O aeroporto internacional mais próximo fica do outro lado da fronteira espanhola, em Barcelona.

SAIBA MAIS

✗ A cada ano, mais de três milhões de pessoas nuas visitam e permanecem em Cap d'Agde.

✗ Não use sunga na praia. Não vista roupas de forma furtiva. Você será solicitado a retirá-las. Como as regras afirmam claramente, "pratique a nudez total na companhia dos outros naturistas".

✗ Apesar de atos públicos de indecência sexual serem algo inaceitável (podendo ser multados em até US$ 15.000), há pelo menos seis clubes de sexo em Cap d'Agde. Na última década, ganhou a reputação de paraíso dos swingers.

✗ Piercings, tachas, couro e outros apetrechos corporais *não* são considerados roupas, caso você esteja se perguntando.

A nudez é um direito constitucionalmente protegido nos Estados Unidos?

Não. O infame caso da Suprema Corte de 1991, Barnes versus Glen Theatre, Inc., determinou que a nudez em si não é uma conduta intrinsecamente expressiva (que é protegida pela Primeira Emenda). De forma mais simples: a nudez é uma escolha, não é um direito.

CONVIVA COM OS NAVAJOS

O QUE Viagem às terras sagradas tribais dos navajos
ONDE Cânion de Chelly, Arizona
NÍVEL DE ORGULHO Baixo
PROBABILIDADE DE MORRER Baixa
MELHOR ÉPOCA PARA IR De setembro a outubro
NÍVEL DE DIFICULDADE FÍSICA Baixo
CUSTO $

Um famoso provérbio navajo diz: "Fique quieto e a terra falará com você". Não há lugar onde isso soe tão verdadeiro quanto no majestoso cânion de Chelly. A terra aqui tem muitas histórias para contar.

O cânion de Chelly é uma das poucas paisagens continuamente habitadas da América do Norte. Suas cavernas e cânions abrigam humanos há mais de cinco mil anos. O cânion preserva as ruínas do penhasco e pinturas rupestres do antigo povo Pueblo conhecido como os Anasazi. Este é o lar histórico dos navajos. A tribo foi brutalmente atacada e forçada a se mudar em 1863.

Hoje o cânion continua sendo um local sagrado dos navajos, dentro dos limites da moderna Nação Navajo.

O cânion de Chelly também é um monumento nacional popular, atraindo multidões o ano todo para se maravilhar com as paisagens e mirantes dramáticos: a torre de arenito de mais de 240 metros de altura, conhecida como Spider Rock, e desfiladeiros e ravinas se ramificando em todas as direções. Uma das atrações mais importantes e fotogênicas do parque é a beleza rústica das ruínas ao lado do penhasco conhecidas como White House (Casa Branca).

Cerca de duzentos navajos ainda vivem no cânion de Chelly. A partir das bordas do cânion, você pode identificar uma habitação navajo tradicional, uma estrutura em forma de cone chamada hogan, próxima à muitas vezes fotografada Casa Branca. Os curandeiros navajos ainda visitam a Casa Branca para fazer oferendas e rezar aos espíritos porque o cânion de Chelly é um monumento vivo, um lugar onde os antigos caminhos dos navajos continuam.

Ao longo de uma fogueira de acampamento, em uma caminhada no cânion, a cavalo ou a pé, você não pode deixar de absorver a história e a espiritualidade do cânion.

O BÁSICO

O Monumento Nacional do Cânion de Chelly abrange 340 quilômetros quadrados e inclui três principais sistemas de cânion (cânion de Chelly, cânion del Muerto e cânion Monument). É o único monumento nacional que não pertence ao governo federal, já que está totalmente dentro da semiautônoma Nação Navajo.

Apenas as bordas do cânion e a trilha para as ruínas da Casa Branca são acessíveis sem um guia navajo. Caso contrário, para explorar o solo do cânion e as muitas ravinas e ruínas escondidas, você precisa de uma "backcountry permit" (autorização para áreas selvagens) e deve contratar um guia navajo. Os passeios de 4x4 realizados por navajos também estão disponíveis.

A entrada do monumento nacional fica a poucos quilômetros da pequena cidade de Chinle, no Arizona. O parque está aberto o ano todo, com o final do verão e início do outono oferecendo as melhores chances para uma experiência com um clima não muito quente nem muito frio.

SAIBA MAIS

X De acordo com a lenda navajo, a imponente Spider Rock abriga a Mulher Aranha, a tecelã do universo e deusa que ensinou aos navajos o "Caminho de Beleza" de manter o equilíbrio entre mente, corpo e alma. Ela também pega crianças más e faz com que elas esqueçam – então cuidado!

✗ O cânion de Chelly preserva a arquitetura e os artefatos de pelo menos quatro grandes civilizações: o povo arcaico, os cesteiros, os anasazis (predecessores dos modernos povos pueblo e hopi) e os navajos.

✗ Embora você não tenha visitado o cânion de Chelly, é bem provável que você tenha visto fotos. Ansel Adams, Timothy O'Sullivan e Edward S. Curtis passaram algum tempo aqui no fim do século XIX e início do século XX, capturando imagens famosas de suas torres de arenito vermelho e habitações em ruínas nos penhascos e também dos navajos.

VERDADEIRO OU FALSO? A língua navajo é tão difícil de aprender que foi usada como um código secreto durante a Segunda Guerra Mundial.

Verdadeiro. Navajos bilíngues, conhecidos como Falantes de código dos navajos, serviram principalmente com o Corpo de Fuzileiros Navais dos Estados Unidos no Teatro de Operações do Pacífico durante a guerra. Os Falantes de código enviavam mensagens secretas em navajo, uma língua tonal não escrita, que os militares japoneses não conseguiam decodificar.

RESERVE SEU FUNERAL ESPACIAL

O QUE Porque toda aventura deve chegar ao fim
ONDE O vácuo do espaço
NÍVEL DE ORGULHO Alto
PROBABILIDADE DE MORRER A morte é um pré-requisito
MELHOR ÉPOCA PARA IR Não há um bom momento para ir
NÍVEL DE DIFICULDADE FÍSICA Baixo (você está morto – veja acima)
CUSTO $$$-$$$$$

Sim, o enterro espacial é o que há. O papo é simples. Você fantasia em romper os laços com a Terra? Você sonha em pousar na lua? Você quer ajudar a espalhar a presença da humanidade entre as estrelas?

Algumas empresas privadas, a maioria nos Estados Unidos, oferecem pacotes de voos espaciais em memória de pessoas falecidas. Você pode fazer uma reserva para si ou para as cinzas de um ente querido, em uma variedade estontante de voos: suborbital, para a lua ou mesmo em uma trajetória para fora do sistema solar. "Lembre-se de um ente querido no céu noturno" é um slogan de marketing para um serviço que coloca suas cinzas em órbita, que mais tarde se queimam (intencionalmente) na atmosfera da Terra como uma estrela cadente simbólica.

É fácil revirar os olhos para um funeral no espaço. No entanto, para muitas pessoas, incluindo uma lista de astronautas e cientistas, há algo de poético em lançar as cinzas no vazio do espaço.

O BÁSICO

O primeiro funeral espacial comercial decolou em um foguete Pegasus em 1997 e depositou os restos mortais de 24 pessoas, incluindo o criador de *Star Trek*, Gene Roddenberry, e o herói da contracultura dos anos 1960, Timothy Leary, na órbita da Terra. Os restos mortais retornaram para a Terra e se queimaram em 2002.

O primeiro serviço lunar, em que um foguete cai intencionalmente na Lua, aconteceu em 1998 e levou os restos do cientista planetário Eugene Shoemaker. Desde então, meia dúzia de funerais espaciais levantaram voo. E muitos outros estão planejados.

O serviço custa entre US$ 2.000 e US$ 15.000, dependendo do seu destino final (ir além do sistema solar é, compreensivelmente, a opção mais cara).

Depois de se inscrever, você recebe um "space-memorial kit" (kit com lembranças do espaço) por correio, que inclui uma pequena cápsula "space friendly". Use a minipá incluída em seu kit para transferir uma porção simbólica dos restos mortais para dentro da cápsula, envie-a pelo correio (frete grátis incluso!) e uma empresa como Celestis ou Elysium Space cuida do resto. Decolar!

SAIBA MAIS

✗ Tecnicamente, você não precisa estar morto para ter um funeral no espaço. As empresas agora se oferecem para coletar material da sua boca e enviar seu DNA para o espaço. Lado positivo: seu genoma completo chega a um planeta habitável distante e você volta à vida. Lado negativo: o mesmo cenário acima, mas o planeta é habitado por alienígenas do mal que escravizam seu clone.

✗ Em 2014 foi lançado o primeiro voo de funeral espacial especificamente para animais de estimação. Cães, gatos, cobras – não importa o tipo de animal de estimação.

✗ Todos os funerais espaciais lançados nos Estados Unidos são analisados e aprovados pela Administração Federal de Aviação. As missões devem ser planejadas de forma que nenhum fragmento orbital acabe no espaço ou caia na Terra.

VERDADEIRO OU FALSO? Para escapar da gravidade da Terra, naves espaciais que saem do planeta devem viajar a um mínimo de 40.320 quilômetros por hora.

Verdadeiro. Isso é conhecido como a velocidade de escape da Terra. O voo médio em órbita leva cerca de 8½ minutos.

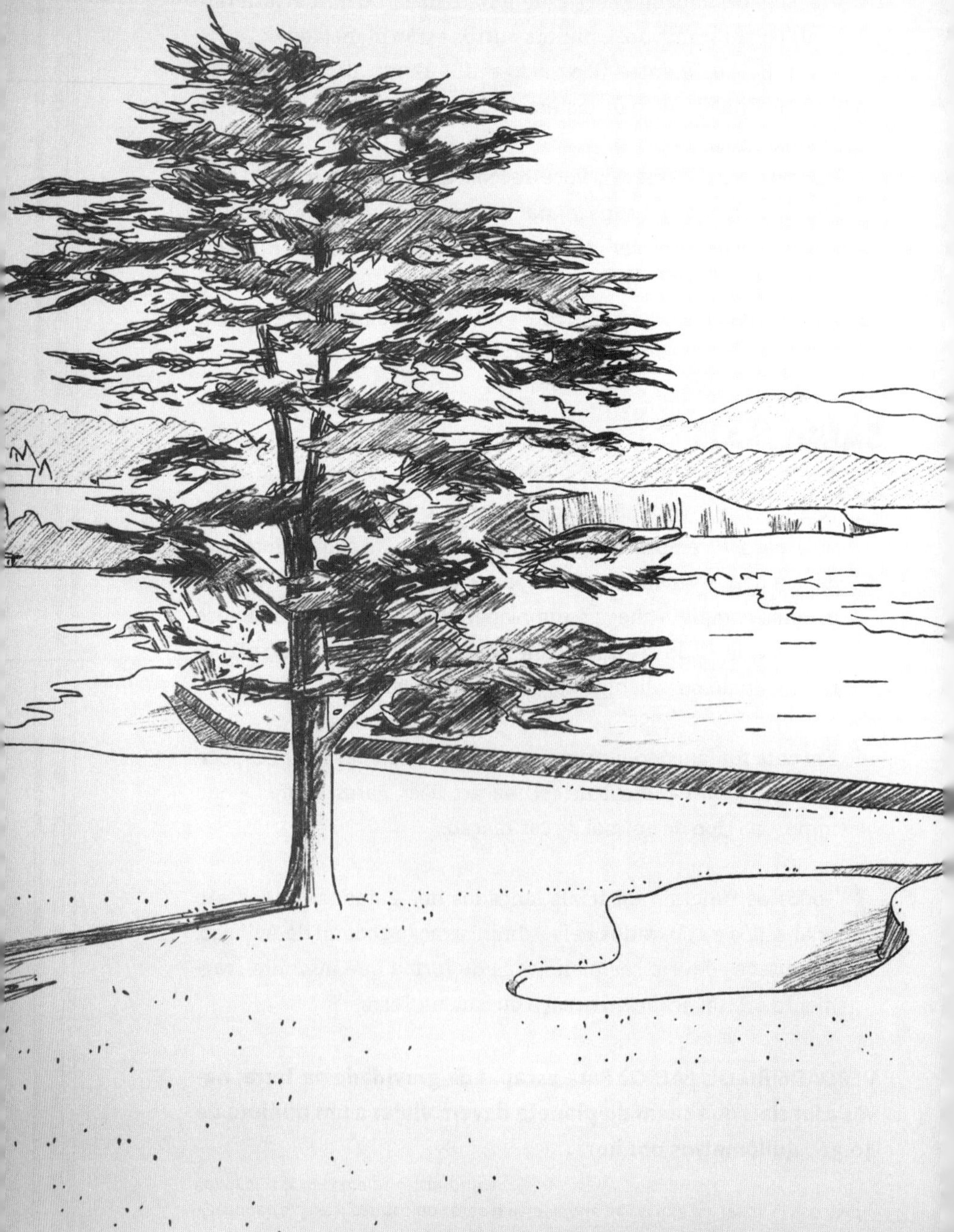

5

GUIA DE AVENTURAS PARA COMEÇAR JÁ

Use o guia a seguir como inspiração para suas próximas férias ou uma fuga de fim de semana. Feche os olhos, passe o dedo pela lista e pronto! Onde quer que seu dedo pare, vá até lá ou faça o que o guia sugere.

VISITE UM MUSEU "CINCO ESTRELAS"

Smithsonian Institution Dezenove museus e galerias em Washington, DC. Os destaques incluem o módulo de comando Apollo 11 e o avião *Spirit of St. Louis*, de 1903, dos irmãos Wright.

Galeria Uffizi Facilmente a melhor coleção de arte e escultura renascentista do mundo, no coração de Florença.

Museu do Louvre Tem muito mais que apenas a *Mona Lisa* de Leonardo da Vinci. Os melhores trabalhos desde a antiguidade até o início do século XIX no centro de Paris.

Metropolitan Museum of Art O Met de Nova York é o maior museu do hemisfério ocidental. Já diz tudo.

State Hermitage Museum Seis edifícios barrocos ornamentados nas margens do rio Neva, em São Petersburgo, abrigando as obras-primas de muitos pintores europeus: Rembrandt, Picasso, Van Gogh e outros.

VISITE UM MUSEU EXCÊNTRICO

Museu do fracasso "Aprender é a única maneira de transformar o fracasso em sucesso". Esse é o lema deste pequeno museu em Helsingborg, na Suécia, repleto de falhas de inovação, como o Apple Newton, o perfume Harley-Davidson, as câmeras digitais Kodak e o Google Glass.

Momofuku Ando Museu do Lamen Instantâneo Museu japonês na prefeitura de Osaka, dedicado ao Cup Noodles, o combustível barato e não tão saudável para estudantes universitários do mundo todo, inventado aqui em 1958 por Momofuku Ando em sua oficina de quintal.

Museu de Tecnologia Jurássica É um gabinete de curiosidades em Culver City, na Califórnia. Algumas das exposições exageradas são reais, outras não. Você decide qual é qual.

Museu de Arte Ruim (MOBA) Dedicado às paisagens e retratos mundiais realmente terríveis – em oposição a meramente incompetentes –, com dois locais permanentes nos arredores de Boston, em Massachusetts.

Plastinarium Corpos e órgãos humanos plastinados, mostrando a arte da dissecção humana, a cerca de duas horas de Berlim, na Alemanha.

VÁ NADAR

Bondi Icebergs A piscina de água salgada de cinquenta metros com vista para a praia de Bondi, em Sydney, tem as melhores vistas para o mar em relação a qualquer piscina pública, em qualquer lugar.

Gellért Baths Piscinas cobertas e ao ar livre ornamentadas no coração de Budapeste. Junte-se aos locais para um jogo de xadrez flutuante.

SkyPark A piscina com borda infinita ao ar livre no hotel Marina Bay Sands fica no 57º andar no centro de Cingapura. O horizonte é incrível.

Four Seasons Safari Lodge Nade no Serengeti, na Tanzânia, enquanto observa elefantes em um bebedouro ao lado. É surreal.

Piscine Molitor O famoso complexo de piscinas públicas de Paris agora tem um hotel butique, uma piscina de inverno coberta e uma piscina de verão ao ar livre com uma praia de areia de verdade. Vista-se para impressionar.

PULE DE ILHA EM ILHA

Palawan, Filipinas Caminhadas, natação, mergulho, um rio subterrâneo, cavernas de calcário impressionantes – aventuras perfeitas e a resposta das Filipinas para o paraíso. Ainda não foi superado por mega resorts.

Skopelos, Grécia Toda a beleza de Santorini sem as multidões. É mais difícil de se chegar (fica a uma hora de balsa de Skiathos), mas isso faz parte do charme de Skopelos.

Gili Trawangan, Indonésia O que Bali provavelmente foi na década de 1970. Não há veículos motorizados, apenas passeios com mochileiros curtindo o sol e o mar.

Malta Maravilha fora do radar. Ótima comida. Cultura. História. Despenhadeiros de calcário. Igrejas barrocas. Castelos e fortes medievais. Como não gostar?!

Tasmânia, Austrália Quilômetros de deserto costeiro intocado para explorar. Frutos do mar frescos, vinhos locais e cultura urbana suficiente para manter as coisas interessantes. Ah, sim, e muitos e muitos cangurus.

FAÇA MERGULHOS

Ilha do Coco, Costa Rica O melhor mergulho do mundo com tubarões-martelo. Sério. Apenas *liveaboards*.

Ilha Sipadan, Malásia Barracuda Point, famosa pelos corais, tubarões e enormes cardumes de barracudas.

Big Island, Havaí Mergulho com arraias-jamanta a partir de Kona. Inesquecível.

Palau, Micronésia Barreira do Canto Azul, afloramento com abundância de peixes pelágicos.

Raja Ampat, Indonésia Mais espécies de corais e peixes do que em qualquer outro lugar do planeta. Arquipélago selvagem e remoto. Apenas *liveaboards*.

APRENDA UM NOVO TALENTO

Escola de Cinema e TV da Academia de Artes Cênicas (FAMU) Inscreva-se na aclamada escola de cinema de Praga. Aproximadamente cem alunos não tchecos são aceitos anualmente. Ex-alunos da FAMU incluem o escritor Milan Kundera (*A Insustentável Leveza do Ser*) e o diretor Miloš Forman (*Amadeus*).

La Viruta Um dos melhores clubes de tango de Buenos Aires e um dos mais acessíveis para estrangeiros com qualquer nível de habilidade para aulas de tango profissional legítimo.

Codecademy Aprenda o básico de JavaScript, PHP, Python e outras linguagens para desenvolvimento de software gratuitamente nesta respeitada escola on-line.

New York Bartending School Aprenda a arte da mixologia em uma das melhores escolas de bartender de Nova York. Cursos de quarenta horas com certificação custam cerca de US$ 800.

Witch School Interessado em esoterismo wicca, pagão e mágico? A Witch School (Escola da Bruxa) oferece cursos de simbolismo, manifestação e escrita básica de feitiços para bruxas e magos em treinamento. Apenas on-line.

PASSEIE POR UM MERCADO OU BAZAR

Mercado de peixe de Tsukiji O mercado de peixe mais movimentado do mundo, nos arredores de Tóquio. A maior parte do movimento acontece antes das 7 horas da manhã.

Marrakech Souk (Mercado de Marrakesh) Leva no mínimo dois dias para explorar as ruelas lotadas e as barracas apertadas do maior e mais movimentado mercado do Marrocos.

Chatuchak Weekend Market O enorme mercado ao ar livre de Bangcoc merece uma visita pela comida e pelas pessoas que observam e também pelas mercadorias à venda. Não confunda com os igualmente impressionantes mercados flutuantes de Damnoen Saduak.

Grand Bazaar O melhor bazar coberto de Istambul há mais de seis séculos. Além das lojas turísticas, é um maravilhoso labirinto de lojas de tapetes e bancas de especiarias.

Mercado San Juan de Dios Comida tradicional gloriosa, de cabra frita a posole e empanadas recheadas de frutas, em um vasto mercado coberto em Guadalajara, México.

RECEBA UMA MASSAGEM

Wat Pho Parte do complexo referencial de templos no centro de Bangcoc, na Tailândia, e local para uma massagem tradicional tailandesa por menos de US$ 15. Surpreendente. Também são oferecidas aulas de massagem.

Cağaloğlu Hamam No bairro de Sultanahmet, em Istambul, situado em um banho turco histórico do século XVIII, com instalações separadas para homens e mulheres. Não é relaxante – não pense em "spa" –, mas a massagem é uma experiência inesquecível (possivelmente angustiante?).

Centralbadet Piscina coberta e oásis de calma relaxante na movimentada cidade de Estocolmo, na Suécia. Experimente a massagem "clássica" (o que o resto do mundo chama de "sueca").

Kusatsu Onsen Abundantes águas termais, não muito longe de Tóquio. É famosa por águas terapêuticas e shiatsu, um tipo de massagem japonesa com uso de pressão.

Breitenbush Hot Springs Cooperativa de retiros holísticos e espirituais pertencente aos trabalhadores. O cenário bucólico no sul rural do Oregon é perfeito para cartões-postais.

APRENDA A COZINHAR

Culinary Institute of America Faça um curso de cinco dias no "campo de treinamento em culinária" destinado a chefs novatos em Santa Helena, o coração da região vinícola no norte da Califórnia.

Los Dos Cooking School Uma escola de culinária bastante popular e de baixo custo, dedicada à culinária da região mexicana de Yucatán, localizada em Mérida, capital de Yucatán.

North Carolina Barbecue Society Um "campo de treinamento" para amantes de churrasco. Aprenda os segredos dos mestres churrasqueiros por menos de US$ 500 em vários locais na Carolina do Norte.

Way Cool Cooking School Uma escola multidisciplinar premiada em Eden Prairie, em Minnesota, voltada para crianças de sete a treze anos. Os cursos custam algumas centenas de dólares e duram de três a quatro dias.

Ferrandi Paris No verão, você pode se inscrever nas semanas de treinamento em uma das principais escolas de arte culinária de Paris. Aprenda a fazer pão, doces e *macarons* como os parisienses fazem.

VISITE UMA CERVEJARIA ARTESANAL

Brewery Ommegang em Cooperstown, Nova York. Um cenário bucólico com grandes concertos de verão e ales crisp com estilos americano e europeu (especialmente belgas).

Stone Brewing em Escondido, na Califórnia, não muito longe de San Diego. É uma das cervejarias artesanais mais criativas e premiadas da Costa Oeste. O jardim da cerveja e o restaurante são de primeira qualidade.

Jester King Brewery, nos arredores de Austin, no Texas. Usa ingredientes não convencionais e fermentação com leveduras selvagens para fazer suas cervejas e IPAs. Música ao vivo e ao ar livre completam a cena.

Baerlic Brewing em Portland, Oregon. Portland tem mais cervejarias do que qualquer outra cidade do mundo. A Baerlic se destaca por seus IPAs single hop, ales cremosas e uma das salas de degustação mais aconchegantes da cidade.

The Church Brew Works em Pittsburgh, Pensilvânia. É dentro de uma igreja, é legal sem ser kitsch e a comida é excelente.

VENERE UM ESTÁDIO DE ESPORTES

Ryogoku Kokugikan Sumo Hall Assista a um torneio de sumô no salão nacional de sumô de Tóquio. Os torneios acontecem três vezes por ano, durante quinze dias cada, em janeiro, maio e setembro.

Croke Park Santificado estádio da Irlanda, é o local ideal para assistir às finais do campeonato All-Ireland de futebol gaélico e gritar, dois dos esportes mais subestimados do mundo.

Melbourne Cricket Ground O MCG recebe o críquete, claro. É também o lar espiritual do Australian Rules Football, ou "footy" (apelido do futebol australiano). A temporada de futebol vai de março a setembro.

The Float at Marina Bay É um campo esportivo apropriadamente flutuante na Marina Bay, em Cingapura. Não importa qual evento você venha ver, é um estádio que o pega de jeito e não solta.

Fenway Park É um dos campos de beisebol bem peculiares dos Estados Unidos. É também o quarto menor estádio da liga e sede do Boston Red Sox.

JOGUE COM ESTILO

Golden Nugget É o que há de melhor em apostas old school em Las Vegas. A sala de pôquer é lendária.

Casino de Monte-Carlo É um dos cassinos icônicos mundiais e muito focado em grandes apostadores. Fica no pequeno país de Mônaco, na fronteira sul da França.

Kurhaus de Baden-Baden Elegância, luxo, charme – tudo com um toque do século XIX. Poucos cassinos são tão grandes e opulentos. Fica na cidade termal alemã de Baden-Baden.

Ritz Club London É elegante com "E" maiúsculo e apenas para membros. Os hóspedes do igualmente elegante hotel Ritz podem entrar, caso contrário, a taxa de associação do cassino custa em torno de US$ 1.500.

The Cosmopolitan Sexy, elegante e cheio de atitude, do jeito que Las Vegas gosta.

JOGUE UMA PARTIDA DE GOLFE

St. Andrews Se você joga golfe, você tem a fantasia de jogar no Old Course em St. Andrews, na Escócia. Ele existe desde o final dos anos 1400 e é, sem discussão, o campo de golfe mais famoso do planeta.

Pebble Beach Possivelmente, o campo mais famoso dos Estados Unidos, e certamente aquele com as melhores vistas do oceano a partir do 18º buraco.

Augusta National Local do Masters Tournament (Torneio Masters) e sede dos três buracos mais famosos do golfe: o décimo primeiro, décimo segundo e décimo terceiro.

Royal County Down Curso mais reverenciado da Irlanda do Norte, situado entre as montanhas e o mar da Irlanda, ao sul de Belfast.

Shinnecock Hills Um dos cursos mais antigos dos Estados Unidos, situado no campo exuberante de Southampton, em Nova York.

EXPONHA-SE À ARTE PÚBLICA

Neon Museum Centenas de letreiros de neon de cassinos dos anos 1950 e 1960 estão em exibição no museu e no vizinho Boneyard, ao ar livre, ao lado do Las Vegas Strip.

Museo Subacuático de Arte (MUSA) É um museu de arte contemporânea subaquático, perto da Isla Mujeres, próximo a Cancun, no México. Pratique snorkeling ou mergulhe para ver estátuas e projetos em grande escala. É fantástico.

Parque Memento A maior coleção do mundo de estátuas da era comunista, de Lênin e Marx aos "heróis" do antigo regime comunista da Hungria, localizado nos arredores do centro de Budapeste.

Parque Güell O arquiteto espanhol Antoni Gaudí, famoso por suas colunas onduladas e cerâmicas multicoloridas, planejava transformar uma encosta em um complexo habitacional repleto de jardins para os ricos. O projeto foi um fracasso e nunca foi concluído. Hoje é um dos parques públicos mais valiosos de Barcelona.

Heidelberg Project Uma instalação externa em constante evolução na arruinada zona leste de Detroit, Michigan. A arte ocupa seções inteiras de sua homônima rua Heidelberg, chamando a atenção para a pobreza urbana.

ANOTAÇÕES

ANOTAÇÕES

ANOTAÇÕES

ANOTAÇÕES

ANOTAÇÕES

ANOTAÇÕES

COMPRE UM
·LIVRO·
doe um livro

Nosso propósito é transformar a vida das pessoas por meio de histórias. Em 2015, nós criamos o programa compre 1 doe 1. Cada vez que você compra um livro na loja virtual da Belas Letras, você está ajudando a mudar o Brasil, doando um outro livro por meio da sua compra. Queremos que até 2020 esses livros cheguem a todos os 5.570 municípios brasileiros.

**Conheça o projeto e se junte a essa causa:
www.belasletras.com.br**

Belas Letras

Este livro foi composto em Adelle e impresso em papel pólen 80 g pela gráfica Copiart em novembro de 2019.